2015年淮阴工学院学术专著出版基金资助（立项编号ZZ201503）

U0885822

人力资源管理实践对企业跨组织知识整合的影响研究

——基于集成创新的视角

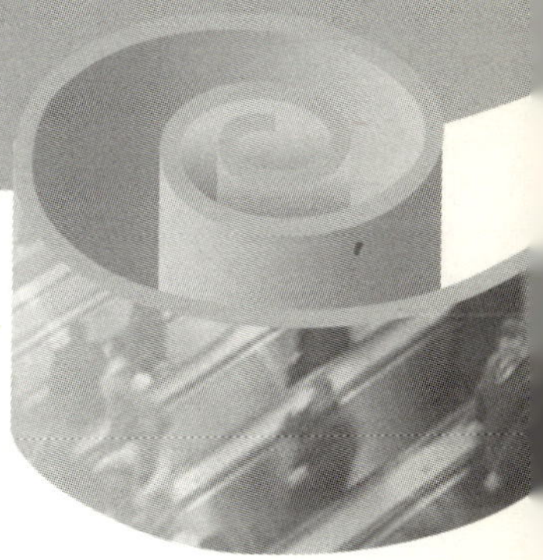

孔凡柱 赵 莉 / 著

RESEARCH ON THE IMPACT OF HRMP ON INTER-ORGANIZATIONAL KNOWLEDGE INTEGRATION

经济管理出版社
ECONOMY & MANAGEMENT PUBLISHING HOUSE

图书在版编目（CIP）数据

人力资源管理实践对企业跨组织知识整合的影响研究/孔凡柱，赵莉著. —北京：经济管理出版社，2016.12

ISBN 978-7-5096-4689-2

Ⅰ. ①人… Ⅱ. ①孔… ②赵… Ⅲ. ①企业管理—人力资源管理—研究 Ⅳ. ①F272.92

中国版本图书馆 CIP 数据核字（2016）第 262365 号

组稿编辑：梁植睿
责任编辑：梁植睿
责任印制：黄章平
责任校对：超　凡

出版发行：经济管理出版社
（北京市海淀区北蜂窝 8 号中雅大厦 A 座 11 层　100038）
网　　址：www. E-mp. com. cn
电　　话：(010) 51915602
印　　刷：三河市延风印装有限公司
经　　销：新华书店
开　　本：720mm×1000mm/16
印　　张：13.75
字　　数：225 千字
版　　次：2016 年 12 月第 1 版　2016 年 12 月第 1 次印刷
书　　号：ISBN 978-7-5096-4689-2
定　　价：49.00 元

·版权所有　翻印必究·
凡购本社图书，如有印装错误，由本社读者服务部负责调换。
联系地址：北京阜外月坛北小街 2 号
电话：(010) 68022974　　邮编：100836

前言

创新是一个民族进步的灵魂，是国家兴旺发达的不竭动力，也是一个企业生存和发展的灵魂。管理大师德鲁克曾说，对企业来讲，要么创新要么死亡。对于一个企业而言，创新可以包括很多方面：管理创新、思想创新、技术创新等。简单来说，管理创新可以摆脱一些旧体制的弊端，增强企业的活力；领导者思想创新能够保障企业沿着正确的方向发展，员工思想创新可以发挥员工的创造性，增强企业的创造力；技术创新可以提高生产效率，降低生产成本。相对于管理创新和思想创新，技术创新所带来的效益更为直接和迅速，这也是诸多企业均把技术创新放在首要位置的重要原因。

在全球经济一体化和科技飞速发展的知识经济时代，跨组织知识整合对于促进企业创新及获得竞争优势至关重要。尽管关于知识整合的研究已经取得较多成果，但主要集中于企业内部知识整合的一般理论阐述，对于跨组织知识整合，以及将跨组织知识整合与特定创新方式有机结合方面的研究还不多见。同时，虽然有学者提出应该关注人力资源管理实践对知识整合的推动作用，但相关的理论和实证研究还相对较少。因而，选择一种特殊的创新方式，在此视角下研究人力资源管理实践对跨组织知识整合的影响，对于有效发挥跨组织知识整合对企业创新的推动作用，提高我国企业自主创新能力、增强核心竞争力有着积极作用。

在此背景下，该书对这一现实问题进行了初步探索和研究。该书主要围绕三个问题展开：第一，面向集成创新的跨组织知识整合是如何发生的？第二，跨组织知识整合如何作用于企业创新绩效？第三，人力资源管理实践如何推动跨组织知识整合？围绕上述问题，运用知识整合理论分析了集成创新的知识运作机理，提出了集成创新与跨组织知识整合的交互作用模型。探讨了跨组织知识整合的内涵、要素结构、发生条件、影响因素、内容和模式，构建了跨组织知识整合流程模型。采用理论与实证分析方法，分析并检验了跨组织知识整合对组织创新绩效的驱动作用。在此基础上，对跨组织知识整合内部结构要素进行了梳理，提出了人力资源管理实践对跨组织知识整合的影响模型，运用问卷调查收集数据，对影响模型进行了实证检验，揭示了人力资源管理实践对跨组织知识整合的作用路径。

在本书的写作过程中我们参考了一些公司资料和网络资料，并借鉴吸收了一些人力资源管理和创新研究学者的经验和成果，限于篇幅和出处不明，只有部分在文中和书后列出，在此表示真诚的感谢和歉意。

随着新经济的日益崛起，创新的速度也越来越快，虽然我们极力将理论研究的最前沿知识融入本书，但由于时间仓促和作者水平有限，不可能一一囊括，如有不妥之处，恳请广大读者朋友批评指正，也欢迎各位同人与我们一起探讨中国的人力资源管理实践和创新研究。

目 录

第一章 引 言

第一节 研究背景

经过近 40 年的发展，我国经济实力已跃升至全球前列，但自主创新能力却依然较低。科技创新对我国经济发展的贡献率不足 50%，而欧美发达国家普遍为 60%~80%。中共十八大提出实施创新驱动发展战略，大力推进经济发展方式转变和经济结构调整。习近平总书记号召“创新、创新、再创新”。我国迎来了科技发展的“第二个春天”，迎来了一个全民创新的新时代。

习近平总书记指出，创新始终是推动一个国家、一个民族向前发展的重要力量。我国是一个发展中大国，正在大力推进经济发展方式转变和经济结构调整，必须把创新驱动发展战略实施好。实施创新驱动发展战略，就是要推动以科技创新为核心的全面创新，坚持需求导向和产业化方向，坚持企业在创新中的主体地位，发挥市场在资源配置中的决定性作用和社会制度优势，增强科技进步对经济增长的贡献度，形成新的增长动力源泉，推动经济持续健康发展。

《2015~2016 年全球竞争力报告》指出，推行长远的结构性改革、提高生产力、释放人才潜力是当前各国应采取的重要举措。尽管我国的科技创新实力已有了相当的基础，竞争力也有了大幅提升，但我们必须充分认识到过去我们的创新大多是跟踪学习，这些创新的难度相对小一些。今后，我们将与西方发达国家并肩而行，我们甚至要走在前面成为领跑者，这就要求我们大力提高自主创新能力。

目前，我国政府已将增强自主创新能力作为国家战略，明确提出“把增强自主创新能力作为科学技术发展的战略基点和调整产业结构、转变增长方式的中心环节”。大力提高原始创新能力、集成创新能力和引进消化吸收再创新能力，全面增强自主创新能力，努力掌握核心技术和关键技术，增强科技成果转化能力，提升产业整体技术水平。建立以企业为主体、市场为导向、产学研相结合的技术创新体系，形成自主创新的基本体制架构。

王众托认为，自主创新包括原始创新、集成创新以及在引进国外先进方法和技术的基础上，积极促进消化吸收和再创新三个方面。[①] 为了掌握核心技术，增强企业的核心竞争力，必须大力推进原始创新，力争实现科学技术发展的跨越，但是限于当前我国的发展水平，在产业发展和工程建设中更多的是后两种创新。另外，在实践中，整体上完全从无到有的原始创新是比较罕见的，当前的新产品、新的生产流程、新的经营管理模式以及大型新工程多半是系统集成创新的产物。系统集成创新具有重大的经济价值，它同样可以成为实现技术跨越的突破口，有利于从我国当前发展水平出发进行技术创新。为了改变我国原来技术落后的状态，我国曾经大量引进国外的先进技术、新型装备。对于怎样在这个基础上进行消化吸收和再创新，系统集成创新方式同样是适用的。

徐冠华（2002）指出，长期以来，我国的科技计划比较注重单项技术，这是技术开发初级阶段的必然过程，今后我们还要继续做好单项技术开发的基本功。但从科技与经济结合的内在要求来看，单项技术的研究开发，因为缺乏与其他相关技术的衔接，很难形成有市场竞争力的产品或新兴产业，往往鉴定之日也就是这项技术活动的终结之时。事实上，核心竞争力的形成不仅是一个创新过程，更是一个组织过程。使各种单项和分散的相关技术成果得到集成，其创新性以及由此确立企业竞争优势和国家科技创新能力的意义远远超过单项技术的突破。所以，在实现自主创新的过程中更应当注重技术的集成创新，注重以产品和产业为中心实现各种技术集成。可见，在我国现阶段及今后较长一段时期内，大力发展集成创新是中国企业实现技术追赶直至超越的必由之路。

集成创新是组织建立新财富的高效途径，[②] 而知识在当今经济社会发展中的重

---

① 王众托. 系统集成创新与知识的集成和生成［J］. 管理学报，2007，4（5）：542-548.

② Hamel，G.，Prahalad，C.K.. Competing for the Future ［M］. Harvard Business School Press，1994.

要作用也日益凸显，知识资源已经成为企业最重要的战略资源，是企业获得持续竞争优势的首要因素。集成创新是包含有知识整合的自主创新活动。熊彼特认为："创新就是把生产要素和生产条件的新组合引入生产体系，即建立一种新的生产函数，其目的是为了获取潜在的利润。"这本身就包含了知识整合的思想。当今的绝大多数创新是现存知识按照新的方式组合的产物。作为自主创新的一种方式，集成创新是建立在对原有知识的优化和整合基础之上的，尤其是在当今知识经济时代，创新的基本要求与途径是在不断深化对各专门知识领域研究的前提下，力求各领域知识进行综合集成。

最早提出企业核心竞争力的 Praharad 曾经指出："企业核心能力是组织积累性知识，特别是关于如何协调不同的生产技能和有机结合多种技术流派的知识。"① 知识，特别是核心知识对企业的竞争优势起着决定性的作用，竞争优势的真正来源是企业对知识的整合能力。王众托（2007）指出，集成创新是一个系统，除了涉及系统及其组成部分的知识外，还涉及新技术、新方法的创造，这种创造的实质就是新知识的生成和应用，因此，在集成创新系统中，知识的整合与创造占有极其重要的地位。也有学者认为，企业本质上是一个获取、共享与利用知识的学习性系统，企业独特的核心知识和能力是企业长期竞争优势的来源。同时，企业核心知识和能力的积累是正式知识转化为非正式知识和默示知识（隐性知识）的过程，是组织成员长期相互作用的结果。② 因此，在一定程度上可以说，知识整合是企业核心竞争能力的最终来源，是提升企业集成创新能力的关键。然而，任何一家企业都不可能拥有创新所需要的全部资源，任何企业在创新过程中都不可避免地会吸收、利用外部知识，以填补自身知识缺口。同时，企业的竞争优势不是来自单一知识，而是来源于多种不同类型知识的整合。③ 因此，提高企业的自主创新能力，不仅要注重企业内部知识的综合利用，还要注重跨组织知识整合。

综合以上分析可知，集成创新是我国现阶段自主创新的最主要方式，是企业

---

① Praharad，C.K.，Hamel，G.. The Core Competence of the Corporation [J]. Harvard Business Review，1990，68 (3)：79-91.

② 杨瑞龙，刘刚. 企业的异质性假设和企业竞争优势的内生性分析 [J]. 中国工业经济，2001 (1)：88-95.

③ 鲁若愚，陈力. 企业知识管理中的分享与整合 [J]. 研究与发展管理，2003，15 (1)：16-20.

实现技术跨越式发展的一条新范式，是增强企业核心竞争力、获得持续竞争优势的源泉。企业集成创新不是封闭的系统，同样需要综合利用企业内外两种资源。正如亨利·切萨布鲁夫所说："在开放式创新时代，企业的发展将不再完全依靠其内部的计划、想法，而是要能有效地利用企业内部和外部的所有创意，"① 从而强调了整合外部知识资源对于企业内创新过程的重要性。然而，目前关于知识整合的研究多集中在组织内部或产业宏观层面，从企业微观视角出发研究跨组织、跨边界知识整合问题的相对较少。在上述背景下，本书选择面向集成创新的跨组织知识整合为研究主题，探讨跨组织知识整合的内在机理、影响因素、作用机理和实现路径。在理论上，通过结合组织学习理论、知识管理理论、战略管理理论、组织资本理论等对面向集成创新的跨组织知识整合进行理论分析，总结其普遍的规律。实践上，该主题的研究有助于企业管理者进一步明确跨组织知识整合对企业自主创新的重要性，帮助其构建包含内外两种知识源的知识整合体系，提高创新管理的效率和有效性，为决策者提供创新管理决策的分析框架和方法。

第二节　相关研究文献综述

一、创新与自主创新研究

"创新"是一个西方经济学名词，最早由熊彼特于20世纪初提出，并将创新视为经济增长的内生因素，认为经济发展遵循一个兴衰周期，创新是一个"新"淘汰"旧"的"创造性毁灭"过程，包括五个方面：一是研制或引进新产品；二是运用新技术；三是开辟新市场；四是采用新原料或原材料的新供给；五是建立新组织形式。② 20世纪70年代后，创新逐渐从经济学概念演变为含义更为宽广的哲学概念，包括思想理论创新、经营创新、机制创新、制度创新、知识创新等。

① ［美］亨利·切萨布鲁夫. 开放式创新——进行技术创新并从中赢利的新规则［M］. 金马译. 北京：清华大学出版社，2005.

② ［美］约瑟夫·熊彼特. 经济发展理论［M］. 何畏，易家详译. 北京：商务印书馆，1990.

美国管理学家彼得·德鲁克将“创新”概念引入管理领域，认为创新是指赋予资源以新的创造财富能力的行为，包括技术创新和社会创新，进一步发展了创新理论。

创新的核心是价值创造，这是创新与发明的本质区别。正如德鲁克所说：“作为一种经验规律，如果在产生一种新思想上花费一美元，则在对之进行研究以便把它转化为一种新发现或新发明，就必须花费十美元。在‘研究’上每用十美元，在‘发展’（‘开发’）上至少要花费一百美元。在‘发展’（‘开发’）上花费一百美元，则在市场上引进和建立一种新产品或一个新企业就需要花费一千或一万美元，而只有在市场上建立了一种新产品或一种新企业之后，才能说已有了一种创新。”美国哈佛商学院著名创新研究专家肯特也指出：“创新首先是人们能够迅速地了解一种市场需求，他们必须创造一种新的商业概念而不简单的只是优秀的技术。”彼得·圣吉也说：“当一个新的构想在实验室被证实可行的时候，工程师称之为‘发明’，而只有当它能够以适当的规模和切合实际的成本，稳定地加以重复生产的时候，这个构想才成为一项‘创新’。”由此可见，创新不同于发明，创新以创造价值为核心，并承担了比发明大得多的风险。

自主创新是我国特定背景下出现的新概念，翻译成英文是“Independent Innovation”。国外关于自主创新的研究大都包含在技术创新中。Arrow（1962）最早将技术进步纳入经济增长模型内在因素进行分析，并将技术进步的一部分作用内生化。自20世纪六七十年代以来，国外开始研究自主创新对一国经济发展的影响和意义，使创新理论得到进一步完善和发展。Grossman 和 Helpman（1994）建立了一个基于自主创新的长期经济增长模型。司托克斯进而研究指出“由应用引起的基础研究的重要意义，并立足于此认为科技体制环境的创设和科技政策对技术创新有重大作用”。日本学者桥本寿朗（2003），通过分析比较日本与美国的经济及科技政策指出，科技的进步是日本经济增长的根本原因；日本科技政策专家山崎正胜（2002）认为，政府在日本科技的发展中起着重要的调节作用，政府应根据国内外条件变化适时变更其科技规划和政策。韩国学者金麟洙（1998）等通过对韩国科技创新的分析，强调指出“一国要持续发展，必须要有自主的科技和知识产权”。这些研究从不同角度突出了“自主创新”的必要性和意义。

我国学者对自主创新的理论研究是从介绍西方有关技术创新的研究成果开始

的。陈劲是最早使用"自主创新"概念的学者之一，他对从技术引进到自主创新的学习模式进行了研究，认为研究开发中的学习是自主创新过程中的主导学习模式，只有通过研究与开发才能掌握技术的本质。[①]

经过十几年的发展，我国已涌现了大量有关自主创新的研究成果，主要体现在以下几个方面。

（1）自主创新的内涵。傅家骥（1998）认为，自主创新是企业通过自身的努力和探索产生技术突破，攻破技术难关，并在此基础上依靠自身的能力驱动创新的后续环节，完成技术的商品化，获取商业利润，达到预期目标的创新活动。杨德林、陈宝春（1997）认为企业自主创新是指依靠自身力量独自研究开发、进行技术创新的活动。张炜和杨选良（2006）认为自主创新是在解决所面临的科技问题的过程中，依靠自身的创造性努力，应用新思想、新理论、新知识、新技术、新方法和新模式等因素，研究开发出得到社会承认的新成果的一系列活动组合。詹颂生（2009）在分析了当前有关自主创新的认识偏差和误区后认为，自主创新是以科技发展为支撑、以科技创新为主体、以实现核心技术的自主掌控为主要目的和基本特征的一种创造性活动。要正确把握和理解自主创新这一概念，关键是要准确把握自主的基本定位以及自主创新的主要目的和基本特征。

（2）对自主创新必要性的探讨。陈至立（2005）指出我国的光纤制造设备，如85%的集成电路制造装备、80%的石化设备、70%的数控机床、95%的医疗装备依赖进口，自主创新是国家的重大战略抉择。周琬（2009）认为，切实发挥自主创新在转变经济发展方式中的中心环节作用，对于保持我国经济平稳较快增长有很强的积极作用，要多举措并举发挥自主创新在转变经济发展方式中的中心环节作用。

（3）自主创新能力研究。自主创新能力是一个国家科技、经济和社会事业发展的决定性因素，是国家竞争力的核心，是强国富民的重要基础，是国家安全的重要保证。企业自主创新能力是国家自主创新能力的基础，企业创新能力决定了国家的经济竞争力，要增强我国自主创新能力，必须以企业为主体[②]。张广科

① 陈劲. 从技术引进到自主创新的学习模式［J］. 科研管理，1994，15（2）：32-34.

② 戴德余. 增强自主创新能力，企业主体地位是关键［J］. 科技管理研究，2009（11）：16-18.

(2009) 从人力资源管理的角度论述了人力资本的知识扩张与企业自主创新能力的关系，认为企业内部人力资本的知识扩张能力决定了企业自主创新能力的高低，并且受到企业人力资源管理活动的影响。邵云飞主持的国家社会科学基金项目“提高自主创新能力的理论与对策研究”运用社会网络和复杂网络理论与方法，深入地揭示了基于网络视角的产业集群创新网络的微观结构对集群自主创新能力的作用机理，并在集群自主创新的竞合、学习、扩散和激励单因素模型研究基础上，系统地研究了集群自主创新的综合动力。① 吴丰华、刘瑞明（2013）研究了地区自主创新能力问题：当一个地区经济处于初级发展阶段时，向第二产业升级更能促进自主创新能力的提升，随着经济的发展，向第三产业升级更能促进该地区自主创新能力的提升。

（4）自主创新的策略选择。2005 年后，有关自主创新的新内涵下的策略选择的研究文献逐渐出现。刘娜等（2007）分析了超大型、大型、中小型企业的特点以及对原始创新、集成创新和引进消化吸收再创新三种自主创新实现形式选择实施的策略，提出了特大型、大型和中小型等不同层次创新主体对技术创新三种实现形式的选择实施策略。郭海、李垣（2006）分析了企业不同治理机制与经营者管理创新能力发挥与自主创新之间的关系。谢科范等在对原始创新、集成创新和引进消化吸收再创新三种主要的创新模式的特点、适用条件、典型案例等进行比较分析的基础上，提出了基于资源集成的企业自主创新模式。原长弘等（2009）采用博弈分析方法分析了我国现阶段企业原始创新、集成创新和引进消化吸收再创新的选择策略，揭示了企业在三种自主创新策略中选择的理论条件，解释了目前我国企业自主创新策略选择的现实格局。刘志迎（2015）从产业链的视角探讨了中国自主创新道路，提出了“以产业链为主线，发挥失常机制的科技资源配置作用，以企业为主体，充分运用链合创新、竞合创新、产学研合作创新等协同创新模式，通过多种自主创新方式，攻克产业链上关键技术与核心技术的自主创新路径”。

另外，我国其他学者在自主创新研究领域也取得了一些很有价值的研究成果，这些研究大多从经济学或社会学的角度进行分析，把注意力放在自主创新的

① “提高自主创新能力的理论与对策研究”（06XL007）成果介绍［Z］. 管理评论，2009（12）.

迫切性和意义上，对创新方式选择的研究也仅是限定在自主创新三种方式内的讨论，忽视了现阶段我国国情对不同创新方式的要求。

二、集成创新研究

集成创新的理论研究始于 20 世纪 70 年代。为应对动态环境给企业技术创新带来的挑战，Dillon、Dosi、Utterback 等分别从内外部技术创新要素集成的角度探讨了企业技术、组织、制度、管理、文化的综合性创新，指出提高企业技术创新成效的关键在于合理处理好上述各种要素的匹配关系，发挥协同作用。在这一阶段，技术创新管理的内部要素集成思想已经逐渐明朗。后来，Pisano（1994）论证了企业内部不同的技术知识源的集成对产品绩效的影响；Lin 和 Dwver（1995）分析了全球化背景下制药行业的产品开发战略、过程和绩效，强调了该行业产品创新活动中用户集成的重要意义，指出“集成是对风险的规避策略”。

20 世纪 90 年代，美国哈佛大学商学院 Marco Iansiti（1998）在其代表作 Technology Integration 中提出了集成创新的概念体系。这一概念主要是针对新技术和新市场的不断出现，使现代企业必须不断地处理不连续的技术变化的背景下提出的。遗憾的是，Iansiti 提出的技术集成概念仅存在于单个产品开发过程中，侧重于创新的技术端。

Petroni（1998）在 Iansiti 等研究的基础上论述了基于企业能力的集成创新，指出企业内部集成能力等同于建构能力，对应于产品的设计、制造环节，企业的外部集成能力对应于产品的概念创造环节，并在此基础上提出了“超胜任集成”的概念，拓展了基于动态能力的战略管理的视角。Verona（1999）研究表明，内部集成能力、外部集成能力、技术能力、营销能力对产品创新效率和工艺创新效率都有显著影响。

Hardaker（1998）通过研究欧洲制造业企业的产品开发管理，把企业的集成创新分解为技术层面、管理层面和文化层面。这里的技术层面就相当于前面 Iansiti 所提出的技术集成。他首次把“管理”作为集成要素引入集成创新体系中，并认为集成创新是多部门、多职能、多组织的融合创新，必然涉及多类人员的聚集，而他们对创新的态度、思维方式等存在差异，因此必须实现文化的集成整合。

在 Iansiti（1994）、Clark 和 Fujimoto（1991）以及 Fujimot 的研究中可以发现用户集成（Customer Integration）、内部集成（Internal Integration）和外部集成（External Integration）等概念。用户集成强调企业和市场之间的相互适应和相互学习，旨在促进用户信息和企业产品开发环境之间的相互匹配；内部集成则强调企业内部知识基础之间的匹配、信息单元间的集成；外部集成则强调企业对其外部知识网络、价值网络的适应。实际上，此时的集成创新已经突破了最初的企业内部技术集成的限制，将集成创新从内部扩展至内外结合，集成要素也由单一的技术集成拓展为技术、知识、管理和组织等多要素的集成。

20 世纪 90 年代，关于集成创新的研究逐渐引起我国学术界、政府和企业的高度重视，而对集成创新内涵的理解也在不断丰富的认识中得以衍生和发展，出现了一系列研究成果，主要集中在集成创新的内涵和模式、运行机制及集成创新能力评价等方面。

李宝山（1998）认为，集成创新是一种创造性的融合过程，即在各要素的结合过程中，注入创造性的思维。也就是说，要素仅仅是一般性结合在一起并不能称为集成，只有当要素经过主动的优化选择搭配，相互之间以最合理的结构形式结合在一起，形成一个由适宜要素组成的，相互优势互补、匹配的有机体时，这样的过程才称之为集成。我国著名的技术创新专家傅家骥、许庆瑞等对影响创新结果的因素、作用机理等进行了大量深入的研究和探索，从中得出了不少蕴含集成思想的研究成果，进一步丰富了集成管理研究的内涵。其中，许庆瑞与陈劲合作完成的“企业创新系统”的研究，陈劲、江辉合作完成的“集成创新模式、评价与案例”，许庆瑞提出的“全面创新管理”等构成了中国企业集成创新管理的雏形。曹利军（2005）等认为集成创新体系是一个系统的、动态的概念，系统整体功能的发挥取决于其构成要素之间的结构比例及其耦合机制，其体系由过程和环境两大部分构成，并包含各类要素。游达明（2008）从嵌入性视角研究了企业集成创新模式，分析了企业集成创新的社会关系嵌入性、结构嵌入性和混合嵌入性特征，并从嵌入性特征分析的基础上提出了企业集成创新的契约模式、科层组织模式和网络模式。桂萍（2008）认为动态技术联盟是企业集成创新实现的组织形式，提出了集成创新实现的三维机制：信任机制、整合机制和协同机制。李文博（2009）在理论上阐述了企业集成创新的复杂耦合系统，并探讨了该系统的深层耦合机理。

关于集成创新能力，大多数学者从技术集成、知识集成和组织集成三个层面构建集成创新能力评价指标体系。江辉、陈劲（2000）设计的集成创新过程评价指标体系由技术集成能力、知识集成能力、组织集成能力三个层面构成，并把三个层面分解为 20 个具体指标加以评判。史宪睿、金丽、孔伟（2006）认为企业集成创新能力是企业通过集成创新模式实现企业竞争力的能力，企业集成创新能力是由各种能力要素连接而成的能力系统，包括战略集成能力、知识集成能力、组织集成能力。李文博、郑文哲（2005）认为企业集成创新能力评价体系的维度应包括技术集成能力、战略集成能力、组织集成能力和知识集成能力，在集成创新评价指标要素权重的确定上采用改进的 AHP 综合模糊评价法。

综上所述，集成创新是现阶段我国企业自主创新的最主要方式，现有关于集成创新的研究大都停留在自主创新的层面上，研究集成创新的内部性问题，而对集成创新的外部性问题并未过多涉及。虽然强调了知识集成在集成创新中的核心地位，但未能充分考虑外部知识资源对企业集成创新的驱动作用。集成创新的本质属性内在要求对企业内外知识进行有效整合与管理。

三、知识管理研究

知识管理最早见于 Horton（1979）的著作中，他从资源管理演化的角度提出了这个概念，但学术机构和企业深入进行知识管理方面的探索和实践却是从 20 世纪 90 年代才开始的，到目前为止，理论界对知识管理还没有形成统一的认识。Bass（1997）认为，知识管理是指为了增强组织的绩效而创造、获取和使用知识的过程。David J. Skyrme 博士认为，知识管理是对知识及其创造、收集、组织、传播、利用等一系列过程的显性的、系统化的管理，它注重于将个人知识转变为组织知识并使之得到适当的运用。Wiig（1997）认为，知识管理主要涉及四个方面：自上而下地监测、推动与知识有关的活动；创造和维护知识基础设施；更新组织和转化知识资产；使用知识以提高其价值。Elias Safdie 和 Ray Edward（1998）指出："知识管理是使人、过程以及技术完美地结合起来，以使组织机构的与信息相关的成分，变成为企业带来价值、优势和利益的直观动态的知识财富集合。知识管理是一种文化、生活的方式，或者说是一种做事的方式。"

最初的知识管理侧重于知识的技术层面，强调对已有知识运用技术手段加以编码、转移和储存以方便知识的应用，而对知识创新过程的描述则较少涉及。管理学专家野中郁次郎（Nonaka）于 1995 年提出了组织知识管理的 SECI 模型（简称知识螺旋模型），对知识管理的过程作了详细描述，开创了知识管理研究的新天地。[①] 此模型基于隐性知识与显性知识的划分，定义了两种知识相互转化的四个过程，即社会化、外在化、联结化和内隐化。后来，野中郁次郎引入“场”的概念进一步丰富和完善了知识螺旋模型。知识螺旋模型较为客观地把握了组织知识的活动规律，揭示了隐性知识和显性知识之间的纵向流动和在不同主体之间的横向流动，以及横向流动与纵向流动的交互作用，为企业知识管理提供了科学的模型。另外，Wiig（1997）认为知识管理包括知识的生产与获得、知识的编辑与传播、知识的吸收、知识的应用及其价值实现四个过程。Spek 等（2002）将知识管理分为四个过程：开发新知识、现有知识及新知识的保护、知识的扩散、应用可用知识到产品与服务。

随着知识在经济发展中作用的凸显，我国学者也广泛开展了知识管理方面的研究。齐建国（1998）等对知识经济与企业管理的有关内容进行了研究，提出了我国面对知识经济挑战的对策。赵曙明、沈群红（2000）重点研究了知识企业的知识管理，提出了中国知识企业发展的思路。王方华、王虹（1999）探讨了企业知识管理的运行机制、知识共享机制以及风险防范体系等。另外，有些学者结合中国的国情，深化了对知识管理特征的理解。徐锐（2000）将知识管理的特征概括为五个方面：企业知识管理的生命力在于知识创新；人是企业知识管理的关键；信息技术是企业知识管理的工具；知识产权保护是企业知识管理的重要内容；知识主管的设立是实行企业知识管理的组织保障。盛小平、何立阳（2003）认为，知识管理的特点主要表现在以下六个方面：一是重视人的作用和人的发展；二是重视创新；三是重视知识资产的贡献；四是重视社会整体发展目标；五是重视知识集成管理；六是重视效益模式的转变等。

知识管理与技术创新具有相通性，一些学者对二者之间的相互关系进行了初

---

① Nonaka, Takeuchi, H.. The Knowledge-creating Company [M]. New York: Oxford University Press, 1995.

步探索。李江、和金生（2008）从知识角度探讨了技术创新的实质，认为技术创新就是创新性知识的产生和应用过程，并在此基础上论述了知识管理与企业技术创新决策之间的关系。张子刚等（2003）探讨了知识管理对企业技术创新过程中的能动作用，认为知识管理将影响企业技术创新过程的模式、改变技术创新过程的速度、影响企业对创新类型的选择，并深入研究了能动效应产生的机理。谢洪明、刘常勇（2003）探讨了技术创新类型与知识管理类型之间的对应关系，并通过实证研究验证了技术创新绩效与应用正确知识管理方法之间的正向作用关系。于晓宇等（2007）认为知识管理与高技术企业技术创新模式具有较强的耦合性。一方面，知识管理水平的提高能够影响高技术企业技术创新模式的选择；另一方面，技术创新模式的演进也会促进高技术企业知识管理水平的提高。因此，应该从两者的耦合性上把握知识管理与技术创新的关系，并将知识管理的重点聚焦在推动技术创新模式的演进上，进而全面提升技术创新绩效。

在知识经济时代，知识以及创造知识和运用知识的能力，已经成为企业获得可持续竞争优势的关键因素，可以说，组织就是一个不断进行知识创新进而保持其竞争优势的实体。[①] 知识管理是一系列知识活动的集合，包含有知识的创造、知识的组织、知识的传播和知识的利用。知识管理效能的发挥建立在对现有知识的有效整合基础上，通过科学方法将分散的、零碎的、尚未形成体系的处于混沌状态的知识整合成系统性的有序知识，进而生产出异于原有知识的新知识，实现知识的增值和原有技术的突破。Kessler 等（2000）认为，企业的成功除了要求创造和学习知识外，还取决于它是否能有效地整合与应用其所学的知识。对于企业创新管理实践来讲，如何进行有效的知识整合，发挥知识整合对企业技术创新的支撑作用，已经成为亟须解决的问题。

四、知识整合研究

知识整合是知识管理的一个重要环节，它将不同来源的知识结合起来，通过知识的创造、应用，提高企业的应变能力和创新能力。[②] 知识整合与知识管理同步

① 冯新舟，何自力. 组织知识创新及其管理［J］. 中国科技论坛，2010（2）：28-31.

② 陈力，鲁若愚. 企业知识整合研究［J］. 科研管理，2003，24（3）：32-38.

产生，都形成于工业经济向知识经济过渡过程中，它与知识在经济发展中的作用密不可分。在工业经济时代，企业的经济活动以物质资源的投入为主，没有把知识纳入经济系统，知识是经济增长的外生变量。20 世纪 90 年代以来，随着信息产业、咨询业和其他知识密集型企业的快速发展，经济形态逐步由工业经济向知识经济嬗变，知识整合理论也就在工业经济向知识经济的嬗变过程中得以产生和发展。[①] 在知识经济时代，知识逐渐成为经济增长的内生变量，以 Romer 为代表的新经济增长理论认为特殊知识和专业化的人力资本是经济增长的主要因素，可以产生内在的经济效应。Barton（1995）从企业微观角度分析了知识对企业核心能力的作用，认为企业核心能力是使企业独具特色并为企业带来竞争优势的相互作用、相互依赖的知识体系；Grant（1996）更进一步地将知识整合能力看作公司能力的本质；Volberda（1999）也指出是整合的知识而非知识本身形成了企业的核心能力。至此，企业知识整合理论已初具雏形，关于知识整合的理论研究也逐渐增多。

企业知识整合理论以资源基础理论和知识基础理论为基础，认为企业的基本职能是实现对市场机制难以转移的知识资源的优化配置，通过把组织内外的各种知识资源整合为结构化的知识体系，来实现企业的竞争优势和各种组织能力。当前关于知识整合的研究多集中在知识整合的内在发生和实现机制上。Grant（1996）首先提出了知识整合的两种机制：直接整合和常规整合。直接整合是将各类知识组织整理并制定为手册、操作规程等；常规整合则主要因大量隐性知识难以编码，组织成员通过对个体自身角色的理解，逐渐发展而成的一种互动式协调整合方式，这镶嵌于组织常规之中。实质上，作为知识整合研究的启蒙，Grant 对知识整合内在发生机制的阐述还不够明确，两类整合机制理解为整合途径更为恰当。Iansiti 和 Clark 进一步延展了知识整合的概念，认为组织的知识整合包括市场不确定环境下的客户知识整合和技术不确定环境下的技术知识整合，并把知识整合区分为企业外部整合和内部整合来描述企业能力的形成。[②] 内部整合

① 高巍，田也壮，姜振寰. 企业知识整合研究现状与分析［J］. 研究与发展管理，2004，16（5）：33-38.

② 魏江，刘锦，杜静. 自主性技术创新的知识整合过程机理研究［J］. 科研管理，2005，26（4）：15-21.

包括跨功能整合和广泛问题解决两个方面：跨功能整合着重于企业高层次整合程序；广泛问题解决着重于个人层次活动的整合。外部整合分为技术整合和顾客整合：技术整合是指有能力联结企业内部和外部两者的技术性知识，利用技术性知识的演进来建构企业内部的技术能力；顾客整合是指有能力联结有关潜在顾客和他们的产品使用信息和知识，用来发展流程和工程方面的细节，这使组织能够很好地预测客户需求，并采取相应的行动。组织知识的内部与外部整合构成了企业能力的基础，它们相互区别又密切联系，外部整合是内部整合的条件，内部整合是外部整合的基础，它们又都依赖于企业对知识的吸收能力。①

按照知识整合的主体来分，关于知识整合的研究可分为个人、团队和组织三个层次，各个层次的研究内容各有侧重。个体层面的知识整合主要关注组织成员知识整合动机与能力的影响因素、影响程度以及知识整合对个人绩效的作用，如 Teigland 和 Wasko 对 NCN 公司的 345 个参与者的调查、Collins 和 Smith 对 136 家技术企业员工的调查等。② 团队层面的知识整合研究主要关注团队特征对团队知识整合的影响以及团队知识整合对团队及组织绩效的作用。Teese 和 Grant 从组织能力的角度研究知识整合，提出企业知识整合理论，认为知识整合是组织的基本职能和组织能力的本质，从而把知识整合提高到企业的战略层面。③ 该层面的研究更多地探讨与检验企业的知识整合能力对企业绩效的作用情况，能否促进企业竞争优势的形成，以及组织知识吸收能力与知识整合间的关系。④

我国学者关于知识整合的研究大体延续了西方学者的脉络，研究层次主要集中在组织层面。赵修卫（2003）从组织学习角度探讨了知识整合的实现机制；鲁若愚、陈力（2003）较深入地阐述了组织通过知识整合和共享实现知识状态转变的机制。另外，一些学者将知识整合与企业自主产品创新的研究进行了融合。陈铁军（2007）探讨了基于知识整合能力的自主产品创新模式；高巍等（2007）认为，基于知识整合的企业产品创新范式是由企业产品创新中的知识整合能力、整

---

① 卢锐. 知识整合理论研究［J］. 情报杂志，2005（11）：85-87.

② Collins，C.，Smith，K.，Knowledge Exchange and Combination［J］. Academy of Management Journal，2006，49（3）：544-560.

③ Teece，D.J.，Pisano，G.，Shuen，A.. Dynamic Capabilities and Strategic Management［J］. Strategic Management Journal，1998，18（7）：509-533.

④ 史江涛，宝贡敏. 组织内知识整合理论研究现状分析［J］. 图书情报工作，2008（8）：69-72.

合方式以及外部整合与内部整合共同构成。企业产品创新是在企业知识整合能力基础上，运用有效的整合方式，通过对知识要素的外部整合和内部整合，把各种创新的组分知识转变为结构化的知识体系，并以此作为产品创新的知识平台。

知识整合是组织的首要任务和本质。[①] 实质上，组织有如一个知识库，企业各类行为的实质就是将组织知识转化为产品或服务以及产生新知识，这关键取决于组织的知识整合能力[②]。知识整合与自主性技术创新存在着密不可分的关系。魏江是国内较早运用知识整合理论分析企业自主技术创新，并探讨其微观运行机制的学者之一。他将自主技术创新中的知识整合过程划分为无知、感知与描述、控制与解释、全知和扩散五个阶段，分析了各阶段知识整合的发生机理，通过案例予以佐证，并在此基础上提出了一个基于知识整合过程的自主技术创新动态管理模型。孟庆伟、刘铁忠（2004）也以实际案例分析了自主创新过程中的知识整合问题。自此，国内研究开始了知识整合与企业自主技术创新相融合的新的征程。

按照整合方向的不同，知识整合可以分为内部整合与外部整合，现有研究主要集中于组织内部整合。虽然众多学者都认为，内部知识整合与外部知识整合共同构成企业知识整合的完整体系，但由于外部知识整合绩效影响因素的多样性和操作的不可控性，目前关于外部知识整合的理论研究还正处于起步阶段。李勇（2009）以跨国公司为例研究了跨边界的知识整合，强调了跨边界知识整合对跨国公司产生竞争优势的重要性，分析了跨边界知识整合的机制以及相关的组织间关系强度与整合途径，初步探讨了跨国公司跨国产品开发中的知识整合过程。实质上，跨国公司的跨边界知识整合依然属于企业内部知识整合范畴，本质上属于公司内部不同部门之间的知识整合。武军定（2008）就研究了在华跨国公司的内部知识整合问题。与之不同，刘邦成以我国企业为研究对象，分析了公司跨国创业过程中的知识转移和整合机制，这实际上已经走出了企业内部知识整合的范畴，基本实现了内部知识整合与外部知识整合的统一。另外，还有一些学者研究了跨组织搜索、跨组织知识学习、跨组织知识共享等与跨组织知识整合紧密相关的研究主题。

---

① Grant，R.. Knowledge and the Firm：Overview [J]. Strategic Management Journal，1996，17（4）：1-9.

② 魏江，刘锦，杜静. 自主性技术创新的知识整合过程机理研究 [J]. 科研管理，2005，26（4）：15-21.

芮明杰、邓少军（2009）是国内最早明确提出跨组织知识整合概念的两位学者。他们认为，全球环境的动荡变化要求产业网络的各个组成部分不断整合互动以形成协同效应，在产业网络环境下企业的跨组织知识整合对于促进企业技术创新及获得竞争优势至关重要，并进一步提出了产业网络环境下企业跨组织知识整合的实现机制，通过集成内外知识整合功能、营造知识整合环境与组织氛围、提高知识整合能力，可以使企业获得持续发展。他们的研究成果是在跨组织知识整合领域的有益尝试，初步勾勒了跨组织知识整合的理论分析框架，遗憾的是，该研究仅局限在理论分析层面，缺少相关的实证研究。

综上所述，理论界虽已普遍认为知识整合是企业形成竞争优势的重要来源，但对于如何通过知识整合形成竞争优势，特别是企业知识结构和运动规律对竞争优势的影响，以及影响企业知识结构和运动规律的组织因素和技术因素缺乏深入研究。尚未形成一套完整的知识整合理论体系，对知识整合与企业技术创新之间的关系虽有了一定的认识和研究，但大都集中在技术创新的整体层面，从微观层面分析技术创新的知识运作，尤其是跨组织知识整合对企业技术创新驱动作用的研究还不多见。

五、人力资源管理实践研究

人力资源管理实践指影响雇员的行为、态度以及绩效的各种手段、政策和制度的总称[①]。虽然理论界对人力资源管理实践的概念早已达成共识，但对于人力资源管理实践的内容和对企业绩效的关系则说法不一。

Pfeffer（1998）认为，不同的人力资源管理实践具有相加性，组织只要找出各种实践的最佳做法，再加以积极实施就能够影响组织绩效。其通过大量的研究，将影响企业绩效的人力资源管理实践归结为就业安稳、选拔雇佣、团队工作、给予组织绩效的高报酬、强化培训、消除等级差异、共享信息七个方面。Osterman（1994）把自我指导工作团队、工作轮换、质量圈和全面质量管理等统称为创新人力资源管理实践，并认为所有美国企业都能通过这些实践来改善生产

① 乔坤，周悦诚. 人力资源管理实践对组织绩效影响的元分析［J］. 中国管理科学，2008（10）：544-550.

率。Huselid（1995）认为，虽然人力资源管理实践对于组织绩效有直接影响，但其影响是以企业战略与人力资源管理之间的匹配以及人力资源管理政策的内外一致性为基础的。我国学者张弘和赵曙明（2006）通过实证研究证明了人力资源管理实践与企业绩效的正相关关系，并把中国企业中已应用的人力资源管理实践概括为激励性工作设计、团队工作方式、系统化培训等 26 项。吴治国等（2008）将现代人力资源管理划分为获取与配置、员工发展和员工保障与维护三项职能，共 12 项具体实践活动。

综观当前人力资源管理实践与企业绩效间关系的研究成果，可以将人力资源管理实践与企业间的关系划分为最佳实践模式、权变模式和结构模式三种作用模式。[①] 最佳实践模式认为存在既定的人力资源管理实践活动来帮助企业获得市场上的竞争优势，该模式的核心是强调最佳人力资源管理实践对企业绩效具有普遍性的促进作用。但有学者指出，人力资源管理实践对组织绩效的作用会受到其他因素的影响。由此，学者们提出了权变模式。权变模式认为，人力资源管理实践活动与企业绩效的关系受到组织战略等权变因素的影响。权变模式表明了人力资源管理实践与其他因素之间的相互作用。结构模式认为，上述两种模式都在一定程度上简化了人力资源管理实践系统的复杂性。Becker 和 Germart（1996）认为，人力资源管理实践活动必须整合成为一个有效的、有路径依赖性的系统，对企业维持长久的竞争优势才有帮助。结构模式从系统的观点出发，强调通过人力资源管理实践之间的相互补充和支持形成有效的人力资源管理系统结构，以实现最大化的内部匹配，进而作用于企业绩效。[②] 我国学者张正堂（2005）在此基础上又将结构模式进一步分为最佳系统的结构模式、权变的结构模式和完全的结构模式。结构模式的观点是更为复杂的一种观点，是当今研究人力资源管理实践与企业绩效间关系的主流模式。

随着人力资源管理实践与企业绩效间关系研究的深入，越来越多的学者开始

---

① Delery，J. E.，Doty，D.H.. Model of Theorizing in Strategic Human Resource Management：Tests of Universalistic，Conatingency，and Configurational Performance Predictions [J]. Academy of Management Journal，1996，39 (4)：802-835.

② 刘得格，时勘，王永丽.人力资源管理实践与企业绩效关系研究述评 [J]. 首都经济贸易大学学报，2009 (3)：23-30.

对人力资源管理实践对企业绩效的作用机制和路径进行了探索。Dyer 和 Reeves (1998) 认为人力资源管理实践影响雇员产出，雇员产出继而影响组织产出，组织产出又会影响财务产出，最终导致公司市场产出的变化的观点，并提出了人力资源管理实践与企业绩效的作用路径模型。杨浩和刘佳伟（2015）从员工行为的角度研究了人力资源管理实践与企业绩效的关系。

随着研究的深入，逐渐有学者引入了知识管理这一中介变量，认为人力资源管理通过知识管理作用于企业创新，进而影响企业绩效。顾琴轩等（2009）基于知识观，提出了知识驱动的人力资源管理实践的三维结构，并通过实证检验了人力资源管理实践通过知识共享的中介作用影响组织绩效的作用路径。刘邦成等(2009) 认为，知识管理能力作为知识经济条件下组织赖以生存的核心，很有必要探讨人力资源管理实践与知识管理能力的作用机理。在人力资源管理实践与知识管理的关系研究中，也逐渐有学者特别关注了人力资源管理实践与知识管理的核心知识整合与分享的关系。何会涛、彭纪生（2009）通过案例研究证明了人力资源管理实践对知识整合的影响。汪晓媛、宋典（2010）也在理论上阐述了战略人力资源管理对知识整合的作用机制。王勇（2014）对人力资源管理实践与知识分享进行了元分析。李燕萍、刘宗华（2015）研究了人力资源管理实践对知识分享的影响机制，认为人力资源管理实践可以在组织内部创建相互信任的组织氛围，以此促进组织内部的知识分享。李明斐、贝文海（2015）基于沈阳万科的案例研究了人力资源管理实践与企业知识共享的实现问题，认为人力资源管理实践可以有效激发知识共享意愿，推动隐性知识和显性知识的转化。

综合上述分析可知，在研究人力资源管理实践与企业绩效间关系的过程中，人力资源管理实践对知识管理和知识整合的作用逐渐引起学者的重视，然而当前关于此领域的研究还较为缺乏，相对理论研究实证研究则更为不足，尤其是人力资源管理实践对跨组织知识整合影响的理论和实证研究还不多见。

第三节 本研究的主要工作

一、研究问题的提出

在竞争日益激烈的今天，创新已经成为企业持续发展、获得并维持核心竞争优势的根本，要在竞争中掌握主动，企业就必须要实现技术的自我掌控，不断提高自主创新能力，只有这样才能形成可持续发展的竞争优势。在全球经济一体化、科技飞速发展及竞争日趋激烈的环境下，企业的可持续发展面临着日益严峻的挑战。[①] Teece 等（1998）指出，新经济时代的特性之一是科技与科技之间不断的融合，善于整合的企业将拥有更多创新的机会，相对也将更具优势。企业创新需要有效融合不同类型的资源，虽然知识业已成为企业最重要的战略资源，但知识仅仅是一种手段，单纯拥有大量的知识并不能确保企业创新的成功，也并不足以增强企业核心能力，为企业带来竞争优势。Volberda（1999）指出是整合的知识而非知识本身形成企业的核心能力。在当前环境下，任何一家企业都不可能拥有创新所需要的全部知识资源，都不可避免地要获取吸收组织的外部知识为企业创新所用。知识整合不仅是着眼于企业内部的知识整合，还应该关注跨组织的外部知识整合，只有把内外部知识整合有机统一起来才能真正提高企业知识整合水平和能力。跨组织知识整合对企业创新的作用正日益引起学者的关注和重视。许多学者认为，为有效推动跨组织知识整合的发生，应该从本体论的角度关注人力资源管理活动对知识整合的影响。尽管有学者初步讨论了人力资源管理与知识整合的关系，但大都集中在组织内部知识整合的一般性理论阐述上，相应的实证研究还不多见。[②]

① 芮明杰，邓少军. 产业网络环境下企业跨组织知识整合的内在机理［J］. 当代财经，2009（1）：69-75.

② 高巍，王恒山，王楠. 基于知识整合的企业产品创新研究［J］. 哈尔滨工业大学学报（社会科学版），2007，7（5）：137-140.

知识整合与技术创新在企业发展中日益突出的重要性使得知识整合与自主技术创新的关系正变得日益紧密。成功的技术创新所需要的知识应被视为一个整体，而不是被组织边界分割的部分，技术创新是通过整合不同组织的知识而产生新知识的过程，整合专门知识和其他资源是技术创新的本质。不同的自主创新方式对知识整合的需求特征显著不同。因此，选择合适的自主创新方式，以开放的视角充分吸收外部知识资源，实现外部资源与内部资源的融合，对提高我国企业自主创新能力、增强核心竞争力，最终实现自主创新起着积极作用。依据现有的理论支持，以及中国企业技术创新实践现状，本书选择面向集成创新的跨组织知识整合为研究对象，探讨人力资源管理实践对跨组织知识整合的推动作用，以期为我国企业选择合适的自主创新管理方式提供理论支持。

二、研究内容

本书的主要研究内容包括如下几个方面：

1. 面向集成创新的跨组织知识整合流程和模式研究

本部分研究的目的在于，通过对集成创新与跨组织知识整合的内涵、特征和运作过程的分析，建立集成创新与跨组织知识整合的内在关系，明确面向集成创新的跨组织知识整合流程、内容和模式，为后续研究奠定理论基础。

2. 跨组织知识整合对组织创新绩效的驱动作用研究

本部分研究主要在于检验跨组织知识整合对企业技术创新的影响作用，为研究人力资源管理实践对跨组织知识整合的影响提供理论支持。在理论研究的基础上，构建跨组织知识整合能力、运作特性与企业创新绩效的作用关系模型和要素间关系假设，通过问卷调查收集相关数据，在对测量量表进行信度和效度检验的基础上，对上述研究假设进行验证。

3. 人力资源管理实践对跨组织知识整合的影响研究

本部分研究主要在于提出并检验人力资源管理实践对跨组织知识整合的影响路径模型。在理论研究的基础上，构建人力资源管理实践对跨组织知识整合的影响模型和要素间关系假设，通过问卷调查收集相关数据，在对测量量表进行信度和效度检验的基础上，对所提出的模型和关系假设进行检验。

三、研究方法和技术路线

对应上述研究内容，采用的研究方法和技术路线如图 1–1 所示。

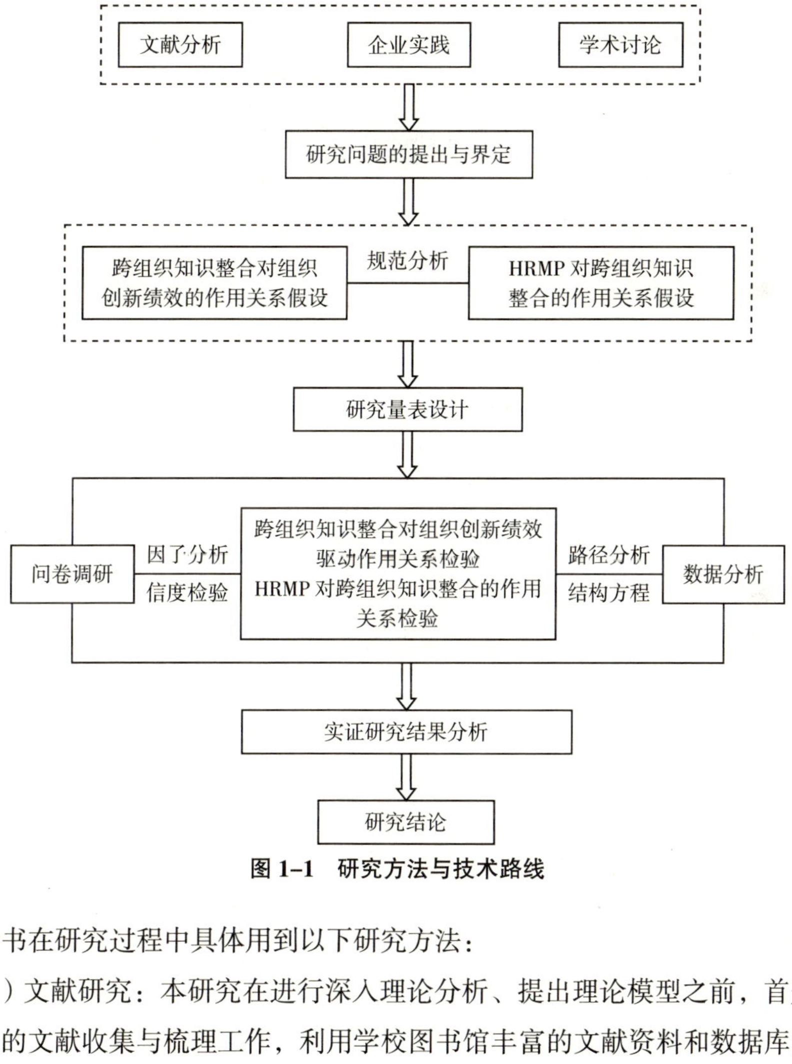

图 1–1 研究方法与技术路线

本书在研究过程中具体用到以下研究方法：

（1）文献研究：本研究在进行深入理论分析、提出理论模型之前，首先进行了大量的文献收集与梳理工作，利用学校图书馆丰富的文献资料和数据库系统广泛阅读、归纳和总结集成创新、知识整合、人力资源管理等领域的已有研究成果以及最新进展，确定本书的研究视角，形成研究思路。

（2）规范分析方法：由于目前对人力资源管理实践与面向集成创新的跨组织知识整合的关系还缺乏系统的研究，本研究作为该领域的一种尝试，一方面注重理论框架的构建，通过规范研究和价值分析建立跨组织知识整合的系统性的理论框架；另一方面注重对跨组织知识整合进行规范论证，并就其对组织创新绩效的影响，以及人力资源管理实践对跨组织知识整合的影响进行严格推理。

(3) 问卷调研和数据分析：为检验跨组织知识整合对组织创新绩效的驱动作用，以及人力资源管理实践对跨组织知识整合的影响，本研究通过问卷调研的方法获取所需的观测数据，运用 SPSS17.0 和 AMOS7.0 软件检验测量量表的可信性和有效性，并运用结构方程方法验证理论分析所提出的要素间关系假设。

第二章　集成创新与跨组织知识整合的动态演进

集成创新是企业自主创新的重要方式之一，知识整合是知识管理理论的重要组成部分，许多理论研究均表明高效的知识整合管理能够促进企业创新发展。但多数研究只是将知识整合作为一个整体产出研究与企业创新之间的关系，并没有区分特定的自主创新方式对知识整合的特殊需求。本章的主要目的是通过对集成创新与知识整合基本概念、特性等的分析，初步建立集成创新与跨组织知识整合之间的关系，为后续集成创新与跨组织知识整合的关系研究奠定理论基础。

第一节　相关理论基础

一、知识的概念、特性和分类

（一）知识的概念

人类对知识的认识虽已经历了几千年的历史，但至今却未能形成对知识的统一认识。知识可能被笼统地定义为“存在于信息及智能间的东西”，或者像“必须被看到或经历从而理解的东西”一样简单，我们似乎都通过经验而非通过定义对知识有一个基础性的理解。[①]

“知识”一词最早来源于哲学领域。苏格拉底认为“德行即是知识”；柏拉图

① 余利明. 企业知识管理能力问题的研究［D］. 上海：复旦大学博士学位论文，2003.

认为知识是“被验证过的真实的信念”，即所谓真理；培根认为知识是“经验的成果”，康德也提出了类似的观点，认为“经验是知识的基础”。

我国对知识的定义一般也是从哲学角度做出的。《中国大百科全书·教育》中“知识”条目是这样表述的：“所谓知识，就它反映的内容而言，是客观事物的属性与联系的反映，是客观世界在人脑中的主观映像。就它的反映活动形式而言，有时表现为主体对事物的感性知觉或表象，属于感性知识，有时表现为关于事物的概念或规律，属于理性知识。”从这一定义中我们可以看出，知识是主客体相互统一的产物。它来源于外部世界，所以知识是客观的；但是知识本身并不是客观现实，而是事物的特征与联系在人脑中的反映，是客观事物的一种主观表征，知识是在主客体相互作用的基础上，通过人脑的反映活动而产生的。

随着社会科学的不断发展，“知识”一词逐渐被心理学、经济学、管理学等广泛使用，知识的定义也因学者认知的不同而有所不同。

认知心理学家皮亚杰对知识给予了如下论述：“知识是主体与环境或思维与客体相互交换而导致的知觉建构，知识不是客体的副本，也不是由主体决定的先验意识。”

野中郁次郎和竹内弘高（2006）认为，知识是一种有价值的智慧结晶，可以信息、经验心得、抽象的概念、标准作业程序、系统化的文件、具体的技术等方式呈现。知识呈现的形式虽然有很多种，但是本质上都必须具备创造附加价值的效果，否则就不能被称为知识。

Turban（1992）认为，知识乃是经过组织和分析的信息，经过如此处理之后，这些信息才能为人所理解以及被应用来解决问题和做出决策。

Drucker（1993）认为，知识是能够改变某些人或某些事物的一种信息，它既能使信息成为行动的一种基础方式，也能通过对信息的运用使得某个个体或机构有能力进行改变或采取更为有效的行为方式。

Davenport 和 Prusak（1997）认为，知识是结构性经验、价值观念、关联信息及专家见识的流动组合。知识为评估和吸纳新的经验和信息提供了一种架构。知识产生并运用于知识者的大脑中。在组织机构中，知识往往不仅存在于文件或文库中，也根植于组织机构的日常工作、程序、惯例及规范之中。

朱祖平（2000）认为，知识是在对信息的推理与验证基础上得出的经验与规律，而信息是经过处理并被赋予明确意义的数据，数据则来源于原始的、不相干的事实。

从上述定义不难发现，知识拥有多种复合含义，可以是信息、洞察力或经验等多种形态，但大部分学者倾向于把知识与隐性、实践和情景化等联系在一起，强调知识与认知实践的关联性。实际上，知识总是与认知者及其认知实践联系在一起。在认知实践中，认知者在应用已有知识的同时，不仅创造了个人知识，还创造了其不自觉的集体知识，同时也成为其认知环境的积极创造者。知识本质上是一个动态的、根植于认知者及其与认知环境互动的认知实践之中的过程。同时，知识又是认知者认知实践的结果，是对其自身、认知环境和互动的认知实践的意义的部分表达，具有可诠释和可传递的性质。为便于研究，本研究在归纳以上各学者对“知识”定义的基础上提出了一个比较宽泛的概念：知识是经过人类思维整理过的，综合了经验、价值、见解、信息而形成的可以用于生产、研究等社会活动的具有创造附加价值效果的智慧结晶。

（二）知识的特性

在知识经济时代，知识之所以成为企业新的稀缺资源，是与它所特有的属性密不可分的，知识的特性主要体现在以下几个方面。

1. 知识的共享性

知识的共享性是指知识的所有者可以在不放弃它的同时传递给别人，虽然专利和知识产权会形成某种程度的独占，但这种独占也是有期限的。知识一旦被发现并公布后，增加知识使用者的边际成本极低。当一个成员的知识与其他成员共享时，企业组织的知识存量会成倍增长，而转让知识的成员并不会因此而受任何损失，反而还有可能在转让过程中使其原有知识得以深化，或者获得一些新的知识。知识的共享性成为知识收益递增的基础。著名经济学家克拉克曾指出：“知识是唯一不遵守收益递减规律的生产工具。”在 K. Arrow 对知识传递过程中“溢出效应”的讨论中也可以找到知识共享性的影子。他认为，当新知识被固化在新产品中时，这项知识同时溢出到其他产品的生产和运用中，从而提高了所有老产品和新产品的生产率。也就是说，当某人发明了一项新技术时，这项技术可以被任何人运用，而在提高他们的劳动生产率的同时也提高了某人的劳动生产率。这是一种“公共物品”的性质。罗迈尔的研究也证明，正是技术知识的这种“共享性”，在新古典经济学通常假定的收益递减生产函数中，也可以造成知识投入的收益递增现象。[①]知识遵循收益递增规律使它逐步替代土地和资本等要素，在企业中占据了重要地位。[②]

2. 知识的动态增值性

知识的另一个重要特性是动态增值性，即知识并非一成不变，它可以不断创新和发展。世界唯一不变的真理就是“变化”，知识的发展变化是永恒的。就个人来讲，人们的知识会随着学习的深入而不断更新，而人的学习是无止境的，所以，个人知识的变化也是无止境的。企业知识处于不断地流入和流出状态，其知识体系也是一个动态的、不断更新的过程。这个过程包括企业内外知识的创新过程、企业与外部知识的交换过程，或者企业主动适应外部环境的过程，以及企业由于外部环境变化而被迫做出改变的过程等。企业知识动态变化的过程也是企业知识不断增值的过程。企业通过各种生产经营活动和技术活动以及在此基础上进行的学习活动而获得的知识，总是以动态的方式不断积累着，而且以往积累的知识也会对其以后的各类活动的选择产生影响，从而使企业中知识的积累表现为一种具有路径依赖特性的增长过程。达芙特（Dufta 1997）等认为这一过程会经历三个阶段：①关于概念掌握和共同经历的一致认可；②关于这些概念之间联系的认同；③这些相关的概念如何影响每个组织成员观念的相似程度。知识就这样被编码、存储、建立、忘记、恢复、模型化，新的知识不断增加，现有的知识日趋复杂。知识发展的过程是持续的、不断前进的，企业要努力创造一种有利于知识增长、创新的环境。只有在保持知识的动态增长和不断创新的前提下，企业才能做出正确的决策以适应日益变化的外部环境。

3. 知识的人本性

知识在本质上是与人类行动密切相关的。知识的人本性也称为知识的智力性，也即知识的产生、储存和应用都是人类意识活动的结果，是人类智慧的结晶。不管何种类型的知识，都是人类经过长期的社会生产实践产生的，是经过脑

① Dufta, S., Weiss, A.M.. The Relationship between a Firm's Level of Technological Innovativeness and Its Pattern of Partnership Agreements [J]. Management Science, 1997, 43 (3): 343-356.

② 朱祖平. 刍议知识管理及其框架体系 [J]. 科研管理, 2000, 21 (1): 19-25.

力劳动总结整理而成的。知识的储存和知识的产生是同步进行的，起初知识是储存在人类的记忆之中。随着语言和文字的产生，人类开始借助于文字等有形介质储存知识。进入信息社会和知识经济时代，知识的储存形态更是多种多样，呈现出了数字化和信息化的趋势。但不可否认，不管知识是以何种形式储存，都是人类为了更好地应用知识而进行的有意识的活动。知识的应用是人类运用已有知识创造新知识的过程。计算机和人工智能等现代工具的产生不仅方便了知识的储存，也扩展了知识的应用领域，提高了知识应用的水平。但计算机和人工智能本身不会应用知识，更不会创造新知识，只有通过人的意识性操作才能发挥其应有作用，也只有通过存储在人脑这种特殊载体中的知识，经过对照人脑中原有知识基础，进行加工、思维改造和升华后，才能创造出新的知识，也才能实现知识的动态增值。因此，在知识整合与创新过程中，必须注重人的参与，在人的参与过程中不断整合共享知识，最终实现知识创新。

（三）知识的分类

根据不同的分类标准，知识可以有多种不同的类型。本研究仅从研究需要的角度给出几个比较典型的分类方式。

经济合作与发展组织（OECD）将知识分为四类：①知道是什么的知识（know what），是关于事实方面的知识；②知道为什么的知识（know why），是指自然原理和规律方面的知识；③知道怎么做的知识（know how），是对某些事物的技能和能力；④知道是谁的知识（know who），涉及谁知和谁知道如何做某些事的信息。这四类知识又可进一步划归为显性知识（explicit knowledge）和隐性知识（tacit knowledge）两大类。①类和②类知识属于显性知识，可以通过读书、听讲和查看数据库而获得，③类和④类知识属于隐性知识，主要靠实践积累。

隐性知识和显性知识的划分标准是知识的可言传性和转移的难易程度，此种分类方法被誉为知识的最基本分类，而且多数学者都认为隐性知识和显性知识都能通过一定的方式加以获取和创造。[①] Polanyi（1969）关于隐性知识和显性知识的描述可以认为是最早的关于隐性知识和显性知识的界定。他认为“显性知识是代

---

① Brown，J.S.，Duguid，P.. Organizing Knowledge [J]. California Management Review，1998，40（3）：90-111.

表客观性的知识，它必须首先被人们所意会和应用；隐性知识是代表主观性的知识，它可以通过自身体现出来”。后经众多学者的归纳总结，隐性知识被理解为存在于人们头脑和行为中借助于直觉、经验、诀窍、灵感、智性直观的那部分知识，难以用语言来表述、难以用文字言传，具有高度个体化并难以形式化的特点。隐性知识是一种只可意会不可言传的知识，是虽然拥有，并经常使用，却又不能通过语言文字符号清晰表达出来并直接传递给他人的知识，也就是我们知道的多于我们能够言说的那部分知识。显性知识是指那些能够以正式的语言，通过书面记录、数字描述、技术文件、手册和报告等明确表达和交流的知识，是对隐性知识一定程度的抽象和概括，上升为公式、规律和理论，并以文字形式记载下来，从而使其容易表述和交流。简言之，显性知识是可以言传的知识，是我们所知道的并能够言说的那部分知识。显性知识是与隐性知识相对应而言的，共同构成人们的知识体系。对企业来说，隐性知识和显性知识共同构成企业的知识资源。应该指出的是，虽然隐性知识和显性知识是两种不同类型的知识，但现实中我们很难清晰地划分二者之间的界限，如图 2–1 所示。

图 2–1　隐性知识与显性知识的关系

有学者认为，企业知识是一种有组织的经验、价值观、相关信息及洞察力的动态组合，它所构成的框架可不断地评价和吸收新的经验和信息。在这个概念中，强调知识是一组集合和持续的过程，并且知识是动态的而非静止的，它不但是已经编码完毕的显性知识和完全内化的隐性知识，而且隐含了尚未完全编码和未完全隐性化的知识，它介于显性知识和隐性知识之间，兼有两者的部分特征，可称之为灰性知识，包括两种情形：一是知识主体基于已经拥有和掌握的知识，或者是对从外部学习吸收的知识，通过理解和内化等思维活动，在头脑中形成的对于某些知识的轮廓描述和原理分析，属于偏隐性的灰性知识；二是知识主体通过对自身隐性知识的编码，或是对外部显性知识进行整合之后形成的某些知识，这类知识具有很强的个体相关性和一定的主体意会性，属于偏显性的灰性知识。在企业知识创造活动中，灰性知识是广泛存在的一种知识状态，是隐性知识与显性知识之间转化的重要一环。

灰性知识是依据隐性知识与显性知识的转化过程而提出的，进一步说明了知识的存在与活动状态是一个连续的过程（见图 2-2）。值得提出的是，正如我们不能把隐性知识与显性知识截然分开一样，灰性知识与显性知识、隐性知识之间也并非是截然相互分离的，而是彼此相融、相互关联的，在知识活动中相互作用、相互转化。灰性知识的提出能够帮助我们更好地理解隐性知识与显性知识的转化与过渡状态，但对于如何更有效地实现隐性知识与显性知识的转化并无太大的实际意义。

图 2-2　隐性知识、灰性知识与显性知识的关系

另外，个体知识和组织知识是人们所熟知的两种不同类型的知识，个体知识存在于个体之中，组织知识存在于组织之中，但两类知识的划分依据却众说纷纭。有学者从知识的产生过程给予界定，他们认为，以分工为基础产生的专业化知识可以称之为个人知识；以协作为基础产生的集体性知识可以称之为组织知识。前者具有个体性，而后者则具有集体性。此种分类标准有一定的局限性，因为，虽然个体是新知识的创造者，但在一个组织内，新知识往往不是由单个人创造的，而是在组织范围内通过团队或群体共享知识与专长来产生的。因此，也有学者按照知识的共享程度把知识划分为个体知识、组织知识和社会公共知识（外部知识）三类。还有学者从知识的层次角度将知识划分为个体知识、团队知识和组织知识三个层次。① 其中，个体知识是存在于个体的经验和技能之中的知识；团队知识是组织内的正式团队或非正式团队所拥有的知识；组织知识是组织拥有的知识，主要包括存在于复杂的组织程序和管理系统之中的管理知识、组织常规程序以及技术等。由于组织是由个体和团队所组成的、为实现一定宗旨的系统，因此，组织成员的个体知识和团队知识是组织知识的基础，组织知识并不是个体知识或团队知识的简单相加，而是将个体知识和团队知识系统化后的产物。知识的

① 李久平. 基于 SECI 的企业内部知识流动过程及螺旋模型［J］. 情报杂志，2006（9）：51-57.

层次结构如图 2–3 所示。

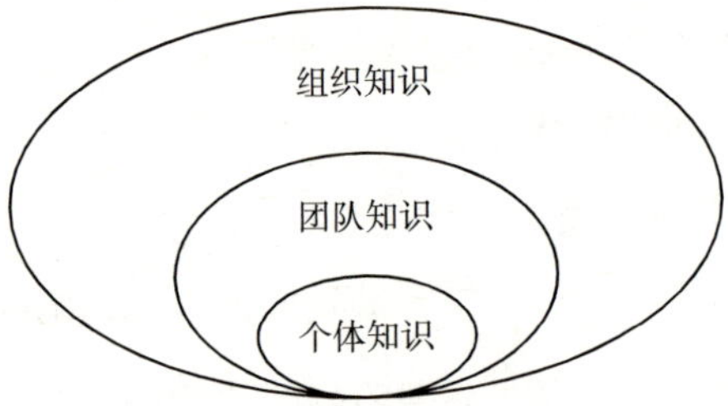

图 2–3　知识的层次结构

虽然对于个体知识和组织知识的分类依据各不相同，但个体知识和组织知识的划分对于研究个体与组织知识的整合、转化与创新依然有着积极作用。

一般认为，组织知识是企业内部有组织的经验、价值观、惯例及相关信息的动态组合，它不仅存在于文件或档案之中，也存在于组织机构的程序、过程和规范之中，甚至存在于人们的大脑里。组织知识不能脱离组织中个人的知识而独立存在，但它又不仅是个人知识的总和，而是具有单个个人知识所无法具有的一些特质。在知识创新和产品开发过程中，组织知识尤其是团队知识非常重要，因为大多数知识转移和学习都发生在这一层次。它和个体知识之间还存在一定程度的相互作用，个体知识以及个人之间相互作用所形成的知识交流与沟通是组织知识形成的最终基础，也是企业知识创新的源头，个体知识也只有转化成组织知识才能实现功能倍增。

二、知识整合的概念和特征

知识经济时代，知识虽已成为企业的一种重要战略资源，但单纯拥有大量知识并不足以为企业带来竞争优势，只有经过整合形成的有序的、系统化的知识才能形成企业核心竞争力。Grant（1996）和 Volberda（1999）都将知识整合能力看作公司能力的本质，认为是整合的知识而非知识本身形成企业的核心能力。

知识整合理论是伴随着知识管理理论的建立而逐渐形成的，与知识管理密不可分。在企业管理过程中，从有形资源的管理和生产能力的管理过渡到人才技能和知识运用的管理，这些变化导致知识整合这一新理论的产生和发展。知识整合是知识管理的关键环节和重要步骤，[①] 对知识整合的论述往往隐含于知识管理中，还没有形成一个准确的定义，国内外学者分别从自身研究角度给出了知识整合的定义，表 2-1 列示了部分具有代表性学者的观点。

表 2-1　知识整合的代表性界定

学者	主要观点
Prahalad、Hamel（1990）	强调知识整合可以使企业具备独特的、不可仿制的竞争能力，从而获得长期的竞争优势
Demsetz（1991）	知识整合是指为了实现获得知识的有效性，人们在运用知识时，将不同个体精通的知识结合在一起的过程
Kogut、Zander（1992）	知识整合是结合现存以及发掘具有潜力的知识的能力，整合工具不仅包括硬件系统，也包括人员间的沟通、共通的文化等软件系统
Grant（1996）	知识整合是结合一般化和专业化知识的过程
Inkpen（1996）	知识整合也即是知识联结，是个人与组织间通过正式或非正式的关系促进知识的分享与沟通，并使个人知识转变为组织知识的过程
Huang 和 Newell（2003）	知识整合就是通过组织全体成员的社会交往行为实施的对已成形的信念的建构、系统化、再限定的集成过程
Volberda 等（1999）	知识整合是企业内部为强化企业内部文化和价值观的一致性，以及工作效率与系统运作的提升所做的一切协调运作的活动
Tiwana（2001）	知识整合是组织将个体持有的隐性知识和显性知识合成为新的、组织层面的、特定项目的知识能力
Farrell 等（2005）	知识整合是将已有的知识加以合并、重组，并创造出新知识的过程
Zahra 等（2000）	知识整合就是整理、吸收，并运用所获得知识的过程
任皓、邓三鸿（2002）	知识整合就是运用科学的方法对不同来源、不同层次、不同结构、不同内容的知识进行综合和集成，实施再建构，使单一知识、零散知识、新旧知识、显性知识和隐性知识经过整合提升形成新的知识体系。知识整合既照顾到历史，又具有前瞻性
赵修卫（2003）	知识整合指知识的重构与综合，是在学习过程中，通过知识在组织中的流动和扩散，对所学知识进行评价、选择和重构，使不同主体、多种来源和功用的知识相互结合并综合成为组织的知识，即组织共享并能加以有效利用的知识，最终使其成为企业创新能力和竞争优势的基础
魏江、王铜安（2008）	知识整合是基于特定的外部市场环境，为实现企业技术、产品和服务创新，对不同来源、不同形态的知识进行甄选、转移和重构的一个动态循环过程
陈力、宣国良（2005）	知识整合是指企业为了适应环境的变化，从利益相关者的身上识别知识、筛选知识、吸收知识，然后再对知识进行个人层次的提炼、共享，将个人知识上升到组织知识并使组织知识拥有能力去发展新知识的过程，这个过程使得组织有行动的一致性、执行的高效性、应变的灵活性

① 任皓，邓三鸿. 知识管理的重要步骤——知识整合［J］. 情报科学，2002，20（6）：650-653.

续表

学者	主要观点
芮明杰、邓少军（2009）	知识整合是对知识的综合、集成与系统化地再建构，目的是使知识转化为组织创新能力和竞争优势的基础，知识整合过程本身也是一种创新的过程
张喜征（2004）	知识整合就是以创新为目标，充分运用各种组织措施、技术方法、企业文化或其他手段将组织内外分属于不同群体或个体的一般的、特质的各种知识创造性地结合在一起，以获得一种创新性成果的过程，知识整合是一个复杂的组织过程、技术过程和人力资源管理过程
沈群红、封凯栋（2002）	知识整合是指组织对内、外部不同类型知识有效识别、利用和提升的能力，也是组织促进不同主体彼此互动、产生新知识的能力
单伟、张庆普（2008）	知识整合是在企业自主创新过程中，为了适应环境的变化，在各种相关条件和环境因素支撑下，使各种类型的知识要素经过复杂的相互作用，得以相容、适应、互动及配合，从而实现整理、提炼、协同、自组织、系统化，使企业拥有能力去创造新知识和技术的活动，这个活动使得企业具有行动的一致性、执行的高效性、应变的灵敏性，是实现企业自主创新能力形成与提升的内在机制

综合上述国内外学者对知识整合的研究，可以得出关于知识整合的几层含义：①知识整合的过程实质上就是知识创新的过程。知识整合是综合运用多种方法对已有知识进行再建构，进而使已有知识转化为企业创新能力和竞争优势的基础。在这一过程中，充分的先前知识是知识整合的前提和基础，整合后的具有新的基因结构的知识体系是知识整合的直接结果，虽然整合前后知识的本身禀赋并未流失和变化，但整合后的知识具有不同于先前知识的诸多特征，可以看作是特殊形态的新知识，这与知识创新的利用已有知识创造新知识的本质特征相吻合。②知识整合是多种整合方式的复合体。按照不同的分类标准，知识可以有多种类型，不同类型的知识往往具有不同的形态、不同的载体，这就要求有不同的整合方式。知识整合是为实现企业的某一特定目标而服务的，而特定目标的实现往往需要多种不同来源、不同类型的知识，这就决定了知识整合类型的多样性。③知识整合受制于多种因素的共同作用。从知识整合的发生过程来看，知识整合是整合主体为实现特定目标采用多种方法将已有知识进行重新组合以产生新知识的过程，在这一过程中，知识整合必然会受到所处环境的影响，而环境是由多种相关因素组成的有机系统。一般来说，知识整合会受到诸如知识库等企业硬性系统和组织文化等软性系统的双重影响。④知识整合是企业获得长期竞争优势的源泉。知识是当今企业最重要的战略资源，而知识本身并不能形成企业的竞争优势，只有被充分激活的知识才能为企业带来竞争力，而知识整合即是知识激活过程，是

将分散于组织内外的分部知识整合成系统性知识的过程，这一过程同时也是企业核心竞争力的形成过程。⑤知识整合是实现企业自主创新的关键。知识整合理论的产生为企业创新注入了新鲜血液，有学者指出"企业创新是有目的地引入和应用新知识的过程"，而知识整合处于这一过程的核心位置，知识整合的有效性会直接影响新知识应用的效果，而知识应用的效果直接决定了企业创新的成败。因此，在一定程度上可以认为，知识整合能力是组织能力的本质，是企业自主创新能力的核心，组织应培养并强化这种能力。

上述关于知识整合的界定蕴含了知识整合的动态性和系统性特征。知识整合首先是一个复杂的动态变化过程，需要挖掘企业内部的各种知识以及知识之间的相互联系和动态关系。[①] 在实践中，知识整合的动态性体现在不同形态知识之间的转化和不同来源知识间的转移，以及知识整合与外部环境和持续竞争优势的实时协同。知识整合必须能够提高知识转化和转移的柔性，实现显性知识和隐性知识的相互转化，以及不同知识在不同组织层次的转移，满足知识主体的需要。知识整合的目的是要提高企业的持续竞争优势，必须适应外部环境的变化，当外界环境发生变化时，知识整合的内容、范围和方式都将做出适当调整。[②] 知识整合是一个动态过程，企业必须时刻学会摒弃无用知识，搜索、获取和融合新知识，这个任务伴随着企业的整个生命周期。[③] 另外，对于知识整合任务本身来说，它也永远不会结束于某一个点上，因为任何时候都会有新知识的产生，都需要摒弃旧知识，需要不断地对知识进行整合。

知识整合的系统性特征体现在知识整合的空间范围，以及知识整合平台中的资源范围。知识整合是现有知识与新知识、个体知识与组织知识、隐性知识与显性知识、内部知识与外部知识整合的复合体，其整合范围不仅包括个体知识，还涉及组织知识甚至跨组织知识。在经济全球化和信息时代，同时伴随着消费者需求的个性化和多样化，任何一家企业都不可能拥有发展所需要的全部资源和知识，在此背景下，企业不仅需要整合自身资源，而且还需要充分利用其他组织的

① 任皓，邓三鸿. 知识管理的重要步骤——知识整合［J］. 情报科学，2002，20（6）：650-653.
② 陈福添. 知识整合研究：一种基于资源与能力的动态分析框架［J］. 财贸研究，2006（4）：90-95.
③ 卢锐. 知识整合理论研究［J］. 情报杂志，2005（11）：85-87.

资源，以提高资源配置的能力。知识整合不仅是企业内部知识的整合，而且还应该突破传统的组织界限，积极搜索获取外部知识，提高知识的吸收能力和转换能力，实施跨组织知识整合，唯有如此才能保证企业战略决策和技术创新的前瞻性和务实性。同时，知识整合不是思维领域诸多认知能力的整合，而是认识中的实践整合，这就决定了知识整合必然会受到企业内外环境的影响和制约。为推动和促进知识整合的实现，企业需要系统分析各环境要素，厘清要素间的关系，使得企业硬件资源和软件资源能够相互支撑，特别是信息沟通系统和组织际网络，以及组织学习和文化，使得这些资源能够形成知识整合平台，从而提高企业的知识获取能力、转换能力、转移能力、运用能力和保护能力。

综上所述，知识整合是一个动态的复杂系统，不仅是企业的内部活动，更是跨越组织界限的组织行为。知识整合需要多方位的知识来源，要求企业积极主动地去获取企业外部的知识资源，以保证知识整合创新目标的实现。

三、知识整合与知识螺旋模型

虽然学者对知识整合类型的划分还不统一，但普遍认为隐性知识和显性知识的转化是实现企业内部知识整合的关键所在。有些学者甚至认为，隐性知识与显性知识的转化是企业知识整合的最基本形式。野中郁次郎认为，知识整合与创新是通过隐性知识和显性知识之间的相互作用来实现的，这一实现过程包含知识转换的共同化（socialization）、表出化（externalization）、联结化（combination）和内隐化（internalization）四种模式。隐性知识和显性知识转化的四个有机过程被形容为创造价值的根本。

(1) 共同化也称为社会化，是隐性知识向隐性知识的转换，是共享体验并由此创造诸如共有心智模式和技能之类隐性知识的过程，是隐性知识在个体之间的转播和共享。知识的共同化表明，个人可以从他人那里不经语言传达而直接获得隐性知识，实现个体层次的隐性知识整合。学徒工与师父一起工作，不用语言而凭借观察、模仿和练习而学得师父手艺的过程即是典型的知识共同化。在商业场合下，在职培训基本上也可以看作是知识的共同化。值得提出的是，知识共同化的关键是获得相同的体验，如果没有形成共有体验，个人要想使自己置身于他人思考过程之中将是非常困难的。

（2）表出化是隐性知识向显性知识的转换，是将模糊的隐性知识表述为形式概念的过程，主要通过对人脑中存在的隐性知识进行归纳，总结并以编码的方式表现出来。表出化通常采用比喻、类比、概念、假设或模型等形式将隐性知识明示化，是知识整合与创新过程的精髓，该过程的灵感源自对话或集体反思，所以，团组内的集体交流和讨论就成为该过程的主要实现形式。

（3）联结化是显性知识向显性知识的转换，是将各种概念综合为知识体系的过程，是将分散的显性知识通过新的组合方式形成新的显性知识的过程。这种知识整合与创新模式涉及将不同的形式知识彼此结合，个体通过文件、会议、电话交谈或计算机通信网络等媒介将知识联结在一起。通过对显性知识的整理、增添、结合和分类等方式，对既存知识进行重新构造，由此催生新的知识。当管理人员将企业愿景、经营理念或产品概念进行细分并使之具有可操作性时，知识的联结化就发生了。计算机通信网络和数据库等现代信息工具的产生对知识的联结化有非常大的推动作用。

（4）内隐化是显性知识向隐性知识的转换，是使显性知识体现到隐性知识之上的过程，主要通过人在工作中运用显性知识的体验来实现。比如在工作实践中个人把从文件中得来的知识内化为自己的切身体验。内在化过程与干中学（learning by doing）有着密切的联系。经过共同化、表出化和联结化三个过程中的体验，以共有心智模式或技术诀窍的形式内化到个人的隐性知识库内，这些体验就变成了个人有价值的资产。知识的文档化将有助于个人将经历的事情内在化，从而丰富个人的隐性知识。另外，内隐化也可以发生在没有实际体验他人经历的场景中。比如，阅读或倾听一个成功的故事，可以使个体感受到故事所反映的现实和本质，从而增加个体的隐性知识。

组织的知识整合不是单一知识转换过程，而是一个隐性知识与显性知识持续相互作用的过程，依赖于知识转换不同模式之间的转变。个体隐性知识是组织知识整合与创新的基础，组织知识整合与创新需要调动由个体所创造及积累的隐性知识，被调动起来的个体隐性知识，通过知识转换的四种模式在组织层次上得以放大，并且在较高层级上结晶起来，这一过程被野中郁次郎形象地描述为知识创造的螺旋，简称知识螺旋（SECI），如图 2-4 所示。

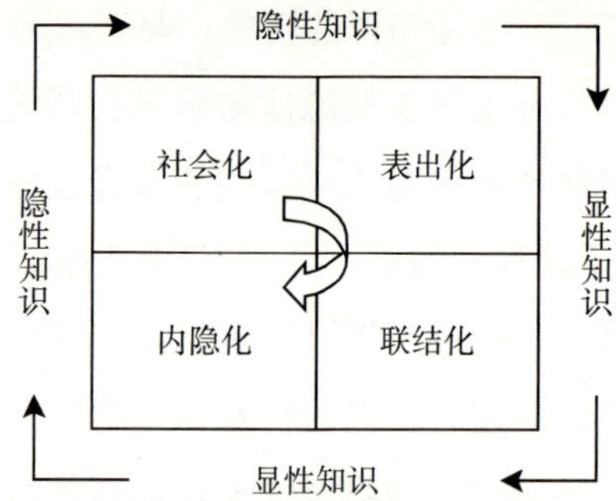

图 2-4　SECI 知识整合简化模型

在知识的螺旋运动过程中，随着知识运动层级的攀升，隐性知识与显性知识之间相互作用的幅度逐渐加大，从而形成一种螺旋上升的过程。它源自个体，并且随着互动团体的扩大，超越团队、部门、事业部和组织的边界，不断向前推进。

SECI 模型揭示了知识整合与创新的起点及终点，即知识整合与创新开始于高度个人化的隐性知识，通过知识转化的四个过程，最终升华为组织内其他员工的隐性知识，从而实现知识的轮回转化。该模型认为知识整合与创新的重点在于将隐性知识表出化，而要做到这一点，需要全体员工通过“隐喻类比模型”的过程来抓住直觉和灵感，同时需要相互交流及合作的人际网络将隐性知识显性化。SECI 模型还表明，项目团队领导在组织知识整合与创新过程中发挥着关键性作用，如构建和谐顺畅的知识流动环境、勾画愿景、鼓舞引导员工并为知识转化提供必要支持等。

“场”是知识螺旋模型中另一个较为重要的概念。场（日语为“Ba”），是一个可以促进知识创造的物质的、精神的和社会的环境，提供了具有创造知识、共享文化以及在创造新知识过程中所需对话过程的共同语言的实体环境，它既是企业知识创造、分享和使用的背景环境，也是进行动态知识转化和产生相互影响的场所，它可以是物质空间，也可以是精神空间。对应知识转化的四种模式，Nonaka 和 Konno 提出了四种不同功能的场。①原始情景型：个人之间共享感觉、感受、经验及思维模式的场所；②集体互动型：隐性知识实现显性化的场所；③网络型：在虚拟世界中实现互动的场所，通过它，人们可以将新的显性知识与已有的显性知识进行结合，从而在整个组织中创造出新的显性知识；④演练型：为显性知识向隐性知识转化的场所。

“场”的概念说明，企业是情景依赖型的，知识交流、共享以及使用不能脱离它所处的环境而独立存在。因而，任何知识整合与创造过程都需要一个合适的情境，任何组织都不能忽视一个可感觉的现实空间。

在SECI模型和“场”的概念基础之上，野中郁次郎通过加入时间维度提出了组织知识整合与创新的五阶段模型。他认为，任何一个组织知识整合与创新过程都可以划分为：共享暗默知识、创造概念、验证概念、建造原型和知识转移五个阶段。组织的知识整合与创新起始于对个人隐性知识的分享，其步骤大体上与共同化相对应，未加利用的大量知识蕴藏在个体头脑里，所以个体首先必须在组织内将这些知识放大。个体隐性知识在组织范围内的共享会促进新概念的产生，这个阶段类似于隐性知识的表出化过程。所创造的概念必须在第三阶段得以验证，组织在这一阶段里可以决定新概念是否真正值得进一步开发。如果获得组织批准，新概念在第四阶段就会被转化为原型。原则上，新概念可以是硬产品开发的原型，也可以是软创新中的运营机制。如企业的新价值观系统、新型管理体系，或者有创意的组织结构。知识整合与创新的目标是创造新知识、应用新知识，因此，所创造的新知识必须经过扩展和转移，被更大范围地知晓和应用才能实现其应用价值，也才能实现知识整合与创新的最终目标。新知识的转移可以是部门内转移，也可以是部门间转移，甚至是跨组织转移。

四、知识集成与知识整合

知识集成与知识整合对应的英文单词均为“knowledge integration”。在汉语词典中，集成是指将一些孤立的事物或元素通过某种方式集中在一起，产生联系，从而构成一个有机整体的过程。现在也指集约度很高的生产工艺、生产设备及产品。整合就是把一些零散的东西通过某种方式而彼此衔接，从而实现资源共享和协同工作，其精髓在于将零散的要素组合在一起，并最终形成有价值有效率的一个整体。不管是普遍意义上好的、坏的事物都有其存在的价值，把它们的价值有机结合在一起，使本来无意义的事物变得有意义起来，让这些单一看来无意义或意义不大的事物获得超值的效果。任皓、邓三鸿（2002）[①]认为，整合是指

① 任皓，邓三鸿. 知识管理的重要步骤——知识整合［J］. 情报科学，2002，20（6）：650-653.

从整体的角度，依据一定的目的需要、理念设计，把不同实践要素按照合理的活动程序、配置比例，将各种片断或分散的对象元素或单元再建构，使之具有可以发挥功能的总体性能。此处再建构的意义不是分析概念下“分解/结合”的简单合成或综合，而是提升至另一种可以和谐运作的机制，使各部分性能得以相容、适应、互动及配合。

在知识管理领域，当人们发现仅仅将知识管理起来还不够，重要的是利用知识之间的关联关系创造新知识的时候，集成的思想便被运用到知识管理之后的知识应用和创造阶段，关于知识集成的研究从一开始就是朝着如何应用集成技术来实现对知识的应用和创造这个方向发展。比较有代表性的几种知识集成思想有：知识集成是知识压缩、精简的进一步发展；知识集成一方面是对分散在企业中，主要是存在于企业员工头脑中的意会性知识进行集成，另一方面是对分散在不同协作单位间的知识进行集成，这种知识集成实际上是融合了知识管理的过程。目前，比较全面的关于知识集成的界定是指运用科学的方法对企业不同来源、不同层次、不同结构、不同内容的知识进行综合，实施再建构，使单一知识、零散知识、已有知识、新获知识、显性知识和隐性知识经过综合形成新的知识体系，实现“1+1>2”的效果。知识集成过程输入的是分散的专业知识，输出的是具体的、系统性的知识，通过集成把分散的专业知识整合成统一的、连贯形式的知识。①

由上述分析可知，知识集成与知识整合二者在本质上并无实质差别，二者都是将分散的知识通过再建构的方式组合成具有新的基因结构的系统知识，都是知识的创新过程，只不过知识集成更多地集中在技术层面，而知识整合则更强调整合的全过程，在知识整合过程中会涉及集成技术的应用。因此，本书认为，知识整合与知识集成具有共同的本质属性，知识整合构成知识集成的合集，在知识整合过程中包含有知识集成技术的应用。

五、知识整合与企业自主创新

知识整合理论的产生丰富和拓展了企业创新的内涵。随着信息化社会和知识

① 王娟茹，赵嵩正，杨瑾. 知识集成模式研究［J］. 工业工程，2004，7（6）：26-291.

社会的来临，知识及知识整合日益受到人们的关注。许多学者都强调了知识在组织中的重要性。Cole（1998）曾经指出知识是财富和可持续竞争优势产生的主要来源。Davenport 和 Prusak（1997）更指出，企业的可持续性竞争优势来自于它整体所知道的东西、获取和使用新知识的快慢程度，以及对其运用的效率。知识整合理论扩展了创新的概念。West，M.A（1990）认为，创新是有目的地引入和应用新知识的过程。Leonard 和 Sensiper（1998）认为，创新是在隐性知识作用下，包含一定反复性的线性过程。对创新的理解，虽然因人而异，但基本都包含知识的发现、创造和应用过程。

知识整合是企业自主创新的本质存在。在新经济条件下，技术创新活动主要表现为一种知识的组合，即不同知识的交互作用，行动者间的协同更主要地表现为其所具有的不同类型知识的整合。[①] Berger 和 Luckmann（1966）指出技术创新企业的本质是创造新知识，运用新知识解决问题，并创新产品以实现市场价值。有学者也指出，对知识的管理和合理运用通常决定企业的成功，对从事技术创新的企业来说，尤其是这样。[②③] 单伟、张庆普（2008）也认为，企业自主创新的实质就是知识向人工制品或服务的转化以及新知识的生成过程，而知识整合是知识创造发生的内在核心机制，在企业自主创新能力形成与提升过程中起着极为关键的作用。在企业自主创新能力形成与提升过程中各种知识的形成、量增加、质提升，在各种知识的相互流动、转化、共享、运用、创造的过程中，在个体知识组织化、零散知识系统化的过程中，在企业内部与外部知识相融合的过程中，客观上都存在着各种各样的持续的知识整合过程。魏江等（2005）提出，从知识角度看，企业自主技术创新表现为组织在广泛收集内外部信息和资料，通过有效整合途径，实现知识整合，以解决创新中的一系列问题，同时实现组织能力提升的过程。如果将自主技术创新作为一个企业求解问题的过程，那么，从问题产生、研发目标的确立到研发任务的分解和下达，最后各分任务的汇总等，整个研发流程

---

① 宇红. 企业技术创新过程中的知识整合［J］. 大连民族学院学报，2007（6）：47-49.

② Quinn，J.B.，Anderson，P.，Finkelstein，S.. Managing Professional Intellect：Making the Most of the Best［J］. Harvard Business Review，1996（2）：71-80.

③ Dougherty，D.. Re-imagining the Differentiation and Integration of Work for Sustained Product Innovation［J］. Organization Science，2001，12（5）：6221-6231.

伴随着各种各样与知识整合有关的活动。这一系列的活动和流程相交织，构成了知识的动态、静态积累和更新过程，内在则反应为在不同环境下，知识在组织和个人间，实现隐性和显性之间不断相互转化上升的整合过程。孔凡柱、罗瑾琏（2012）认为，知识整合是一个复杂的过程，是企业实现自主创新的重要途径，既需要挖掘企业内部知识之间的相互联系和动态关系，也需要捕获外部知识并建立外部知识与内部知识之间的关系。实质上，组织犹如一个知识库，企业各类行为的实质就是将组织知识转化为产品或服务以及产生新知识，这关键取决于企业知识整合能力，作为企业核心竞争力主要来源的自主创新行为自然也不例外。可以认为，知识整合是实现企业自主创新能力形成与提升的内在机制，是企业自主创新的本质存在。

有效的知识整合是企业自主创新的原动力。知识资源基础理论认为，企业创新活动是知识资源的获取、使用和新知识的创造过程，知识整合水平影响着企业创新活动。Mcelroy（2000）的研究结论显示，知识整合是企业保持创新能力的关键。Lester（2001）通过案例研究证实了有效的知识整合能够增加企业创新。Tranfield 等（2003）解释了知识整合对创新的发现、实施和提升过程的支持作用。Mcadam（2000）把知识整合看作是企业创新的催化剂，论证了知识创造、内化、传播和应用对创新的推动和促进作用。张子刚等（2003）也认为，知识的整合与管理活动对企业自主技术创新过程具有能动效应。企业自主创新要求组织充分利用各种来源知识，内在表现为企业不断进行知识整合的过程。企业自主创新能力的竞争实质上是企业对知识资源和过程性知识的生产、占有和有效利用方面的竞争，即知识整合能力的竞争。企业的自主创新能力将伴随不断的知识整合过程而逐步提高。李晓红、侯铁珊（2013）认为，知识整合能力是企业获取竞争优势的关键因素，企业外部知识整合能力、内部知识整合能力对自主创新绩效均有显著正向影响。

第二节　集成创新的知识运作特性

一、集成创新的知识内涵

集成创新与知识管理密不可分，集成创新是在知识管理的平台上展开的。从概念发展脉络来看，集成创新最早起始于 Iansiti 的技术集成。他以美国计算机工业的发展为背景，通过实证研究和对成功企业与失败企业的对比分析，总结了许多企业的产品开发方式的成功经验，提出了“技术集成”的概念。在他的论述中，技术集成是指以创造技术可供资源和技术应用关联环境之间的匹配为目标的调查、评估和提炼的活动集合。[①] Iansiti 的技术集成是以单个企业为研究对象，讨论了单个企业的产品研发和管理方式，属于微观层次。Best（2001）在此基础上提出了系统集成的概念，将集成模式扩展到了国民经济的层面。他认为，一个地区乃至一个国家的经济发展有赖于领头企业的发展，而领头企业所采用的商业模式和生产体制极大地影响了能力和技能的产生、发展和扩散。系统集成即是一种在技术和组织层次上发挥作用的生产和组织的基本原则。

随着国外集成创新研究的深入，我国学者也从不同角度对集成创新进行了探索性的理论或案例研究，并提出了若干不尽相同的集成创新的定义。

李宝山（1998）认为，从管理学的角度看集成创新是一种创造性的融合过程，即在各要素的结合过程中，注入创造性的思维。也就是说，要素仅仅是一般性结合在一起并不能称为集成，只有当要素经过主动的优化选择搭配，相互之间以最合理的结构形式结合在一起，形成一个由适宜要素组成的，相互优势互补、匹配的有机体时，这样的过程才称为集成。

西宝、杨廷双（2003）认为，集成创新是指创新的融合，这种融合通过利用

① Iansiti，M.，West，J.. Technology Integration：Turning Great Research into Great Products［J］. Harvard Business Review，1997，75（3）：69-79.

并行的方法把企业创新生命周期不同阶段、流程以及不同创新主体的创新能力、创新实践、创新流程和竞争力集成在一起，从而形成能够产生新的核心竞争力的创新方式。

张方华（2008）认为，集成创新是指创新行为主体根据企业发展目标，在特定的系统内整合各种创新资源（包括企业内、外部的信息、知识和资金等要素），并经过优化配置，形成一个由各种要素组成的优势互补、相互匹配，具有独特功能优势的新的系统以实现创新的行为过程。

李默妮、吴秋明（2007）认为，集成创新是创新主体将以知识为基础，包括战略、组织、技术等各创新要素的优化、整合，相互之间以最合理的结构形式结合在一起，形成具有功能倍增性和适应进化性的有机整体，组织通过学习为商业创新和竞争优势创建一个管理秩序。

王众托（2007）应用系统工程的思想提出了系统集成创新的概念。他认为，系统集成创新是把已有的知识、技术创造性地加以集成，以系统集成的方式创造出前所未有的新产品、新工艺、新的生产方式或新的服务方式，以满足不断发展的新需求。该定义强调了知识集成在系统集成创新中的核心地位。

综观以上定义，各位学者虽从各自研究的视角给出了集成创新的不同界定，但其中大都强调了知识的核心地位和创新行动主体（人）的思维的主导作用。因此，从知识和人的角度来看，集成创新可以简单界定为：创新主体运用自身的知识储备，采用集成的方式对已有的创新资源进行再认识和再加工，从而创造出新的知识，并将之进行物化或商品化的过程。

二、集成创新的知识特性

集成创新中的知识除了具备知识的一般特性外，还由于其自身特征而具有一些不同于原始创新和引进消化吸收再创新中知识的特性。

（一）创新知识的整合性

通过知识整合的定义可知，任何一种方式的自主创新都离不开知识的整合，都蕴含着一定程度和范围内的知识整合。但从知识来源的角度看，原始创新中的知识集中凸显了知识的原创性，原始创新的实现主要依靠企业内部积累沉淀的知识和自身研发努力所取得的重大技术突破，原始创新能使组织确立在该领域的领先地位和持久的竞争优势；引进、消化、吸收再创新主要侧重于引进企业外部已有的知识和技术，在充分消化吸收的基础上进一步创新，该种创新方式是对引进知识和技术的深化，是一种渐变式的创新，重在外来知识的吸收。相比之下，集成创新是在企业自主创新目标的指引下，以系统集成的方式将企业内外部的知识进行优化、重组和融合，以最合理的结构形式结合在一起创造新产品、新技术和新知识，更体现出了知识的整合性。①

（二）创新知识的分布性

集成创新是我国当前自主创新的最主要方式。经济全球化条件下的自主创新是开放性的自主创新，需要企业在自我主导的前提下充分吸收借鉴别人的成功经验，这就决定了企业集成创新必定是一个开放的、动态的演进过程，企业集成创新中的知识不仅来源于企业内部，更来源于企业外部。这是因为知识的分布式特性使得传统的依赖企业自身资源进行封闭式创新的模式受到了严峻挑战，任何一个企业无法在所涉及的各个技术领域都跟上技术变革的步伐，任何技术力量雄厚的企业也不可能拥有创新所需要的全部知识资源，集成创新对外部资源的依赖性越来越强，成功的集成创新取决于与外部知识的有效衔接。企业外部知识主要来源于政府、科研机构、大学、供应商、顾客、竞争者、金融机构和中介机构。②集成创新知识的分布性还表现在知识的学科交叉。集成创新过程中涉及的知识来自不同的学科领域，如哲学知识、经济学知识、管理学知识、系统知识、信息与系统科学知识、社会文化知识、生态环境知识、复杂性科学知识等，有效整合多学科知识是提升企业集成创新能力的关键所在。另外，从知识的本体论来看，集成创新需要的知识都寄予在企业内外部的个人、团体和组织中，尤其是对创新起决定作用的隐性知识大多存在于个人的头脑中，企业在创新过程中应合理将这些分散的知识整合起来发挥最大的功效。③

（三）创新知识的粘滞性

知识的粘滞性指知识在转移过程中的难度，粘滞性越高，知识的可转移性就越差。知识转移是知识整合的前提，只有将分布于各处的分散知识转移至整合主

---

①③ 林向义，张庆普，罗洪云. 集成创新中的知识整合机理研究［J］. 哈尔滨工业大学学报（社会科学版），2009，11（6）：121-126.

② 史宪睿，刘则渊，于冬. 企业集成创新及其系统模型［J］. 科技管理研究，2007（4）：10-11.

体，知识整合才有可能发生。由于集成创新中的知识广泛分布于企业内部和外部，集成创新知识整合过程不但包括组织内部的知识转移，还包括组织外部知识向组织内的转移，这无形中增加了知识转移难度，也使得集成创新中的知识粘滞性相对较高。集成创新中的知识可能来源于企业外部的顾客、合作者、竞争者、政府、中介机构等部门，也包括来源于不同文化底蕴的知识。由于不同的知识源提供的知识没有统一的转移途径和转移方法，不同来源知识之间的差异增加了知识的转移难度，在很大程度上限制了知识整合过程中知识转移的效率。另外，虽然集成创新中的知识包括显性知识和隐性知识，但大多数都是隐性知识，在集成创新中隐性知识在很大程度上决定了创新成功与否，这也增加了集成创新中知识的粘滞性。同时，将分布在企业内外部的个人、团体和组织内的分散知识从个体整合到团体并最终到组织的过程中，也蕴藏着很多障碍因素和转移难度，这也无形当中增加了集成创新中知识的粘滞性。

三、集成创新的要素构成

集成创新反映了一种与传统的线性创新模式完全不同的创新理念，更加关注创新的连续性。集成创新需要解决的一个关键问题是知识的融合，因而需要相应的组织结构和管理方式与之配套。与传统创新模式相比，集成创新具有持续性、系统性、结构性和集成性的特征，在时间上更加关注创新的连续性。在水平层次上，集成创新关注不同创新主体和人员整体的力量，并且能够使之系统化；在垂直方向上，集成创新关注围绕企业和产品生命周期的集成和创新。[①] 集成创新与传统创新相比更加适应当代信息和知识经济社会的要求，具有持续的竞争优势。笔者根据 Iansiti 和 Bullinger[②] 的研究将二者的比较情况总结如表 2-2 所示。

① 西宝，杨廷双. 企业集成创新：概念、方法和流程 [J]. 中国软科学，2003 (6)：72-76.

② Bullinger，H. J.. Einfuhrung in das Technology Management [M]. Stuttgart： teubner，1994.

表 2-2　集成创新与传统创新的比较

	集成创新	传统创新
技术选择模式	集成模式：通常有一个指定的决策团队进行项目决策，团队成员具有丰富的知识和集成意识	分散选择：通常由不同的人根据自己的经验和知识储备选择不同的技术
涉及要素	同时考虑供给和需求：涉及市场信息、知识、技术、战略、组织和管理等	往往只考虑技术的供给，侧重于技术要素，忽视了其他要素
目的性	目标明确，由专门机构负责	开始时目标模糊，往往经过比对后才能确定最终目标
人力资源的作用	强调所有员工的整体协作和交互组织	个别人员发挥主导作用
追求的目标	持续创新，在重视技术领先的同时强调与生产和市场的结合	单一创新，强调技术的领先性
信息	开放、交互	秘密、内部
过程	创新过程中强调团队思想和系统化	创新过程中强调领导者的个人思想
组织文化因素	重视组织文化因素对创新的影响，强调对参与者的管理和激励	忽视组织文化因素对创新的影响

集成创新不只是集中在技术层面，而且还包括创新的过程组织和管理方面。集成创新强调所有参与人员的交互作用，重视人的思维和潜力发挥。集成创新的结果呈现出多样性，可以是一个新产品、新服务或者新的工作流程，也可以是概念、方法论、技术、组织与制度、管理、营销和文化，甚至也可以是以上结果的复合体。因此，集成创新不再是简单的技术词语，而是包含有人和知识的经济和社会概念。

随着研究的不断深入，国内外许多学者对集成创新的要素构成进行了探索和研究，表 2-3 列示了部分学者的观点。集成创新经历了从最初的技术集成单一要素到包括战略集成、技术集成、知识集成、组织集成和管理集成等要素在内的多要素的发展过程。虽然，目前学者对集成创新的要素还未形成统一意见，但普遍认为，企业要获得持续的竞争优势，在实施集成创新时至少应考虑企业战略、现有技术和知识三个要素，并在管理方面做出相应变革以适应集成创新对知识沟通的要求。因而，研究知识整合的相关特性和机理将对企业集成创新产生积极影响。

表 2-3 部分学者对集成创新要素构成的观点

作者	集成创新要素
Iansiti 和 Clark (1994)	技术集成
Fujinoto 等 (1996)	用户、内部集成、外部集成
Clark 和 Fujimoto (1991)	技术集成、组织集成
Durand (2001)	企业内外的信息集成、知识集成、人员集成
Parthasarthy 和 Hammond (2002)	部门集成、工具集成、外部集成
江辉、陈劲 (2000)	技术集成、知识集成、组织集成
张华胜、薛澜 (2002)	战略集成、资源集成、时间集成、知识集成、能力集成
孙金梅、黄清 (2006)	战略集成、技术集成、知识集成、组织集成、时间集成、资源和能力集成
李文博、郑文哲 (2000)	技术集成、知识集成、战略集成和组织集成
西宝、杨廷双 (2003)	技术集成、管理集成和市场集成
慕玲、路风 (2003)	中国集成创新的要素：形成自主的产品概念、企业在产品系统层次上进行技术学习并掌握相应的建构技术能力、以掌握核心技术为导向的技术能力爬升

第三节 集成创新与跨组织知识整合的互动

一、跨组织知识整合的动因与内涵

在新经济形势下，虽然知识业已成为企业最重要的战略资源，但知识仅仅是一种手段，单纯拥有大量知识并不能确保企业创新的成功，也并不足以增强企业的核心能力，为企业带来竞争优势。Volberda（1999）指出是整合的知识而非知识本身形成企业的核心能力。有学者发现，创新中的知识在组织中分布广泛且相当离散，存在于不同部门，为不同领域的专家所掌控。① 为了保证技术创新的各个阶段都能运用到企业整体的知识资源，通过整合的方式，实现技术创新过程中对知识的充分运用是必要的。在技术创新过程中只有经过真正意义上的知识整

① Grant, R.M.. Prospering in Dynamically Competitive Environments Organization Capability as Knowledge Integration [J]. Organization Science, 2004, 7 (4): 371-385.

合，企业知识资源的价值才能真正发挥出来，能否成功整合企业拥有的知识资源决定了技术创新效率。[①] 也正因为此，关于知识整合的研究最初主要集中于企业内部，从多个层面研究组织内不同个体、不同团队以及不同部门之间的知识整合，以发挥企业内部知识的整体功能。虽然也有学者提出了跨功能团队和跨职能部门知识整合的概念，但研究视域依然局限于企业内部。

德鲁克指出，在新经济中，企业的创新能力取决于企业从外部组织获取知识的能力。一家企业可能拥有生产某一产品的某一特定的知识，但它绝不可能拥有所有相关知识。复杂创新理论认为，技术创新是复杂而不确定的，在信息社会和知识经济时代，技术创新的步伐越来越快、周期越来越短，技术创新的复杂性和需求的多样性使几乎没有一家企业能够仅仅依靠自身资源就能完成所有技术创新活动。[②] 所以，在知识经济条件下，企业为获得持续竞争优势，就必须学会两条腿走路，既要充分利用组织已有知识，又要努力寻求外部支援，积极获取外部知识资源，实现内部知识与外部知识的有机融合。Prusak 和 Davenport（1998）指出，唯一能给一个组织带来竞争优势的就是知道如何利用所拥有的知识和快速获取新知识。这实际上说明了跨组织知识整合对企业获得竞争优势的决定作用。我国学者芮明杰、邓少军（2009）也指出，知识整合不仅是着眼于企业内部的知识整合，还应该关注跨组织的外部知识整合，只有把内外知识整合有机统一起来，才能真正提高企业知识整合水平和能力。

跨组织知识整合是企业技术创新网络固有的社会属性。企业技术创新往往需要一系列在单一的组织内可能不存在的资源，因此，企业就必须积极寻求并获取其他组织的创新资源，而建立正式的组织间关系被视为获取这些资源的高效途径之一。同时，企业技术创新可能跨越有关学科的范围非常之广，一个学科的工程师通常无法了解对于这个技术的同样具有基础性作用的另一个学科的知识。没有一个简单的个人能够彻底地了解整个系统，为了成功，他们就要利用非正规的社会联络网关系，将跨越几个领域不同学科的资源整合和利用起来。[③] 这样，企业在技术创新过程中就与其他组织和个人建立了多种正式或非正式的创新关系，我们

---

① 李浩. 技术创新中的知识整合规律研究［J］. 科技进步与对策，2008，25（4）：157-160.
② 宇红. 企业技术创新过程中的知识整合［J］. 大连民族学院学报，2007（6）：47-49.
③ 高广文. 创新网络的力量［J］. 华东科技，2007（1）：48-49.

暂且将这种关系总称为企业创新网络。在这一网络中，企业能够对内部与外部的发明和创新服务进行整合并灵活运用，从而使其产品、服务和商业模式的盈利达到最佳状态。正如马歇尔所强调的产业氛围带来组织学习的动态性一样，在创新网络关系中的跨组织知识整合过程中，企业成员会有意识或无意识地获取内化于企业创新网络内部但又外化于企业的显性知识和隐性知识。如果离开了网络所产生的创新氛围，是不可能直观地发现这种整合绩效的。所以，跨组织知识整合是企业技术创新网络固有的社会属性。

跨组织知识整合是内部整合与外部整合的复合体。根据整合过程中知识来源的不同，知识整合可以分为内部整合和外部整合。知识内部整合是指组织成员在所拥有的知识基础上源于某一个目标而进行的知识整合，这个目标可以是新产品和技术的开发和改进、针对某个问题而进行的集思广益、突发的新的创意和积累的特殊经验和看法等。知识外部整合是指企业在其拥有的知识基础之上，受到外部知识源的强大冲击而发生的知识整合，这个过程一般表现为企业引进新技术设备或与外部知识交流型的合作，是对外来知识的消化吸收过程。[①②] 从现有内部知识整合与外部知识整合的界定可以看出，内部知识整合强调了知识整合的目标导向性，外部知识整合强调了知识整合发生的外部动机，是一种被动式的整合。在竞争日益激烈的今天，企业经营的成败往往取决于是否走在了竞争者的前面，哪怕只有一小步，谁掌控了技术发展的潮流，谁就会在竞争中掌握主动，这就要求企业要科学地制定技术创新战略目标，积极主动地整合应用一切可以获得的内外部知识资源为企业创新服务，以增强企业核心竞争力，进而获得竞争优势。因此，知识经济背景下的知识整合应该突破组织有形边界的束缚，在企业战略目标的统一指引下，积极整合应用内外部知识，可以说，跨组织知识整合是企业内部知识整合与外部知识整合的复合体，是一个企业集体捕获外部知识，并将这些知识分送到能够帮助企业实现最大利润和效益的任何地方的过程。[③]

---

① 侯吉刚，刘益，张宸璐. 基于知识整合的新产品开发研究［J］. 科技进步与对策，2009，26（12）：105-108.

② 魏江. 知识学习与企业技术能力增长［M］. 科学出版社，2006.

③ Prusak，L.，Davenport，T.H.. Working Knowledge： How Organizations manage what they know. Harvard Business School Press，1998.

无论我们学习任何新事情，接受任何新知识，事实上我们必须在某种程度上重新安排我们当前理解的每一件事情，必须整合我们当前的知识。[①] 因此，知识整合实际上是一种学习的过程，跨组织知识整合也就是一种跨组织的学习过程。Raymond 认为，跨组织学习是一种动态的互动过程，能够促使组织产生新的知识与技术，以发展集体的竞争优势。[②] 虽然跨组织知识整合与组织内部知识整合存在很多共同点，但由于跨组织知识整合是跨越组织边界的组织行为，从资源的获取和学习过程上要比组织内部整合更加复杂。[③] 许多企业与其合作者或竞争者进行战略联盟通常是为了学习并获得对方的经验与知识，所以，跨组织知识整合是一种收集、获得其他组织知识的途径，它可以将知识由一个组织扩散给另一个组织，也可以通过组织间的互动，创造新的知识，通过与其他企业的接触，企业可以获得外部知识，并把这些外部知识融合于现存知识当中。[④⑤]

组织学习既包括组织间的正式学习，也包括组织成员间的非正式学习。正式学习往往发生在组织层面，借助于组织之间的正式关系，而非正式学习往往发生在个体层面，借助于个体之间的非正式关系。跨组织知识整合的学习过程不仅注重组织间的正式学习，更加注重个体的非正式学习，而这种非正式学习不仅发生在组织个体成员之间，还可能发生在组织员工与其他非组织成员之间。因此，跨组织知识整合过程中发生的跨组织关系就不只是企业与供应商、经销商、投资人、政府机构、科研院所等正式组织之间的联结关系，还包括企业内员工所建立的与其他个体之间的非正式的联结关系。

综上所述，本书所指的跨组织知识整合是指为了实现企业自主创新目标，通过组织间的正式关系和组织成员与其他组织和非组织个体之间的社会性接触捕获外部知识，并将所获的外部知识与企业已有知识进行综合和集成，实施再建构，

---

① 任皓，邓三鸿. 知识管理的重要步骤——知识整合 [J]. 情报科学，2002，20 (6)：650-653.

② Cegarra，J.G. Linking Exploration with Exploitation through Relationship Memory [J]. Journal of Small Business Management，2007，45 (3)： 333-353.

③ 刘兰剑. 组织与跨组织、开拓与开发：四类学习间关系的分析 [J]. 软科学，2009，23 (10)：27-37.

④ Jones，E. Creating a Partnership-oriented，Knowledge Creation Culture in Strategic Sales Alliances：A Conceptual Framework [J]. Journal of Business & Industrial Marketing，2003，18 (4/5)： 336-352.

⑤ Dyer，J.H.，Singh，H.. The Relational View：Cooperative Strategy and Sources of Interorganizational Competitive Advantage [J]. The Academy of Management Review，1998，23 (4)：660-679.

使之融合成为具有新的基因结构和应用环境的新的知识体系的过程。跨组织知识整合是一个复杂的过程，不仅需要挖掘企业内部知识之间的相互联系和动态关系，还需要捕获外部知识并建立外部知识与内部知识之间的关系；跨组织知识整合的体系结构是一个开放式结构，与外界存在广泛的交流与接触；跨组织知识整合是一种跨越组织物理界限的学习过程，也是一种借助外部知识资源实现企业内部知识创新的过程。

二、集成创新过程模型

企业技术创新过程理论认为，企业的技术创新是一个从新思想或新发现的产生，到概念形成、研究与开发、试制、评价、生产制造，首次商业化和技术扩散的过程。李江与和金生（2008）从知识创造的角度剖析了企业技术创新的过程，构建了组织技术创新模型，如图 2-5 所示。

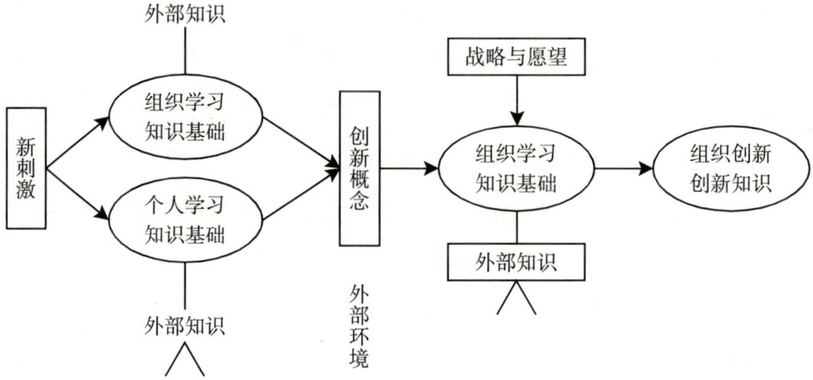

图 2-5　组织技术创新模型

企业技术创新起始于外部环境变化所带来的新刺激，这种新刺激既包括技术探索的新发现，也包括市场的新变化等。这种变化启发了个人或组织的学习活动，产生了某些创新性的概念和思想，这些创新性的概念和思想不断在组织范围内进行培育、扩散和应用，形成创新性的产品、工艺等最终的创新成果，从而完成了组织的技术创新过程。该模型揭示了组织技术创新的知识本质，刻画了技术创新过程中知识的流动与转化过程，从知识基础、外部知识以及创新知识三个方面强调了知识创新对组织技术创新的重要作用。

集成创新作为企业技术创新的一种新范式，具备企业技术创新的一些基本特征，同样遵循企业技术创新的过程理论。我国一些学者从不同角度探讨了企业集成创新的过程。卢显文、王毅达（2006）从技术层面探讨了产品开发的集成创新过程，提出了产品开发集成创新的四阶段模型。产品开发集成创新是整合的、一体化的产品开发过程，包括概念开发、研究、整合以及开发四个阶段。它是在了解顾客需求的基础上，通过利用现代信息技术，把市场信息集成化并转化为产品概念，然后根据形成的产品概念在众多技术选择中挑选出最适合的技术进行研究，再通过研发与制造等人员的共同努力，最后转变为满足顾客需求的有形商品。该模型与 Donald 等（2002）提出的产品开发创新过程模型相一致，其实质就是对现有的产品开发过程进行集成化改造。

张方华（2008）在技术创新过程理论基础上，构建了集成创新的过程模式，即企业集成创新是一个从新产品概念—科学研究—技术开发—商业化的反馈和互动的过程，企业内外部各种资源的集成伴随集成创新的整个过程。其中，新产品概念来源于信息集成，科学研究来源于内外部已有的知识集成，技术开发是各种新技术或成熟技术集成的结果，新产品商业化过程则是生产、营销和服务等要素集成的产物，组织集成贯穿于集成创新的整个过程。该模型突出了集成创新的过程性，强调了不同集成要素在集成创新过程中的独特作用。集成创新本身是一个多要素相互整合、协同的过程，创新过程的每一阶段都伴随有不同要素的相互集成，该模型过分强调了单个集成要素的作用，忽视了多种集成要素的协同。

实际上，企业的任何一项技术创新都隶属于企业整体创新战略，都服务和服从于企业整体创新目标。也即是说，企业创新活动具有目标方向指引性，而不论这种目标最终能否实现。因此，就创新过程而言，企业集成创新的初始阶段应该是目标设定，只有明确了创新方向和目标，新产品的概念设计、科学研究和技术开发等活动才能有所支撑。同时，企业创新活动也不是孤立存在、彼此割裂的，每项创新活动和项目之间都存在着这样或那样的联系，一个创新项目的实现往往建立在其他创新项目的基础之上，需要吸收利用多种创新项目的成果。知识经济时代的激烈竞争也要求企业创新活动具有一定的连续性和递进性，作为当前企业创新主要形式的集成创新也应当是连续性的。

综合当前研究成果，本书将企业集成创新过程划分为目标设定、概念开发、概念解析与演化和概念物化四个基本阶段，如图 2–6 所示。每一个阶段既是特定知识的形成过程，也是向下一个阶段运动的动态过程，该模型体现了集成创新的连续性、持续性和动态性特征。集成创新起始于外部环境变化带来的新刺激与企业既有知识库的集成，二者的整合形成企业集成创新的目标。在目标的指引下，集成创新主体进行有目的的知识学习，产生某些具有创新性的思想概念，这些思想概念经由个人—团队—组织范围的不断解析和演化，最终将新概念物化为技术、工艺和产品等有形的创新成果，从而完成企业的集成创新过程。值得提出的是，此处所指的概念物化是广泛意义上的概念物化，因为集成创新的成果可以是有形的产品、技术、专利等，也可以是软性的价值观、组织结构等。所以，概念物化形式可以有硬物化和软物化两种形式，具体是哪一种形式则由企业集成创新的目标和内容决定。

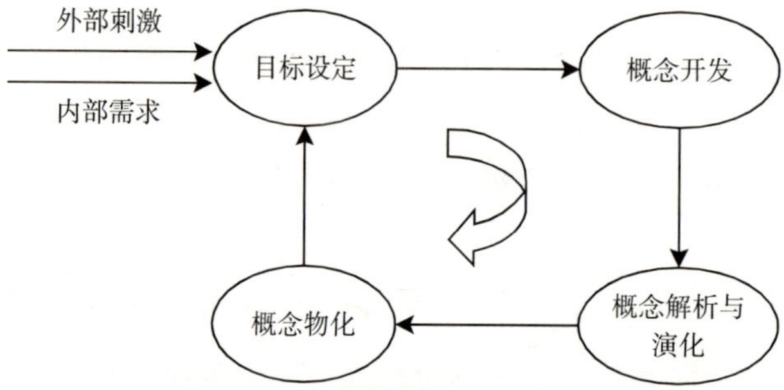

图 2-6　企业集成创新过程模型

在创新成果实际应用或商业化的过程中，企业可以根据外部环境的变化和自身实际设定新的集成创新目标，从而开始新一轮的集成创新过程，新的集成创新是在原有创新成果基础之上的更高水平创新，这样集成创新就形成了螺旋式上升的循环过程。虽然该模型将企业集成创新划分为四个阶段，但实际上，企业集成创新过程是一个不断反馈和调整的过程，每一个特定的阶段都要根据前后阶段的变化做相应的调整来适应各种变化，各阶段之间并无明晰的时间界限，尤其是概念开发、概念解析和演化两个阶段，在实际开发过程中，这两个阶段往往会有重叠，甚至会有反复。

集成创新过程模型的案例检验：本田公司“Honda City”产品开发过程

创新目标的设定

20世纪70年代中后期，本田公司高层领导逐渐意识到，大众对本田公司的Civic（思域）和Accord（雅阁）车型太熟悉了，而随着新生代的成长，消费者对汽车的需求类型和特点必然会有所改变，有必要开发一款新的汽车以满足新一代消费者的需求。同时，公司管理者也认为，随着战后出生的新一代消费者开始购买汽车，年轻一代设计师的思路也将与传统的汽车设计观念不同，对什么样的车才算得上是好车会有独到的见解。1978年，本田公司高层管理者在对外部市场知识和企业内部知识综合分析的基础上，宣布开发一款新概念轿车，提出了“让我们一起去冒险”的产品开发口号和目标。

概念开发

在“让我们一起去冒险”口号和目标的指引下，公司建立了一支由年轻工程师和设计人员组成的新产品开发团队（平均年龄27岁）。高层管理者向该团队提出两项指示，而且只有两项。第一，提出一个根本不同于本田公司以前任何汽车的产品概念；第二，设计一辆不昂贵但也不廉价的汽车。尽管这项使命听起来有点含糊不清，但实际上，它为开发团队提供了非常清晰的方向感。

在经过对外部市场需求信息、消费者特征和汽车行业发展历程等知识的综合分析后，项目团队负责人渡边洋男提出了“汽车进化论”的思想。如果汽车是生命体的话，那它会怎样进化呢？当团队成员对渡边的口号到底表达什么意思进行多次的探讨和争论后，他们用另外一个口号给出答案：人最大化、机器最小化。这个口号捕捉到了该团队的信念：理想的汽车应当超越传统的人类与机器之间的关系。这实际上是对渡边洋男所称的“底特律常识”——为了外观漂亮可以牺牲内部舒适——汽车设计思想的突破和超越。

在“汽车进化论”思想的指导下，经过项目团队成员无数次商讨和论证，最后表述的汽车“进化”方向是以一个球形体现出来的，一款既短（长度上）又高（高度上）的轿车。与传统的轿车相比，这款轿车不仅更轻更便宜，而且更舒适、更结实。球形可以为乘客提供最大的内部空间，同时占用路面空间最小。而且这种形状使发动机和其他机械系统所占用的空间达到最小化。就这样，被该项目团队称为“高个小子”（Tall Boy）的产品概念诞生了。这个概念最终催生了该公司独特的城市型轿车——Honda City 的诞生。

“高个小子”这一概念虽然违背了当时强调车身长而低的传统汽车设计常识，不过 Honda City 的革命性风格和工程设计具有一定的预言性。这款车型标志着日本汽车产业基于人最大、机器最小的理念开拓全新的设计方式的诞生。

Tall Boy 产品概念诞生以后，项目团队联合市场、生产和技术部门对产品概念从工业设计的角度进行了深入解析和论证，并最终确定了产品规格、零部件规格等详细的产品技术标准，在技术上保证了新产品大批量生产的可行性。1981 年 11 月凝结了开发团队知识创新成果的 Honda City 正式投放市场。

案例来源：［日］野中郁次郎，竹内弘高. 创造知识的企业——日美企业持续创新的动力［M］. 李萌，高飞译. 北京：知识产权出版社，2006.

由案例描述可以看出，本田公司 Honda City 产品开发属于典型的集成创新过程，其开发过程实际上也经历了战略目标设定（让我们一起去冒险）、新概念开发（Tall Boy）、概念解析与演化（技术论证和工业设计）和概念物化（产品生产）四个阶段，而每一个阶段的成果都是知识创新活动的结果，都包含了不同来源、不同类型知识之间的交流和共享。该故事显示新知识源自个体和如何将个体知识转换成对整个组织有价值的组织知识。通过对话、交谈、经验共享和观察等方式，知识可以在团队层面被放大或结晶。这个例子说明在知识创造过程中团队所起到的核心作用，他们提供了个体彼此进行相互作用的共有情境。团队成员通过对话和讨论创造出各种观点。虽然这种对话可能引发相当大的冲突和不一致，但是，正是这样的意见冲突才能推动员工对既有前提提出质疑，并从新的角度来理解他们的切身体验。这种动态的互动过程促进了个人知识向组织知识的转换，并最终促成了 Honda City 产品概念的诞生。

三、集成创新与跨组织知识整合的互动关系

前文研究论证了集成创新四阶段过程模型，本部分将依据上文所构建的集成创新过程模型，探讨集成创新过程的每一阶段与跨组织知识整合的关系，在此基

础上构建集成创新与跨组织知识整合的互动关系模型。

（一）集成创新目标设定与跨组织知识整合

设定创新目标是集成创新过程的第一阶段，该阶段类似于集成创新要素中的战略集成，主要由企业高层决策者来完成。集成创新目标设定过程实质上是企业创新组织者利用自身的知识储备，对存在于企业内外部的知识进行充分的比较和分析，整合与集成，从而产生创造新知识的需要，并进一步明确创造方向和要求的过程。在目标设定过程中，决策主体除了借助某些科学方法之外，更多地依赖其具备的经验、直觉、洞察力等隐性知识以及相关专业知识进行判断。因此，目标设定过程既涉及显性知识的开发和利用，也涉及隐性知识的挖掘和转化。集成创新目标设定过程如图 2-7 所示。

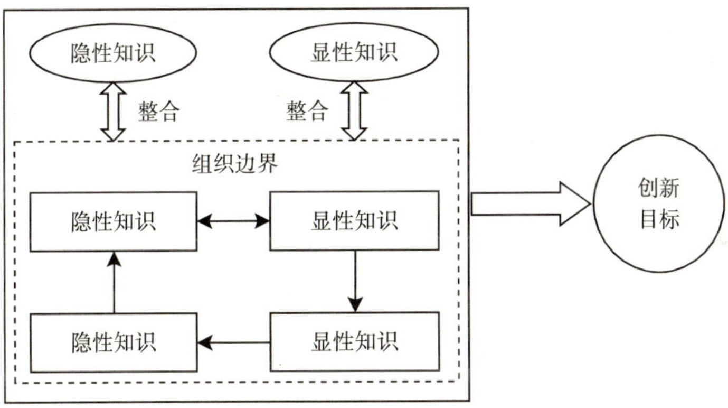

图 2-7 基于跨组织知识整合的集成创新目标设定过程

创新目标的形成来源于外部刺激和内部知识的整合。外部刺激包括显性刺激和隐性刺激两种。显性刺激主要是指那种变化比较明显，具有固定的衡量指标的外部环境变化，企业决策者只要掌握一定的相关知识基础就能较容易地认识到这种刺激。比如，经济危机、市场销售额急速下降、市场占有率急速下降等。隐性刺激是相对于显性刺激而言的，主要指那种变化比较平缓，没有明确的指标加以衡量的刺激。显性刺激往往会成为企业转变的外部推力。对企业来说，更为重要的是隐性刺激，而对隐性刺激的认知和把握则主要取决于个体知识。比如本田公司“Honda City”汽车的开发就是公司高层管理者对外部隐性刺激感知后做出的决策。

外部刺激本身并不能作用于企业创新决策，而只有经过决策主体的感知并形成系统化的知识后才能成为企业创新知识的来源，因而，可以将外部刺激定义为知识主体对刺激物的一种知识解释，是一种特殊形式的外部知识。决策主体依赖自身知识储备经过分析、对比、综合、推理或顿悟等手段对外部刺激形成隐性认识，实现自身知识的积累和更新，跨组织知识也就在这一过程中完成了个体阶段的整合。整合后的个体知识经由决策团队内讨论等共同化过程，将不同个体的隐性知识表出呈显性知识，不同类型显性知识组合形成最初的原型，不同决策个体对初始原型形成隐性认识，丰富自身的隐性知识，从而完成一次知识循环运动，实现了跨组织知识的组织整合阶段。跨组织知识整合是一个动态的循环过程，集成创新目标的最后形成往往会经过多次类似的知识循环，每一次循环都是建立在上一次循环的基础之上，是对上一次循环的完善，是在更高层次上的知识运动，这样，跨组织知识整合就形成了螺旋上升的态势，经由多次知识循环运动后，最终形成集成创新目标。集成创新目标的最后确定是组织外刺激和组织内知识相互交融、相互作用的过程，跨组织知识整合效果将对集成创新目标产生直接影响。该阶段的跨组织知识整合较少涉及组织间整合，更多的是决策者个体层面的整合，其整合效果在很大程度上受制于决策者的知识整合能力。

（二）概念开发与跨组织知识整合

新概念的创造与集成创新目标设定过程具有相似的知识运行过程和机理，不同的是二者所处的层次有所差异。目标设定属于企业的战略组织层次，而新概念的创造则属于项目研发的团队层次。新概念的开发往往会经历一个从无知到有知的转变过程。对于新给定的开发任务，研发人员刚开始基本处于无知状态，解决问题所需要的知识尚未建立联系，处于离散状态，此时，研发团队和成员往往通过内外学习扩展自己的知识储备，以克服对新任务的无知。实际上，该过程是研发人员在一定知识积累的基础上，整合各类原始知识，进而产生灵感的过程。在知识形态上，主要是研发人员运用自身隐性知识整合所获得的各种显性知识，并将之转变为个人隐性知识的过程。在这一过程中，研发人员可能发现企业内部已有知识已经不足以支撑新概念的开发，进而寻求外部知识的支持，促使跨组织知识整合的发生。在研究人员的个体学习中，查阅相关专业期刊、借助网络工具学习网络知识、与相关专业人士深入交流是其常用学习方式，同时，团队内讨论又可以加快个体学习的进度、增进个体学习的深度，因而，程序整合、人员交流和团队整合是该阶段跨组织知识整合的主要模式。

经过一系列的知识学习和整合活动，研发人员对研发任务有了初步感知，便开始使用一系列的符号、数字和文字等描述和表达所产生的创新灵感和思想，以便被他人所理解和掌握，也即是将自己的隐性知识显性化。单个员工的新思想可能是片面的、零碎的和不成熟的，因此，员工间的知识交流与共享就成为必然。通过员工间不断地交流、讨论甚至争议，最终就某些问题达成一致，找到解决问题的思路。在这一过程中，员工个体的隐性知识经过显性化和知识共享逐渐转变成组织显性知识，并内化为组织内其他成员的隐性知识，同时也增加了员工个体的知识存量。小组讨论是该阶段知识交流和共享的重要方式，内在包含两个子过程：首先，拥有不同知识的个体通过小组讨论这一平台，将个人知识与其他成员共享，不同个体的知识基础得以扩大；其次，在知识分享的基础上，通过小组讨论进行沟通、讨论和争论并记录等整合机制，离散、无序和分属于不同主体的知识得到系统化。[①] 总的来说，集成创新概念的开发是一个从对问题的无知转变到知晓并描述和探索，最终达成一致的过程，其结果直接导致组织知识大量增加。

（三）概念解析、演化与跨组织知识整合

概念解析与演化是指研发人员对概念开发阶段形成的新概念进行分解、实验和测试，以验证新概念物化的可行性。从知识整合的角度看，主要是搜索新知识，挑选开发组织要运用的知识，并努力将这些知识要素整合成一个系统性的知识概念。该阶段包含了技术创新理论所阐述的一般意义上的研究与开发两个环节。在新概念的指引下，研发人员收集大量的与新概念相关的数据、信息和知识，并对之进行整理和分析。通过对这些资源要素的整理和分析，研发人员将新概念分解为若干要素，并知晓各要素间的关联和变化，以及各要素的影响因子，对所采集到的不同数据、信息和结果做出解释，并为这些解释找到理论依据，从而形成一个完整的、系统性的知识概念，为下一步的概念物化奠定理论和实践基础。

概念解析与演化是一个漫长的探索过程，需要全体研发人员的共同努力。该

① 王娟茹，赵嵩正，杨瑾. 知识集成模式研究［J］. 工业工程，2004，7（6）：26-29.

过程是不同载体、不同层次、不同类型知识相互交融、整合与集成，并产生新知识的过程。在这一过程中，成员通过对个人角色的认知各自整合与集成内外知识，并相互协调，努力发挥自身价值以完成组织任务。该过程包含有外部知识与内部知识的整合，个体隐性知识和显性知识的转化，个体间隐性知识的转移，个体知识向组织知识的转化等多个知识运行过程，经过诸多转化过程，最终形成一个为所有成员所共知的知识概念。在该阶段，通过对外部公共知识和组织内专业知识的整合，组织创造出大量新知识，其中部分通过编码、记录等手段转化为显性知识，部分内隐化为组织内员工的隐性知识，跨组织知识整合构成该阶段的一个重要组成部分。

（四）概念物化与跨组织知识整合

概念物化是在概念解析与演化基础之上的实践演进，是理论指导实践的过程，是应用新知识并产生新知识的过程，是科技知识转变成产品知识，并进一步集成生产知识、营销知识和市场知识等其他形态知识的过程。该阶段的成果是成型的技术、服务、流程或产品等物质形态。一般而言，概念物化包括两个方面：一是新产品或新服务的生产，二是新产品或新服务的商业化。经过概念解析和演化，研发人员已基本能掌控研发的进程和结果，此时组织需要进行新产品试生产和现场工艺试验，以完成新产品或新服务的生产。同时，还需要将新产品、新技术投入市场，实现创新成果的商业化，完成企业“惊险的一跃”。这一过程的知识整合与集成范围将超越研发部门的界限，研发部门与生产、销售和管理等部门的知识交流将大为增加，也即生产人员、销售人员等也参与知识整合中，以实现科技知识与产品知识和市场知识的有效整合，保证创新概念的有效物化。

创新概念物化过程可以理解为跨部门、跨组织的知识整合过程。如图 2-8 所示，概念物化是概念解析与演化阶段形成的知识概念与生产制造知识和市场知识不断交融和集成的过程。研发人员在与生产制造人员和销售人员的知识交流和共享中，不断创造新知识以丰富和完善原有的知识概念和产品设计，并指导新产品的生产制造。在新产品商业化过程中，研发人员要不断吸收和整合市场知识、产品知识和客户知识，对新产品或新技术反复微调，以尽量满足客户需求。同时，新知识的扩散和应用又为组织后续研发提供了雄厚的知识基础，在更广泛的应用中找寻问题，开始新一轮的知识整合。在该阶段，组织通过跨部门、跨组织知识整合创造大量新知识并显性化。成功的概念物化需要企业充分整合来自市场、客户和其他相关组织和个人的知识，跨组织知识整合是该阶段的内在要求。

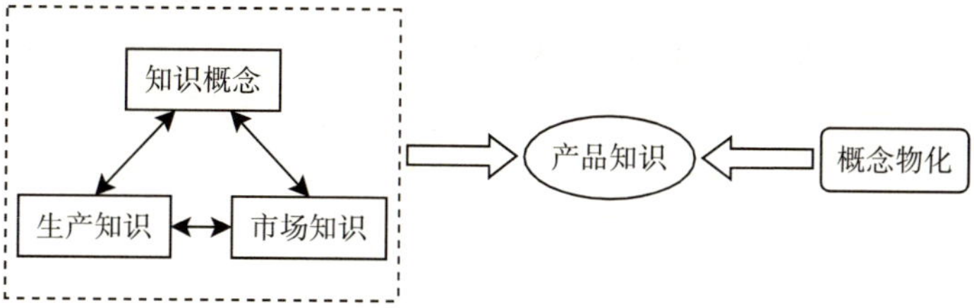

图 2-8　概念物化过程

（五）集成创新与跨组织知识整合的互动模型

德鲁克（Drucker，1993）曾指出，组织的技术创新过程就是组织利用知识创造新知识的过程。任何一项技术创新，不论其是简单抑或是复杂，都可以从知识创造的角度加以解释。本质上，企业是一个大型知识库，企业在集成创新活动的每个阶段都会根据需要调用知识库中的特定知识，并通过创新活动不断丰富企业的知识库。除此之外，组织还必须根据创新的需要吸收相关的外部知识，主要包括组织外部的技术机会以及知识溢出，通过外部知识和内部知识库的有机整合，最终创造出物化于有形成果中的新知识，这些新知识进一步丰富和充实企业内部的知识库。因此，集成创新实质上是组织充分利用现有知识，不断获取、吸收外部知识，并与内部知识相互整合，进而创造新知识的过程①。

如图 2-9 所示，集成创新与跨组织知识整合相互作用、相互影响。在竞争异常激烈的今天，任何一家企业都不可能拥有创新所需要的全部知识资源，企业创新内在要求充分吸收、整合、利用企业内外知识，在某种程度上可以说，跨组织知识整合是企业集成创新的内在要求，特定的集成创新内容决定了跨组织知识整合的方向、内容、范围和形式。越来越多的理论分析和实证研究证明来自外部的知识交换与协调对于企业创新具有重要影响和作用。上文的分析也表明，在集成创新的每一阶段，跨组织知识整合都发挥着程度不一的重要作用。集成创新目标的形成是企业战略决策者应用自身知识储备整合企业外部刺激和内在需求的结

① Mariano，Nietoa，Pilar，Quevedob. Absorptive Capacity，Technological Opportunity，Knowledge Spilovers，and Innovative Effort［J］. Technovation，2005（9）：1141-1157.

果；概念开发和概念演化与解析是企业研发团队通过组织内外学习充分整合企业内外知识的过程；概念物化是企业生产知识、技术知识、市场知识和顾客知识相互交融产生物质形态的过程。跨组织知识整合贯穿于集成创新的始终，其整合效果直接影响着集成创新的结果。总之，集成创新决定了跨组织知识整合的方向、内容和范围，跨组织知识整合效果又反过来影响着集成创新的最终绩效，二者的互动共同推动企业创新绩效的提升。

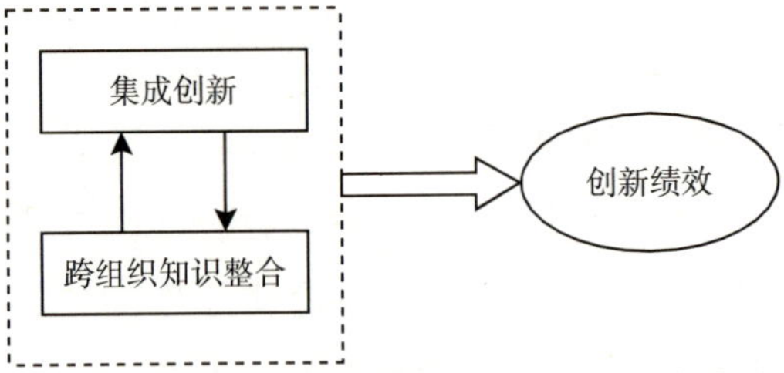

图 2–9　集成创新与跨组织知识整合的互动关系

第四节　集成创新与跨组织知识整合的演进模式

综合以上研究可以发现，跨组织知识整合与集成创新存在着两种演化模式：集成创新拉动跨知识整合模式和跨组织知识整合驱动集成创新模式。在第一种模式下，企业首先根据内外部环境确定集成创新战略和目标，并在具体集成创新目标的指引下搜索、转移、重构企业内外知识资源，以满足企业集成创新的需要，此时，跨组织知识整合的发展是被动的，企业更多追求跨组织知识整合对当前集成创新的适应性，跨组织知识整合成为实现企业集成创新目标的一种工具和方式。采用这一模式的企业，大多处于知识管理的初期，还没有形成完整的知识整合系统，知识整合能力较弱，企业首先需要解决的是生存问题，企业知识整合能力随着企业的成长而逐渐增强。第二种模式是跨组织知识整合发展成为企业经营工作中的常态，企业已经形成了完整的知识整合系统，企业在日常的知识整合活动中发现新的市场需求点、进而产生集成创新以创造新的产品满足市场的需求；抑或是在跨组织知识整合过程中发现了原有技术与产品的缺陷和不足，从而产生了完善需求。在该种模式下，企业集成创新战略和目标的形成来源于企业内外知识整合的结果，跨组织知识整合成为企业集成创新的驱动力量。

以上两种演化模式是企业技术创新过程中的两种表象，虽然外在表现和侧重点不同，但是其实质都是跨组织追求知识整合与集成创新的匹配。企业在跨组织知识整合能力不够时，首先在分析内外部环境的基础上制定集成创新战略和目标，进而选择合适的知识整合方式，获得适宜的知识资源，创造新的知识促进集成创新的实现，此时集成创新拉动跨组织知识整合的发展；当企业跨组织知识整合能力发展到更高层次，则势必需要采取跨组织知识整合驱动模式，否则就会限制企业知识整合能力的提升，进而会成为企业核心竞争优势形成的障碍。跨组织知识整合与企业集成创新之间的演进模式可以用图 2-10 表示。

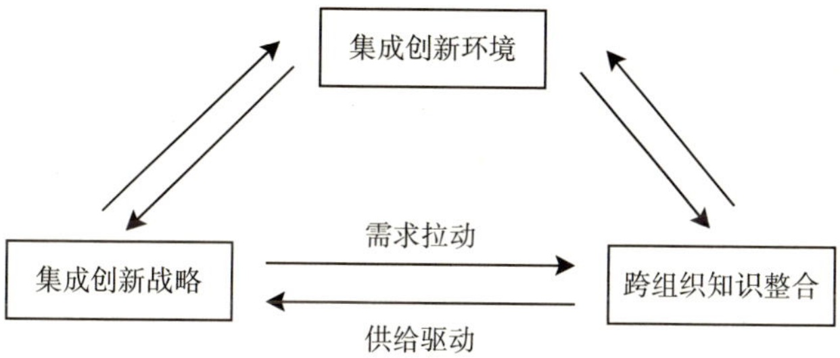

图 2-10 集成创新与跨组织知识整合的演化模式

值得提出的是，在创新实际中，我们很难明确区分企业究竟采用何种模式。知识整合与创新具有基础性，技术创新之初往往受知识创新的启发、诱导和指引，并在进行技术创新时，“引用”（有时是潜意识的）已有的知识整合成果；同时，知识整合不仅存在于技术创新的源头，也存在于技术创新过程的每个环节中。[①]

总之，跨组织知识整合与集成创新存在着密切的互动关系，并且这种关系伴随着企业能力的增加也不断演进。集成创新是当前我国企业获得竞争优势的主要来源，而企业要掌握竞争优势又必须先掌握知识，成功将属于不断创造新知识、有效地运用新知识的企业。知识及整合知识的能力正日益成为企业竞争优势的关

① 朱雅帅，李朝明. 知识创新与企业创新系统发展的关系研究［J］. 科技进步与对策，2011，28（1）：68-72.

键影响因素。[①] 对现代知识型企业，尤其是高技术企业而言，集成创新能力是其赖以生存和发展的基石，是其核心竞争力的根源。企业可以在集成创新过程中利用知识资源持续的创造新产品和新方法，并增强企业竞争能力。同时，不得不承认，集成创新中的知识分布广泛且相当离散，存在于不同组织、不同部门，被不同领域的专家和人员所掌控。[②] 因此，通过整合的方式，将分散的离散知识进行重构，实现集成创新过程中对知识的充分运用就成为集成创新能否实现的关键所在。在集成创新过程中只有经过真正意义上的知识整合，企业知识资源的价值才能真正发挥出来，能否成功整合企业内外知识资源决定了集成创新的成败。

① Nahapiet, J., Ghoshal, S.. Social Capital, Intellectual Capital and the Organization Advantage [J]. Academy of Management Review, 1998, 23 (2): 242-266.

② Seely, B.J., Duguid, P.. Balancing Act: How to Capture Knowledge without Killing It [J]. Harvard Business Review, 2000, 78 (5-7): 73-80.

第三章　面向集成创新的跨组织知识整合流程和模式

第一节　跨组织知识整合的发生条件和影响因素

一、跨组织知识整合的发生条件

知识整合是整合主体运用科学的方法对不同来源、不同层次、不同结构、不同内容的知识进行综合和集成，实施再建构，使单一知识、零散知识、新旧知识、显性知识和隐性知识经过整合提升形成新的知识体系的过程。这一过程的发生客观上要求具备两个基本条件：一是各种知识达到组织成员可以接触的范围，这样知识整合才有可能发生；二是组织成员可以对已接触或拥有的相关知识进行整合，即可以通过其脑力劳动来实现整合并产生新的知识。[①] 第一个条件的获得主要取决于企业知识整合平台的构建，要求创建有利于知识整合的发生环境，促进知识在不同主体间的转移和共享。第二个条件则要求组织成员具备进行知识整合的能力和意愿。只有具备了相应的知识整合能力和意愿，组织成员才有可能主动捕获所接触的知识的价值并加以利用，实施多层面知识的相互整合。

跨组织知识整合属于知识整合的一种特殊形式，其本质是将组织外的隐性知识和显性知识通过某种途径和方法转移至组织内部，并与组织原有知识相互作

① 魏江. 知识学习与企业技术能力增长［M］. 北京：科学出版社，2006.

用、相互交融以创造新知识并应用新知识的过程。与知识整合的发生要具备两个基本条件一样，跨组织知识整合的发生也必须具备两个基本条件：一是组织外部知识和内部知识达到能够被组织或组织成员接触的同一范围，也即是为跨组织知识整合的发生提供物理界限上的可能性；二是组织或组织成员可以对处于同一范围的相关知识进行整合，也即是跨组织知识整合发生的能力要素。第一个条件要求企业具备识别、转移和吸收所需外部知识的能力；第二个条件要求企业具备转换和应用外部知识的能力。Cohen 等（1990）将以上两种能力综合界定为组织知识吸纳能力，是指组织对于外界新知识的辨识，加以吸收，并且将此知识应用于新产品或商业活动中，为企业创造利润的能力。Zahra 和 George 在前人研究的基础上进一步将组织学习外部新知识的运作历程区分为潜在吸收能力与实质吸纳能力。[①] 潜在吸纳能力是指组织有能力获取及吸收新信息的能力，包含知识获取与知识吸收两个历程。实质吸纳能力是指组织将获取与吸收的信息与现有知识结合并发展出新知识，包含知识转换与知识利用两个历程。

二、跨组织知识整合的影响因素

跨组织知识整合影响因素是指存在于组织内外能够在跨组织知识整合过程中发挥作用，且对跨组织知识整合效果产生直接或间接影响的各种环境、结构和能力等的总称。正如前文所述，跨组织知识整合是组织间知识转移与组织内部知识整合的复合体，虽然当前关于跨组织知识整合及其影响因素的研究还不多见，但可以从现有关于组织内部知识整合和组织间知识转移的研究成果中得出一些有意义的启示。

Boer 认为不同的组织结构将影响到知识整合的效率、知识整合的范围和知识整合的弹性。[②] 企业的组织结构应该与企业的整合能力相适应，将个体零散的知识整合为团队和组织的知识以发挥知识的最大功效。Shin 等通过研究认为，组织可

① Edward，U.B.，Mark，B.H.，Tang，Y.H.. Establishing a High-technology Knowledge Transfer Network the Practical and Symbolic Roles of Identification［J］. Industrial Marketing Management，2008，37（6）：641-652.

② Volberda，H.W. et al.. Managing Organizational Knowledge Integration in the Emerging Multimedia Complex［J］. Journal of management Studies，1999，36（3）：379-398.

以看成一个知识处理系统，因此知识整合最根本的影响是组织结构、组织文化、组织惯例、合理授权和管理哲学等。Huang 和 Newell（2003）在案例分析的基础上将影响组织内跨功能团队知识整合的基本要素归结为组织结构、共有知识、组织氛围、原有整合经历和社会资本五大类。谢洪明和吴隆增（2006）通过实证研究证实了企业内部社会资本和组织文化对知识整合具有显著正向影响，同时技术知识特性也在一定程度上影响着知识整合的最终绩效。冯进路等（2004）认为，知识的价值、知识的模糊程度、知识的复杂程度、知识的系统程度等知识特性也是影响知识整合的重要因素。王娟茹、杨瑾（2011）通过实证研究考察了知识特征、团队文化和吸收能力对知识整合的正向影响。赵修卫（2003）认为组织学习与知识整合存在着相互作用的关系，并从组织学习的角度认为网络型的组织结构、群体学习、新的企业文化、按流程构建的企业组织运行模式等因素对知识整合有着重要影响。单伟、张庆普（2008）认为，知识整合的主要影响因素为知识整合主体、知识整合客体和知识整合环境。Sabhewal 通过研究认为知识主体的意愿也是影响知识整合的因素。个体、团队和组织的意愿都将会在不同层面上影响知识整合。[①] 常荔等（2001）认为，知识整合主体寻找知识的能力、获取知识的动力、整合知识的能力和相对位势的大小等特性对知识整合有着重要影响。

组织内不同知识主体间的知识转移和共享是知识整合的关键环节。Simonin（1999）认为，缄默度、资产专用性、以前的经验、复杂性、合作伙伴的保护性、文化距离、组织距离等对技术知识转移存在影响。Chen（2004）认为，知识特性、联盟形式和知识的吸收能力对知识转移的效果产生影响。Ounjian 和 Carne（1987）提出影响知识转移的四个方面为：技术性质、技术接受者特性、技术提供者特性和沟通渠道特征。我国学者魏江（2006）通过实证研究分析了不同知识主体间知识转移的影响因素及相互关系，认为人际关系、合理授权、决策者态度、知识管理系统、知识吸收能力是影响知识转移效果的主要因素，它们分别作用于知识转移的不同阶段。人际关系、合理授权对个体到群体（I-G）的知识转移效果具有显著影响；决策者态度、合理授权、知识管理系统对个体到组织（I-O）的知识转移效果具有显著影响；决策者态度、知识吸收能力对群体到组织

① 林向义. 企业集成技术创新中的知识整合研究［D］. 哈尔滨：哈尔滨工业大学博士学位论文，2010.

(G-O) 的知识转移效果有显著影响。刘锟发、李菁楠（2010）认为，知识特性、知识共享主体特性和知识共享情境三方面因素是影响知识共享绩效的主要因素；知识特性包括知识的嵌入性、内隐性和复杂性，知识共享主体的特性包括知识共享的心理动机、知识源的个体特征和知识接受者的个体特征，知识共享情境包括个体关系特征、组织关系特征和组织特征。Albino 等（1999）认为，所有影响知识共享的因素均可以纳入共享情境、共享内容、共享人员和共享媒介四个维度中。有些学者认为获取知识的愿望和学习能力是影响知识转移的重要因素。[①]

知识转移是组织内或组织间跨越组织边界的知识共享，[②] 是跨组织知识整合的前提和基础，组织外知识只有成功转移至组织内部，才有可能实现与内部知识的整合以创造新知识。邹艳（2009）认为，跨组织知识转移不仅会受到如知识特性和知识转移情景等共有影响因素的影响，而且还受制于组织管理和组织学习等组织内部因素的影响，同时还可能会受到与相关组织的合作关系等因素的影响。沈静等（2009）认为，跨组织知识转移绩效会受到知识传播者特性、知识接受者特性、知识转移过程因素和知识评价因素等诸多因素的制约。肖小勇、文亚青（2005）认为，组织间知识转移的影响因素主要包括知识源组织特性、知识接受者组织特性、被转移知识特性、转移背景特性等层面因素与知识转移过程、合作持续时间、合作网络结构、合作透明度等权变因素。唐锦铨（2009）在前人研究的基础上，运用 ISM 模型系统分析了知识联盟中知识转移绩效的影响因素，将之归纳为联盟企业特性、联盟企业间的关系特性、知识特性和知识转移情境四大类，其中每个方面因素又各自包含一些具体的影响因素。联盟企业特性包括知识发送企业的转移意愿、转移能力和合理授权，以及知识吸收企业的吸收能力、吸收意愿和知识挖掘能力；联盟企业间的关系特性包括联盟形式、信任程度、沟通程度、组织差异、文化差异、知识差异和知识管理模式差异；知识转移情境包括知识转移环境、知识转移通道和联盟经历等。

由上述分析可知，国内外许多学者从不同视角对组织内部知识整合的影响因

① Gupa, A., Govindarajan, V.. Knowledge Management's Social Dimension: Lessons from Nucor Steel [J]. Sloan Management Review, 2000 (1): 71-80.

② Szulanski, G.. Exploring Internal Stickiness: Impediments to the Transfer of Best Practice within the Firm [J]. Strategic Management Journal, 1996 (17): 27-43.

素进行了理论和实证研究，研究结果虽各有侧重，但总体上可以把影响知识整合的因素归结为知识特性、整合主体特性和整合环境三大类。随着知识在企业经营中重要性的日益突出，跨组织知识转移及其影响因素引起了越来越多学者的关注，不同学者从不同角度研究了不同条件下的跨组织知识转移，虽然不同权变条件下的跨组织知识转移会受制于不同的影响因素，但知识发送方特性、知识接受方特性、知识转移过程和知识转移环境对跨组织知识转移的影响作用已基本得到学术界的认同。

跨组织知识整合是组织外知识整合与组织内知识整合的集合体，其必然会受到组织内相关因素和组织外相关要素双重因素的影响。组织外因素构成了跨组织知识整合的外部环境，大多数组织其实都是在它们自身根本无法控制的环境中运作的，它们的生存和成功在很大程度上会受到外部因素的影响。对于这些外部因素，组织只能去努力适应并尽可能地根据其变化做出反应，只有这样，它们才能在激烈的竞争中生存下来。组织因素是形成企业内部知识整合能力的关键，当企业具备高水平的内部知识整合能力时，能够更好地吸收和利用来自外部网络中的知识和资源，从而使得外部资源在企业内部发挥出最大的效用，以更快地提升企业的核心能力。如果企业内部知识整合能力比较低，即使具备优势的外部资源和关键知识，但企业内部并不具备有效利用这些资源和知识的条件，跨组织知识整合也就不可能发生。虽然知识转移的主体对知识转移的好坏起关键作用，但知识转移的接收方才是在整个过程中最重要的。只有知识的接收方对转移过来的知识进行理解、消化和吸收并纳入自己的知识库中，进而能在此基础上进行知识创造，才能提高跨组织知识转移绩效，也即是说企业知识吸收能力是影响跨组织知识转移绩效的关键因素。这在一定程度上表明，企业内相关因素是影响企业跨组织知识整合的关键要素。相对于组织因素，组织外因素大多是企业所无法控制的，面对复杂多变的外部环境，企业只能有选择性地进行适应性改变，因此，研究企业所能够控制和掌握的组织因素对跨组织知识整合的影响对企业知识整合管理和创新管理实践更具有实际意义。

虽然组织内部因素相对于组织外因素略显“单纯”，但由于组织自身的复杂性和异质性，我们似乎也无法穷尽组织内的所有影响因素，而且不同因素由于自身特征的不同在跨组织知识整合过程中的重要性程度也不一样，所起的作用也不同。因而，找寻那些对跨组织知识整合起关键作用的要素，探讨各因素之间的相互作用关系，进而发现诸要素对跨组织知识整合的作用机制，对更好地理解跨组织知识整合的发生机理，改善跨组织知识整合绩效有着重要意义。前文研究已表明，跨组织知识整合的发生需要具备一定的条件，而这些条件的满足是多因素共同作用的结果，从跨组织知识整合的发生条件入手探求其影响因素似乎是一条比较可行的路径。因此，本书在前人关于知识整合和知识转移等研究成果的基础上，试着从跨组织知识整合的发生条件入手，结合跨组织知识整合流程模型探讨跨组织知识整合的关键影响因素。

跨组织知识整合的发生首先需要将外部知识达到整合主体可以接触和控制的范围，这主要通过知识的捕获（知识发现和转移）过程实现。在跨组织知识整合中，知识捕获其实是一种知识的跨界（跨组织边界）搜索行为，是组织为了在不确定的环境中解决集成创新的某个问题或尝试新想法而主动进行的信息和知识搜集活动。知识捕获是一种主动性行为，知识捕获主体的捕获能力和意愿将对知识捕获的最终结果产生重要影响。面向集成创新的跨组织知识整合首先是一种组织行为，而组织行为又是多个组织成员（个体）行为的组合体。因而，组织成员个体和组织是跨组织知识整合的主体，个体知识捕获能力和组织知识捕获能力最终决定了知识捕获的结果。魏江（2006）认为，能力的本质是知识，能力的大小取决于已有的知识存量和进一步创造新知识的意愿。

外部知识达到了整合主体可以接触的范围只是为知识整合的发生提供了可能，并不能保证知识整合一定发生。有学者指出，外部知识转移至组织内部存在两种扩散与整合方式，一是组织成员间的知识沟通和共享，二是通过“干中学”等实践方式实现外部新知识与已有知识的整合。[①] 这一过程依赖知识整合主体的整合能力和意愿。有学者认为，企业是否成功有效地将外部知识转变成自己的内部知识，主要受两个因素的影响：一是企业现有的知识基础及能力；二是企业的努力程度。在上述两个影响因素中，企业及个体的努力程度更加重要，通过努力可以不断充实自己的知识基础，而现有的知识基础并不一定会促使企业不断地努

① 吴治国，石金涛，杨帆. 组织知识创新中人力资源管理的作用机制［J］. 中国人力资源开发，2008（1）：6-10.

力学习。然而，与非生命的机器处理过程不同，创造新知识与个体的信念和承诺有关，与特定的情境有关，与组织的氛围密切相关。从这一点上，管理者是无法对知识进行有效管理的，他们必须通过培育适宜的氛围，将组织的知识创新活动引导到组织愿景上来，引导到员工创新意愿的激发上来，促进知识整合与创新便成为一门管理艺术。有学者也指出，组织员工是知识的载体和知识创新的主体，如何激发、组织和管理好员工，让他们接受组织创新，具有支持创新的动机，成为实现组织创新战略的关键。人力资源管理是以人为服务对象，主要目的在于提高员工的工作能力和增强员工的工作意愿。Schuler 和 MacMillan（1984）指出，人力资源管理是激励员工贡献自主性努力的最有效途径。汪晓媛、宋典（2010）认为，人力资源管理实践会影响员工知识整合动机和激励水平，对企业知识整合的影响是通过营造一个良好的知识整合氛围和提升企业知识整合的机会和能力两个中间变量来实现。何会涛、彭纪生（2009）认为，人力资源管理实践通过员工的能力、行为和心理对知识整合产生重要影响。

企业文化是企业成员共享的价值和信仰，帮助个体理解企业的功能并提供个体在企业中的行为规范。研究者们认为，企业文化中不同的价值观和信仰导致了行为规范或期望的不同，而这两者对员工的行为和态度有很显著的影响。企业文化能通过影响企业管理者和员工的价值观、思维方式和行为方式作用于企业内隐性知识的转移。事实上，企业内隐性知识转移与知识创新本质上是一种受文化驱动的行为。企业文化是组织在长期的生产经营中形成的特定的价值观和基本信念，这种价值观和信念指导组织的一切活动和行为。企业文化通过影响员工的行为和心智模式进而影响组织运作，强势文化的作用尤为明显，公司进行有效的知识管理的核心是形成适宜的文化。企业的文化类型决定了企业成员对隐性知识转移的信念、行为和态度。陈明、周健明（2009）指出，创新性文化对企业间知识转移绩效有显著的正向直接影响。适宜的文化氛围必定对企业跨组织知识整合产生积极作用。

综合上述分析可知，跨组织知识整合的影响因素多种多样，既包括组织外因素，也包括组织内因素，我们似乎无法穷尽其所有相关要素，尤其是在当前跨组织知识整合理论尚不成熟的时期，研究跨组织知识整合的所有影响因素也不太可行。从与跨组织知识整合关系较为紧密的某一方面入手探讨其对跨组织知识整合的影响，然后逐步推演至其他因素似乎更加符合实际。魏江（2006）认为，知识整合是个体的主动性行为，在知识整合的过程中，作为知识载体的“员工”发挥着主导作用，因此，员工整合能力的发挥与否就决定了企业跨组织知识整合活动的最终结果。吴治国等（2008）指出，组织员工是知识的载体和知识创新的主体，如何激发、组织和管理好员工，让他们接受组织创新，具有支持创新的动机，成为实现组织创新战略的关键。跨组织知识整合的实现过程也是整合主体获取知识、共享知识并应用知识的知识创新过程，如何有效激发员工的参与动机，创造有利于知识创新的内部环境就成为跨组织知识整合实现的关键。在这一过程中，以人为服务对象的人力资源管理扮演着不可或缺的角色。战略人力资源管理理论认为，人力资源管理实践对组织经营战略的影响作用可以分为两个方面：一是本身的功能，即对经营战略的直接作用；二是对组织其他机能的影响，即通过其他组织过程的中介传导对经营战略产生间接作用。鉴于上述分析，本书后续研究将重点探讨人力资源管理实践对跨组织知识整合的影响作用，探求人力资源管理实践对跨组织知识整合的直接和间接作用路径。

第二节　跨组织知识整合要素和流程

一、跨组织知识整合的结构要素

知识整合是企业对已有知识进行再建构，使逐渐沉淀的组分知识重现生机的过程。知识的整合包含两个互补的方面，一是个体间获取知识的分工，二是个体间的知识交流，通过分工获取知识是知识整合的基础。[①] 詹勇飞、和金生（2009）也认为，知识整合的前提是能够获取相应的知识源。跨组织知识整合是组织内部知识整合的物理扩展，是为实现企业自主创新而进行的跨越组织边界的一种知识创新方式，是利用外部知识并将外部知识与企业内部相关知识进行融合以创造新

① 宇红. 企业技术创新过程中的知识整合［J］. 大连民族学院学报，2007（6）：47-49.

知识的过程。因此，高效地获取外部知识并有效识别内部相关知识就成为跨组织知识整合的前提条件，本书将这一过程界定为知识捕获。捕获外部有价值的知识并不是一件容易的事情，尤其是在知识爆炸的今天，知识的种类和数量呈指数式增长，更增加了企业获取外部知识的难度。这要求企业必须首先根据企业创新战略识别出特定的知识需求，然后有针对性地进行知识搜索，找寻所需知识源，在此基础上将搜索到的知识转化为企业内部知识。因此，知识捕获过程应该包括知识识别、知识搜索和知识转移三个基本环节。

知识转移后，如果没有对所转移的知识有效地吸收和运用，就没有达到知识整合的真正效果，将组织已有的知识和转移进来的新知识进行充分的融合，这是企业将知识进行转化和创新的过程，是企业进行价值创新不可或缺的部分。[①] 知识捕获为跨组织知识整合提供了外部知识基础，然而外部知识的获得仅仅是为跨组织知识整合提供了可能，并不能保证跨组织知识整合一定实现，跨组织知识整合的效果还取决于外部知识与企业已有知识的融合程度。因为，知识整合是通过一定的科学方法将已有分散的组分知识进行综合、集成和再建构以产生新知识的过程，跨组织知识整合也只有经过外部知识与内部知识的集成和再建构才能产生新知识。Kogut 和 Zander（1992）认为，知识整合能融合不同种类和形式的知识以及复合资源，是一种结合的能力，因此，本书将这一过程界定为外部知识与内部知识的交融，该过程是跨组织知识整合的核心和关键环节，知识交融的层次和深度直接决定了知识整合的绩效结果。在 Polanni 看来，知识可分为显性知识和隐性知识两大类，按照此分类方法，知识交融可分为显性知识—显性知识、显性知识—隐性知识、隐性知识—隐性知识三大类。显性知识通常是以各种文本的形式存在，较易为人们所理解和掌握，显性知识间的交融通常表现为知识存量的增加和结构的改变，采取的方式多为物理性的技术方法。由于隐性知识的难以表达和传递，隐性知识间的交融多为实践性和共享性交融，通过亲身参与（干中学等）和团体内的讨论交流等方式来实现。显性知识与隐性知识的交融介于显性知识交融与隐性知识交融之间，根据交融过程中起关键作用的知识类型可以将显性知识

---

① 季成，朱晓明，任荣明. 基于知识整合价值链的企业并购知识整合研究［J］. 研究与发展管理，2007，19（6）：78-84.

与隐性知识的交融分为内生型交融和外生型交融两种形式。内生型交融是指组织在原有隐性知识的基础上对所获显性知识进行分类整理，也即是借助于隐性知识对显性知识进行再认识的过程，进而建立显性知识与原有隐性知识间的联结关系。内生型的要旨是说其更新知识体系的动力和知识来源是知识主体本身，是一种主动性行为。外生型交融是指新获显性知识促使组织对原有隐性知识进行再认识以产生新的隐性知识的过程，在此过程中隐性知识与显性知识之间的联结关系得以建立。外生型的要旨是说其更新知识体系的动力和知识来源是知识主体的外部，是自身积累的知识受到外来知识冲击而重新建构的过程。值得提出的是，正如我们很难界定显性知识与隐性知识之间的界限一样，在知识整合过程中，我们同样无法准确划定各种类型知识交融的界限，实际上不同类型知识的交融往往是同时发生、相互交叉、相互作用，共同构成一个完整的知识交融体系，促进新知识的产生。另外，在企业集成创新的不同阶段，知识交融会呈现出不同特征，有时可能是个体行为，有时又可能是团体行为或者组织行为，知识交融的方式和程度也会表现出明显差异。

不同知识间的交融往往促使新知识的产生，然而，创造新知识并不是跨组织知识整合的最终目的，将整合后的新知识应用于新技术、新产品开发，为企业创造新的价值才是跨组织知识整合的本质所在，因此，知识的应用理应成为跨组织知识整合的重要构成部分。在企业的知识管理系统中，知识整合与知识应用也是密不可分的。任皓、邓三鸿（2002）认为，企业知识管理的最终目的是要实现知识的应用，其前提是知识必须是明晰的、有序的、系统化的，而知识整合是实现这一结果的有效工具。同时，知识整合是知识要素与实践要素的整合，是认识中的实践整合，是实践中的认识整合，知识整合的这一鲜明特征也包含了知识的应用要素。对于一个企业来讲，知识整合绝不是现有知识的简单叠加，而是一个知识创新的过程，包含知识获取、知识共享和知识应用等多个环节。另外，就宏观经济发展来讲，新知识的产生本身并不等同于经济的发展，只有当新知识带动了科技、管理等各方面的创新，并迅速转化为现实生产力，才能带动经济发展。这在很大程度上取决于新知识的有效、合理和充分应用。可以说，跨组织知识整合的最终目的是将整合所获得的新知识在研发生产实践中进行应用，以实现企业的创新目标，离开了知识应用环节，任何形式的知识整合都将变得毫无意义。因此，知识应用应当成为跨组织知识整合过程中的一个重要环节和构成要素。

鉴于上述分析，本书将知识捕获、知识交融和知识应用界定为企业跨组织知识整合的核心构成要素。知识捕获、知识交融和知识应用的表现形式和重要性程度会因企业集成创新的不同形式和不同阶段而呈现出差异性；同时，知识捕获、知识交融和知识应用也不是单一过程，而是不同参与者之间一系列复杂的、综合性因素相互联系和相互作用的结果，每一过程都可能包含多个不同子要素和环节，也都可能存在多种实现形式以对应不同的企业集成创新需要。

二、跨组织知识整合的流程模型

新型企业观认为，企业本质上是一个建立在信息技术之上的由一系列流程组成的价值创造系统，企业的竞争优势通过其业务流程得到体现，业务流程已成为企业要素之一。流程是指一个或一系列连续有规律的行动，这些行动以确定的方式发生或执行，导致特定结果的实现。跨组织知识整合的最终目标是通过各种有效途径和机制，吸收利用相关外部知识，促使企业的知识资本增值，提高企业的核心竞争力。跨组织知识整合的重点在于捕获外部知识并将之与企业内部知识进行交融使之形成新的知识，在这一过程中必然包含知识的跨组织和跨形态流转。知识流是知识在载体之间流动的过程或是知识处理的一种机制，是一个借助知识发现问题并解决问题的过程。李凤云认为知识流是一个动态的概念，强调了知识的识别、获取、开发、分解、储存、传递、共享以及运用其产生价值的运动过程。

借鉴业务流程和知识流的概念，本书将跨组织知识整合过程中的知识流动过程以及过程中各要素的相互作用关系统称为跨组织知识整合流程，如图 3-1 所示。一个完整的流程包含资源、过程、过程中的相互作用和结果四个要素。知识

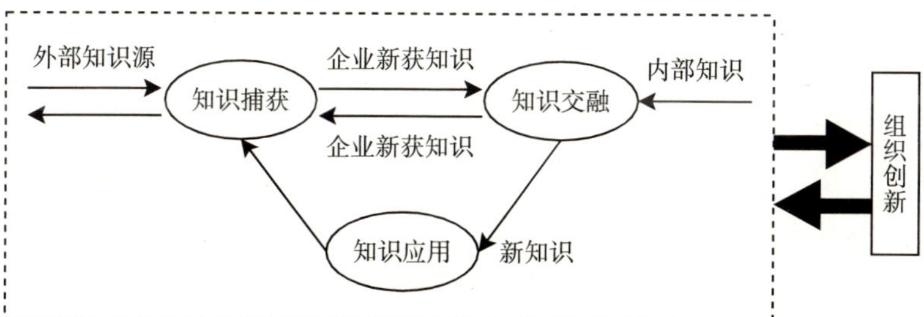

图 3-1　跨组织知识整合流程模型

是跨组织知识整合流程中的主要资源；知识捕获、知识交融和知识应用构成了跨组织知识整合流程的三个主要基点，三者之间彼此联系、相互作用；有效的跨组织知识整合会推动企业创新目标的实现，增强企业核心竞争力。

跨组织知识整合是知识内流和知识外流的有机体。按照知识流的来源，知识流可以分为知识内流和知识外流两类。知识内流是企业内有关产品技术、营销技巧、市场和产业概况、竞争者动向、顾客需求及偏好的信息与知识的流动。知识外流是企业与外部环境间有关产品技术、营销技巧、市场和产业概况、竞争者动向、顾客需求及偏好的信息与知识的流动。跨组织知识整合的实现既需要企业与外部知识提供者（供应商、营销商、竞争者、顾客、政府机构、科研机构等）相互交流，获取必要的知识资源，又需要企业内部各部门和个体之间进行充分的知识流转。知识内流和知识外流某一环节出现断裂都会影响跨组织知识整合的最终绩效，因此，跨组织知识整合内在要求知识内流和知识外流的有效衔接。

跨组织知识整合具有动态性特征，具有很强的灵活性，企业根据具体的创新战略，辨别创新的知识需求，寻找可用的外部知识源，进而整合组分知识，形成创新的结构性知识，实现动态竞争优势的保持。跨组织知识整合的前提是能够获取相应的知识源。因此，在创新战略的指引下，捕获外部知识就成为跨组织知识整合流程的起点。捕获的外部知识需要与内部知识进行充分的交融才能产生新的知识体系，在这一过程中可能包含知识捕获与知识交融之间的多轮反复循环。经过知识交融，企业可能发现所获外部知识不足以解决当前问题，需要获取更多类型的外部知识，抑或是发现外部知识本身并不完备、不充分、不成体系，需要进一步补充和完备，这都会产生对知识捕获的反向需求。内部知识与所获外部知识的充分交融会在企业内部产生新的知识体系，对这些新知识的应用是跨组织知识整合的内在要求，新知识的应用可能发生在不同领域和层次，也可能存在多种不同应用方式。在将新知识应用于企业技术、产品等创新活动的过程中，可能会发现新的问题，进而引发新的外部知识需求，对知识捕获产生新的诉求，跨组织知识整合也就开始了新一轮的知识循环，新的知识循环是在原有基础之上的更高层次的循环，这样不同层次的循环就构成了跨组织知识的螺旋式运动。从跨组织知识整合的结果来看，跨组织知识整合有利于企业核心竞争力的增强，而企业对核心竞争力的追逐又必然会引发企业跨组织知识整合活动，因而，企业跨组织知识整合与企业核心竞争力之间是相互联系、相互作用的，企业跨组织知识整合流程并不是直线型的，而是知识跨越组织边界的螺旋式流转。

第三节 面向集成创新的跨组织知识整合内容与模式

一、面向集成创新的跨组织知识整合内容

面向集成创新的跨组织知识整合是跨越有形组织边界的一种知识整合行为，是知识外部整合与知识内部整合的统一体，是多种不同形态知识的相互转化过程，同时也是知识在不同知识主体间转移以实现知识重构的过程，这一系列特征决定了跨组织知识整合有着多种内容和类型。根据跨组织知识整合的内涵，本书将跨组织知识整合的内容归纳如下：

（一）不同形态知识之间的整合

从认识论的维度可以将知识分为隐性知识和显性知识两大类。隐性知识通常是指那些用语言难以清晰表达的知识；与隐性知识相对，显性知识是能够用语言清晰表达的知识，通常表现为各种有形文件、文档、制度、规范和数据库等。虽然资源集成、组织集成、战略集成等要素是构成集成创新不可或缺的一部分，但集成创新的核心是不同来源、不同形态、不同层次知识间的集成，是一种知识创新的过程，需要综合吸收利用组织内外的隐性知识和显性知识，这就决定了面向集成创新的跨组织知识整合内在地包含有隐性知识整合、显性知识整合以及隐性知识与显性知识的整合。只有经过不同形态知识的高效整合，企业所需要的新知识才能不断地被创造出来。

（二）不同主体之间的知识整合

跨组织知识整合的知识不仅来源于企业外部的个体、团体和组织，而且还包含企业内的个体、部门和组织，如何对企业内外两种来源的知识进行有效的整合使之融合在一起，以最优的方式组合起来，是提高跨组织知识整合效率的重要途径。在竞争日益激烈的今天，集成创新逐渐呈现出了开放性特征，企业既要充分

整合企业内部知识，又要综合吸收外部知识，这就决定了面向集成创新的跨组织知识整合涉及的知识主体相对于知识内部整合和外部整合来讲更加复杂和多样，既有正式的组织，也有非正式的组织；既有营利性组织，也有非营利性组织；既有正式组织中的个体，也有非组织个体，这无形中增加了跨组织知识整合的难度。同时，不同类型的组织会拥有不同的知识战略、组织形态等诸多差异，加之不同个体拥有的知识、经验、技巧和创新意愿等也不同，就会导致企业创新过程中的跨组织知识整合的过程错综复杂，不同知识主体之间的知识整合必定呈现出多途径、多方向的特征。不同知识主体的知识整合就是设法把企业外部知识主体的知识通过系统化、交互式等多种方式和方法整合至企业内部，进而创造出新知识，以服务于企业创新活动，因此，不同知识主体之间的知识整合必然成为跨组织知识整合的一项重要内容。

（三）内部知识与外部知识的整合

在知识经济时代，知识的更新换代速度越来越快，任何一个企业都不可能拥有竞争所需要的全部知识；同时，在动荡、变化的竞争环境中，决定企业竞争优势的关键知识也处于动态变化中，企业无法在其内部全部集成这些不断更新的知识。可以说，任何一家企业创新都不可能单纯依靠自身的知识积累，而必须有效吸收利用外部知识资源。然而，外部可供利用的知识往往是零星的、分散的、不成体系，另外，外部知识与企业内部知识往往存在一定的间距，这在一定程度上决定了企业不太可能直接利用外部知识，而只有通过内外部知识的有机整合，使分散的内外知识形成一个强有力的系统，才能共同服务于企业创新。在企业集成创新过程中，企业内部的各种信息和知识与企业外部的信息和知识的互动、协同、融合等关系日益强化，发生着复杂的整合过程。通过这种整合作用，企业从外部吸收的知识不断转化为企业内部知识，从而不断增加企业的内部知识积累，新知识也就不断涌现出来。为促进企业的跨组织知识整合，企业应加快建成高效的外部知识网络，将外部的客户知识、供应商知识、合作伙伴知识以及相关的科技、政策等方面的信息与知识高效地整合到企业知识管理系统之中。[①] 企业内部知识与外部知识的有效整合是企业创造知识的重要条件，也是面向集成创新的跨组

① 张庆普，单伟. 企业知识转化过程中的知识整合［J］. 经济理论与经济管理，2004（6）：47-51.

织知识整合的重要组成部分和内在要求。

（四）原有知识与新知识的整合

知识整合过程是原有知识和新知识不断相互融合，通过原有知识解释新知识，使新知识逐渐成为已知并被员工所理解，原有知识和新知识的相互渗透是知识整合机制的关键所在。[①] 跨组织知识整合的目的是吸收利用组织外知识创造新知识，并将新知识应用于企业创新实践中，以推进企业创新活动。在跨组织知识整合过程中，原有知识是新知识产生的基础，有些新知识也需要利用已有知识去解释才能被理解和掌握，新知识也会促使知识主体重新审视原有知识，这一过程既是企业知识库的积累，也是原有知识的升华。跨组织知识整合是一个动态循环过程，上一循环过程中产生的新知识构成下一循环中的知识基础，上一循环中产生的新知识与原有知识的整合是下一知识循环的动力和源泉。

原有知识和新知识的整合是以原有知识为基础，不断解释新知识和将新知识融入原有知识体系中的过程。企业在创新过程中，各种原有知识积累与企业获得的各种新知识不断地发生着相互整合。在这种整合过程中，原有知识是知识整合的重要前提和基础平台，企业首先要对分散于企业内外不同知识主体的无序的原有知识进行重新梳理，减少因为知识无序性而造成的知识整合的困难，加速各种知识的流动与转化。原有知识和新知识的整合主要借助企业知识库进行，进而在企业知识库中对原有知识进行整理、更新和重构，并不断把各种原有知识与新知识进行整合。这种知识整合是一种知识量的积累和质的突破相结合的过程。[②] 通过对原有知识与新知识的有效整合，企业新知识不断被创造出来，企业知识系统也在这一过程中不断被丰富和更新。可见，原有知识与新知识的有效整合是企业跨组织知识整合的必要组成部分和企业知识创造的重要前提。

以上所述跨组织知识整合的四部分内容共同构成跨组织知识整合的完整体系。但值得提出的是，虽然本书将跨组织知识整合的内容划分为四个部分，但在创新实践中，我们无法明确区分这四部分的界限，各部分之间存在着一定的交叉

① 谢晖. 组织隐性知识整合及扩散机制研究［D］. 长沙：中南大学博士学位论文，2005.

② Andreu，R.，Sieber，S.. Knowledge Integration across Organizations： How Different Types of Knowledge Suggest different ‘Integration Trajectories’［J］. Knowledge and Process management，2005，12（3）：153-160.

和重叠，比如，知识总是以隐性或显性的形式出现，不管是何种类型的知识整合都会涉及不同形态知识间的整合；另外，知识总是借助于一定的载体而存在，不论是内部知识与外部知识的整合，抑或是原有知识与新知识的整合都无法割裂与不同主体知识整合之间的联系。

二、面向集成创新的跨组织知识整合模式

企业知识整合的模式研究有两个不同的研究视角：其一，企业内部知识整合；其二，企业之间的知识整合。由于企业之间的知识整合研究以企业内部的整合为基础，所以，当前关于知识整合模式的研究多数学者都聚焦于企业内部，较少关注企业外部知识整合，关于企业跨组织知识整合模式的研究更是微乎其微。Andreu 和 Sieber（2005）从隐性—显性、个体—团体、内部—外部的维度对知识进行了区分，提出了组织间知识整合的三条路径和模式。魏江等（2008）认为，所有的知识都被特定的主体所拥有，可以从知识主体的视角来研究知识整合模式。芮明杰、邓少军（2009）将产业网络背景下的跨组织知识整合模式分为基于产业网络的整合模式和基于知识类型的整合模式两大类。跨组织知识整合的本质是将组织外的隐性知识和显性知识通过某种途径和方法转移至组织内部，并与组织原有知识相互作用、相互交融以创造新知识并应用新知识的过程。在这一过程中必然会发生知识在组织内外不同知识主体间的转移和流动，也必然会发生隐性知识与显性知识的相互转化。综合而言，笔者结合跨组织知识整合的内容和特征，拟从知识主体和知识形态两个层面来考虑跨组织知识整合的模式问题。

（一）基于知识主体的跨组织知识整合模式

基于知识主体的跨组织知识整合模式研究主要关注知识在不同知识主体之间转移和流动时适用的方式和方法，这首先需要明确参与跨组织知识整合的知识主体类型。关于知识主体的分类，当前研究大都沿用了组织行为学关于组织内部知识主体的分类方式，将知识主体划分为个体、团队和组织三类。个体知识就是个体所拥有的学识、技能和经验等，其知识形态更多的表现为隐性知识；团队知识就是一个团队所拥有的文化、经验和处理问题的能力，它是个体知识的集成者和组织知识的提供者；组织知识就是整个企业对外所表现出来的企业文化、组织结构和竞争能力等，它是组织内各类知识的综合。组织内部的知识整合就发生在知

识在个体、团队和组织等不同主体间的转移和循环过程。这一分类方法对于理解企业内部知识整合有着积极意义，但跨组织知识整合是内部整合与外部整合的复合体，有着不同于企业内部知识整合的诸多特征，单纯依靠个体、团队和组织的内部分类方式难以正确理解跨组织知识整合的全过程。

面向集成创新的跨组织知识整合既不同于组织内部知识整合，又有别于组织间知识整合，内在要求企业充分吸收利用组织外部知识为企业创新服务。跨组织知识整合的知识不仅来源于正式的组织，而且还来源于非组织个体，同时，随着网络信息技术的发展，网络逐渐成为企业获取新知识的一条重要途径，任何一家企业都不能忽视网络知识的存在。因此，网络知识也应成为企业跨组织知识整合的重要知识来源。除网络知识外，各种新闻报纸、杂志和期刊等也构成了企业跨组织知识整合的重要知识来源。与其他知识不同，该类知识的主体往往呈现出一定的虚拟性、不确定性和复合性，为简化分析，本书将网络知识和各种纸质杂志期刊统一界定为虚拟知识主体。这样，跨组织知识整合就由具有正式组织结构的组织、非组织个体（自然人）和虚拟知识主体三部分构成。

根据产业价值链的观点，按照各参与企业之间的不同关系可以将相关利益组织划分为三类：一是与企业处于同一条价值链中的上下游组织，主要是指供应商和分销商等企业客户；二是与企业处于同一价值链层面的相似组织，主要是指同行业的竞争者或潜在竞争者；三是与企业组织知识联系密切的非企业组织，主要是指教育与科研机构、行业协会和政府机构等。芮明杰、邓少军（2009）将企业与上述三类组织的跨组织知识整合模式界定为纵向整合、横向整合和其他参与者整合，如图 3-2 所示。

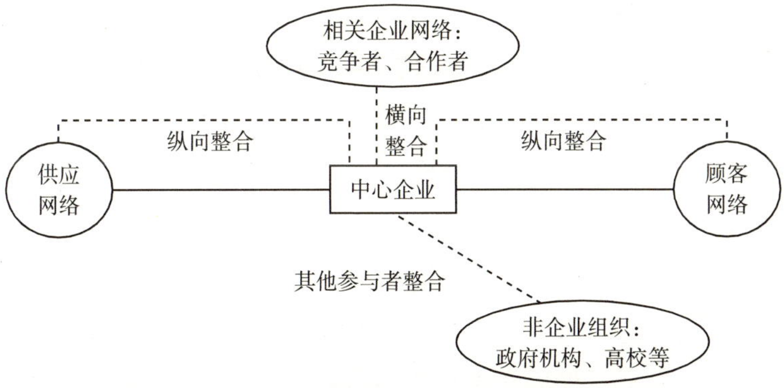

图 3-2　企业与正式组织间的跨组织知识整合模式

纵向整合就是要充分利用价值链成员在创造和传递价值过程中所发挥的不同功能与作用，相互进行协调与配合，整合各自所拥有的知识从而提升自身及整个价值链的竞争力。当前，在企业创新过程中吸收并整合价值链上下游企业知识的做法越来越普遍和重要。有学者认为，在供应商、客户和制造商之间建立良好的知识转移整合机制可以进行跨企业的外部创新，并给成员企业带来持久的竞争优势和核心能力的提高。面向集成创新的纵向知识整合要求企业在正确分析企业创新战略目标的前提下，对相关的供应商、分销商进行合理的区分和定位，在开展具体的集成创新项目时积极征求来自上下游企业组织的意见和建议。由于供应商、分销商和制造商在某种程度上存在着共存亡的关系，因此，一条有效的整合途径是寻找企业与上下游组织的共同利益点，以此为基础建立创新联盟，变知识外部整合为联盟内部整合，可以最大可能地消除知识整合的障碍，降低知识整合难度。如深圳华为公司通过与客户建立共同的联合创新中心，充分吸收整合客户的知识，从而使企业的技术创新和产品创新更加符合客户和市场需求，在提高了企业创新成功率的同时，还缩短了技术和产品开发周期，加速了新产品的市场化进程。

向“敌人”学习、向竞争对手学习已经成为企业获取关键知识的一条重要途径，实际上，企业许多与产品和流程相关的改进往往都来自于竞争对手。横向知识整合就是通过多种途径和方式从竞争者处获得自己所缺乏的关键知识。横向知识整合可以有多种方式，比如建立合资公司、合作研发等，也可以通过标杆学习从竞争对手处挖掘对自己有利的知识（标杆学习所获得的知识通常都是组织的显性知识，而企业的核心知识往往是隐性的，因此，对企业集成创新来说通过标杆学习整合竞争对手的知识效果可能不太明显）。在横向知识整合过程中，深圳华为公司就采取了与竞争对手建立合作研发组织的形式，如与西门子公司成立合资公司，共同专注于 TD-SCDMA 的研发、生产、销售和服务；与摩托罗拉在上海成立 UMTS 联合研发中心，旨在为全球客户提供功能更强大、更全面的 UMTS 产品解决方案和高速分组接入方案。另外，华为公司还与竞争对手建立联合实验室，开展前沿技术的研究与开发，目前华为已与高通、惠普、IBM、微软、德州仪器、英特尔、朗讯、ALTERA、SUN 等业界领先的技术领导者建立了 10 多个联合实验室。由此可知，保持与竞争对手的既竞争又合作的关系，建立竞争性或合作性知识联盟是实现横向知识整合的一条有效途径。

企业与非企业组织的知识整合可以从两个方面进行分析，一方面是与政府和行业协会等管理机构的知识整合，另一方面是与高校、科研院所、咨询机构等专业知识提供者的知识整合。企业具有一定的社会性，企业创新不仅要遵循市场经济规律，而且还要符合国家的相关政策、制度和行业协会规则的要求；同时，政府和行业协会的导向性和指引性政策也为企业创新提供了方向，政府和行业协会的各种规范也有助于建立外部知识流动与整合的良性机制，为企业跨组织知识整合创造良好的环境和条件。这就要求企业进行集成创新活动时，要紧密结合政府和行业协会的相关政策，创设符合自身实际的创新战略和创新目标。为此，企业可以建立与政府相关机构和行业协会组织的定期或非定期沟通机制、信息互通机制等保持与政府机构和行业组织的紧密联系，及时将相关外部知识与企业原有知识进行整合与重构。高校与相关科研咨询机构是企业专业知识的重要来源，他们往往掌握着某一技术领域的最先进知识和超前知识，与之保持紧密合作和联系，不仅有利于企业加速知识生产、知识应用，提高企业创新能力，同时也是企业整合一些关键知识的重要途径。在实际运作中，企业可以采取多种方式保持与该类组织的紧密联系，既可以为某一开发项目开展联合攻关，又可以在某一特定领域建立长期合作关系以追踪和掌握该领域的前沿知识。江苏洋河集团在洋河蓝色经典产品开发中就与江南大学、南京工业大学等机构建立了联合攻关小组，同时还与南京大学、中科院生物研究所和淮阴工学院等组织建立了长期合作关系。

跨组织知识整合过程中的非组织个体主要是指处于市场第一线的消费者，也包括以自然人身份出现的各类专家。陈力、宣国良（2007）认为，随着网络技术的发展，客户逐渐成为企业知识的主要来源，不同的顾客会对新产品开发绩效施加不同的影响。因此，能否有效整合消费者的知识对于企业创新绩效有着正面影响。消费者是一个十分庞大的群体，且分布十分广泛，整合每一位消费者的知识对于企业来说不太现实也没有必要。企业要做的就是尽可能多地倾听消费者的声音，了解其对产品的评述性知识和未来的需求特征，这要求企业要以开放的姿态，创设多种途径以获取消费者知识。具体而言，可以有直接和间接两种方式，直接方式主要是通过与消费者的直接沟通和交流获取消费者知识，该方式主要是通过人际互动的方式开展，因此也称之为交互式知识整合；间接方式主要是指借助于一定的媒介和消费者建立间接关系，比如开展网上调查、创建消费者聊天室等，此种方式往往具有一定的虚拟性，消费者大都是匿名填写问卷或者以虚构的名称参与，可以消除人际沟通的某些障碍，同时企业对信息和知识的整合也具有更大的灵活性，该方式有助于扩大知识整合的范围、增强知识整合的弹性。专家往往是某个特定领域的领头人，掌握着该领域的最前沿知识，因此，对专家知识的整合也应当成为面向集成创新的跨组织知识整合的一个重要组成部分。专家知识具有较强的路径和情景依赖性，大都以隐性知识出现，因而，对专家知识的整合适宜采取交互式的知识整合机制。

当今社会是一个网络经济时代，不论是生产型企业抑或是服务型企业都不可避免地受到网络的冲击，网络知识无处不在，网络已经成为企业获取知识、整合知识的一条有效途径，企业所获取的外部知识大都可以在网络中找到其原型，都或多或少地带有一定的网络影子。因而，以网络知识为核心的虚拟知识主体的知识整合对企业创新产生着越来越重要的影响，企业在开展创新活动时不能无视虚拟知识主体的存在，遗憾的是，此领域的研究还没有引起学者们的重视，还未形成比较有效的知识整合机制。网络知识犹如浩瀚的海洋，如何在知识的海洋中发现并获得对企业有利的知识就成为网络知识整合的关键。就目前而言，企业可以借助专业的网络知识平台、知识搜索工具等网络技术获取对企业有利的知识，网络知识的整合更多地表现为网络知识的搜索和获取。另外，相对于传统知识而言，网络知识的更新速度异常快速，如果不能在第一时间捕获网络知识，企业将会丧失主动权，在竞争中处于不利地位，因而，对网络知识的整合应成为企业的日常工作和全民活动。

（二）基于知识类型的跨组织知识整合模式

学者在研究企业内部知识整合时通常借助于野中郁次郎提出的 SECI 模型。野中郁次郎认为，隐性知识与显性知识的转化有四种模式，这四种模式是通过四个过程实现的：①隐性知识和隐性知识之间的传递，即社会化；②从隐形知识到显性知识的转化，即外在化；③显性知识与显性知识之间的传递，即组合化；④从显性知识向隐形知识的转化，即内在化。知识的整合就发生在上述四个过程的不断循环中。SECI 模型揭示了企业内部知识整合的内在过程，其本质就是不同类型和不同形态的知识在不同层次、不同知识载体间的流动、转移和应用，知识整合就发生在这种知识的流转过程中。不足之处在于 SECI 模型忽视了外部知识的存在，没有考虑外部知识与内部知识的整合，对此，国内不少学者从自己的研究角度出发对 SECI 模型进行了完善。

李久平（2006）在 SECI 模型的基础上，构建了企业内部知识流动螺旋模型，如图 3-3 所示。在某个层次的组织内部，组织新知识的产生，一部分可能来自于外部知识（如合作创新），这是通过组织开放的边界流入的，而另一部分新知识则如 SECI 知识创造螺旋模型里所描述的，来源于组织内部已有的隐性知识与显性知识的互动转化。SECI 模型是多维开放动态螺旋模型的第一种螺旋，也是最基本的螺旋。

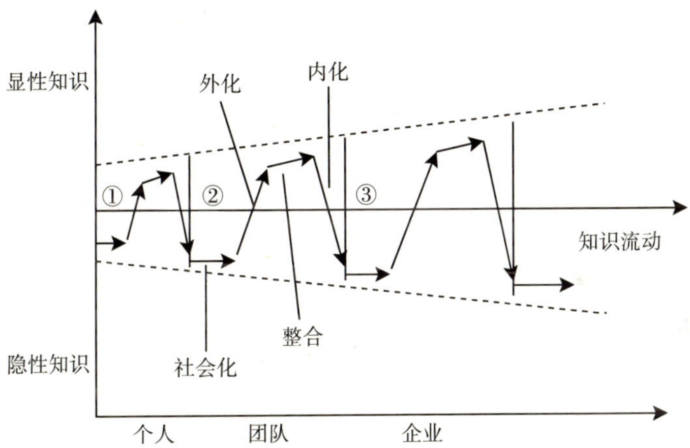

图 3-3　企业内部知识整合螺旋模型

蒋翠清等（2005）从系统科学的角度，引入知识的“凝练化”（condensing）和“沉积化”（deposition）两个阶段，构建了多维、开放的知识循环系统，即 ASECID 知识螺旋开放模型，如图 3-4 所示。

耿新（2003）在 SECI 模型的基础上，构建了 IDE-SECI 模型，该模型考虑了外部知识的输入对原 SECI 模型的影响，把输入的外部知识划分为外部个人隐性知识、外部组织隐性知识、外部个人显性知识和外部组织显性知识四种类型，其输入组织的方式为外部隐性知识的潜移默化、外部个人显性知识的直接引入和外部组织显性知识的直接引入三种，其作用过程如图 3-5 所示。

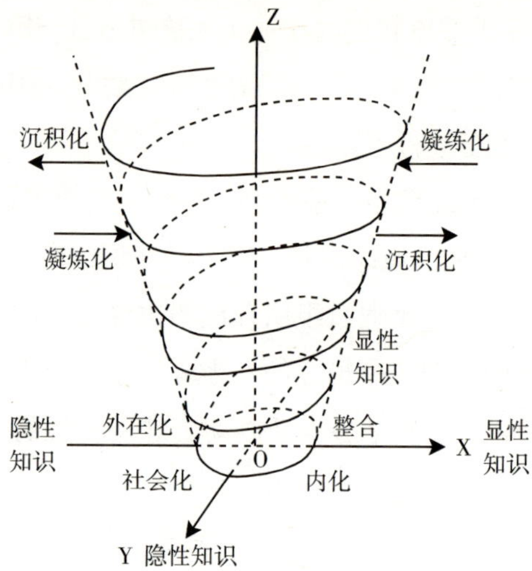

图 3-4 ASECID 知识螺旋开放模型

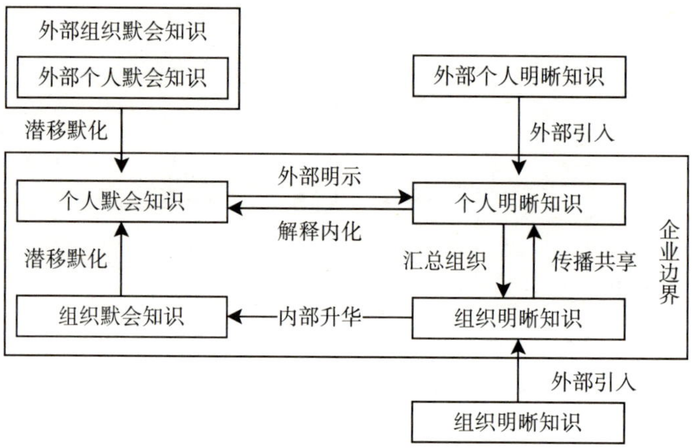

图 3-5 IDE-SECI 模型

跨组织知识整合不同于企业内部知识整合，其主要目的是要实现企业外部隐性知识和显性知识的跨组织转移和内部应用。综合上述分析，参照 De Boer 等（1999）、郑景华和汤宗益（2005）及芮明杰和邓少军（2009）的观点，本书把基于知识类型的跨组织知识整合模式分为三类，即隐性知识整合、显性知识整合以及隐性知识—显性知识整合（主要是指组织内隐性知识与组织外显性知识整合）。由于显性知识与隐性知识具有不同的特性，两类知识的可转移程度和转移条件都不同，因而它们的整合模式也存在较大的差异。隐性知识具有较强的情境依赖性，整合隐性知识需要克服组织之间沟通的障碍、互动的限制与分享的困难。由于隐性程度较高的知识内嵌于组织的行动、情境中，此时的知识存储主要是以人为媒介的，必须借助于人员交流机制才能整合，也即是通常所说的交互式知识整合。显性知识整合可以采用“程序化”和“系统化”的知识整合机制，即使用指令、规则、程序、计划等形式化方式进行知识整合，目的在于减少沟通成本，增进整合效率。隐性知识—显性知识整合是介于隐性知识整合与显性知识整合之间的一种整合模式，主要是指组织内隐性知识与组织外显性知识的整合，其实质是组织内个体在外来显性知识的刺激下通过顿悟等方式增进和深化了对原有隐性知识的认识，是已有隐性知识的一种升华。隐性知识—显性知识整合首先需要对组织外显性知识系统化，然后将系统化后的知识转移至组织内部，而这种转移通常伴随有组织交流和人员交流的发生，因而隐性知识—显性知识整合需要综合运用系统化和交互式知识整合方式，该类型知识整合往往会促使创新灵感和火花的产生。

上文分别对基于知识主体和基于知识类型的跨组织知识整合模式进行了分析，对于这样的分类主要是寻求从不同的层面对跨组织知识整合实现机理和模式进行深入分析，但在实践中两种模式是不可分的，基于知识主体的知识整合过程也蕴含着基于知识类型的知识整合，两种类型的知识整合相互交织、相互影响，共同构成完整的跨组织知识整合系统。

第四章 跨组织知识整合对组织创新绩效驱动作用模型构建[①]

第一节 研究目的

在知识经济时代，任何一家企业都不可能拥有发展所需要的全部知识，都不可避免地会吸收利用组织外部知识，而跨组织知识整合是组织利用组织外部知识的有效途径。不少学者均指出，跨组织知识整合对于促进企业创新及获得竞争优势至关重要。然而，当前关于知识整合的研究大都集中于企业内部知识整合，对于跨组织知识整合还缺少比较全面和深入的研究，对于跨组织知识整合与企业创新绩效之间关系的认识还比较模糊。跨组织知识整合有什么样的运作特性？跨组织知识整合如何作用于企业创新？这一系列问题都有待深入研究。同时，有学者指出，只有在明确了某一变量的固定产出后，才有必要探究其前置影响因素及其作用机理。基于此，本章在前人研究的基础上，研究跨组织知识整合对组织创新绩效的作用，一方面是为了厘清跨组织知识整合与组织创新绩效间的关系，另一方面也为后文的人力资源管理实践对跨组织知识整合的影响研究奠定基础。

① 本书重点研究面向集成创新的跨组织知识整合，因而研究跨组织知识整合对企业集成创新绩效的驱动作用似乎更为合适。但在创新实践中，我们很难明确地将集成创新绩效与其他类型的创新绩效区别开来，同时王众托也提出，在当前企业自主创新中完全从无到有的原始创新是不存在的，每一项创新成果中都蕴藏着系统集成的成分。因此，本章采取折中的办法，研究跨组织知识整合对组织创新绩效的驱动作用。

第二节　跨组织知识整合能力与运作特性

在当前文献中，学者大都从知识整合能力和运作特性两个方面探讨知识整合的内在结构，本书借鉴这一研究视角，拟从跨组织知识整合能力和跨组织知识整合运作特性两个层面，探讨跨组织知识整合对组织创新绩效的驱动作用。

一、跨组织知识整合能力的内涵与维度

当前关于跨组织知识整合能力的研究相对较少，还未形成比较成熟的定义。跨组织知识整合是知识整合的一种特殊形式，具有知识整合的一般特征，因此，从知识整合能力的一般特性界定出发探求跨组织知识整合能力的内涵是一条较为可行的理论路径。Kogut 和 Zander（1992）认为，知识整合能融合不同种类、不同形式的知识以及复合资源，知识整合能力（combination capability）是对既有知识的综合以及对潜在知识的开发，是企业综合运用其现有的知识与所获取知识的能力，即通过对已有的各种来源、各种类型和形式的知识的获取和使用达到知识的重新排序的过程中表现出的能力。Grant（1996）认为，知识整合是组织的基本职能，知识整合能力是组织能力的本质。陈力、宣国良（2005）认为，知识整合是指企业为了适应环境的变化，从利益相关者身上识别知识、筛选知识、吸收知识，然后再对知识进行个人层次的提炼、共享，将个人知识上升到组织知识并使组织拥有能力去发展新知识的过程，这个过程使得组织具有行动的一致性、执行的高效性、应变的灵敏性。如果企业能够成功实现这个过程，那么就认为它具有知识整合能力，并进一步将知识整合能力细分成知识吸收能力、知识共享能力、知识系统化能力与知识发展能力四个子能力。陈文春、袁庆宏（2009）认为，知识整合能力是组织在社会互动关系和组织学习的过程中综合运用已有知识并形成新知识的能力，包括外部知识获得能力与内部知识整合能力两个方面。Boer 等（1999）把知识整合能力划分为系统化能力、合作化能力和社会化能力三个方面，认为知识整合只有达到三方面能力的提升，才能增进知识整合的效果。

我国学者魏江和王铜安（2008）、谢洪明和吴隆增（2006）等在理论和实证研究中都采用了 Boer 关于知识整合能力的划分方法。

以上研究从不同的角度对知识整合能力的概念进行了界定，尽管分析的角度不同，但都包含相同的核心思想，那就是利用各种知识的相互融合实现知识创造。虽然还未形成统一的知识整合能力维度的划分标准，但大都认可 Boer 关于知识整合能力的划分标准。鉴之上述分析，本研究认为，跨组织知识整合能力是指企业为满足创新战略的需求而积极主动搜索外部相关知识，并不断将所获外部知识进行共享转化以实现外部知识与内部知识的相互融合并创造新知识的能力。由前文的分析可知，跨组织知识整合的发生需要建立在外部知识获取的基础之上，组织的外部知识获取能力直接影响着跨组织知识整合的层次和深度。因而，根据跨组织知识整合能力的概念和跨组织知识整合的过程，本书将面向集成创新的跨组织知识整合能力划分为知识获取能力、系统化能力、合作化能力和社会化能力。知识获取能力主要是指组织利用已有的知识储备发现、识别并转移企业外部知识的能力，主要包括外部知识的识别和获得能力[①]；系统化能力是指企业生产作业遵循标准化的程度，以及按照工作程序和作业规则使用信息设备的操作能力；合作化能力是指组织内成员与内外部单位、团体和个体通过互动、沟通了解、彼此支持将已有知识整合成新知识的能力；社会化能力主要是指组织文化支持知识整合的程度。其中系统化能力、合作化能力和社会化能力属于企业内部知识整合能力的范畴，这与卢锐（2005）、陈文春和袁庆宏（2009）的研究成果相一致。

二、跨组织知识整合运作特性的内涵与维度

知识整合运作特性是指知识整合过程中所表现出来的自身属性，也有学者从知识整合的结果属性讨论知识整合运作特性，认为知识整合运作特性与知识整合效果具有相同的内涵，是同一意思的不同表达。[②] Grant（1996）认为企业竞争优

① Lane，P.J.，Salk，J.E.，Lyles，M.A.. Absorptive，Learning，and Performance in International Joint Ventures [J]. Strategic Management Journal，2001，22（12）：11-23.

② 谢洪明，吴隆增. 技术知识特性、知识整合能力和效果的关系：一个新的理论框架 [J]. 科学管理研究，2006（2）：55-59.

势主要来自于知识整合的方向以及整合不同类型的专业知识，虽然专业知识本身无法提供更多的附加价值，但是只要找出能提升竞争优势的知识整合的特征就可以有效利用知识整合提升企业竞争优势。这些特征包括：①整合的效率：指知识通过部门或个体的整合活动而能达成目标的程度，取决于共同知识的程度、任务发生的频率及变动程度等；②整合的范围：指知识通过部门或个体的整合活动而能有效运作的层次；③整合的弹性：指知识通过部门或个体的整合活动而为了时效性而能互相替代或支援的程度。谢洪明、吴隆增（2006）也认为，知识整合不论从整合方向和机制的观点而言，整合效果的优劣，常常视其整合的效率、范围和弹性而定。有学者也指出，知识整合运作特性在于整合的优势，而最关键的在于整合的效率、范围和弹性。

Grant 关于知识整合运作特性三维度的划分构成了当前该领域的学术主流，该分类方法是对知识整合运作特性的一般性划分，并未区分企业内部整合，抑或是外部整合，而是从知识整合的过程属性来考虑，具有一般适应性，既适用于企业内部知识整合，也适用于外部知识整合，这实际上已经涵盖了跨组织知识整合。基于此，综合前人的研究，本研究从知识整合的效率、范围和弹性三方面来衡量跨组织知识整合的运作特性。整合效率是一个企业知识整合产出与知识整合投入之间的比值关系，知识整合效率会受到组织成员的常识多少的影响，需要整合的知识越容易用常识来解释和表达，整合效率就越高；同时，知识整合效率还受到沟通机制的影响，一般认为沟通越顺畅，整合的效率越高。整合范围是与整合效率相互制约的指标，即增大了整合范围就可能导致整合效率的降低。一般意义上的整合范围是指企业在完成知识整合过程中所能够包容或者吸纳不同专业知识的多少。知识整合范围相对知识整合效率而言是一个更深层次的指标，因为后者是描述整合的效果如何，而前者仅探讨整合能否发生，或者哪些内容可以整合。[①] 知识整合弹性是衡量知识整合过程中的环境适应能力和自我调整能力的指标，反映随着环境和目标的变化而动态地适应、保持和调整知识整合的水平，取决于组织能否有效连接外部知识与再构建现有知识。

---

① 魏江，王铜安. 知识整合的分析框架：评价、途径与要素［J］. 西安电子科技大学学报（社会科学版），2008（2）：8-14.

第三节 跨组织知识整合对组织创新绩效作用研究框架及其假设

一、跨组织知识整合能力与运作特性

知识获取能力反映了跨组织知识整合的基础能力，知识获取能力越强，表明企业识别、获得外部知识的能力越高，就越能根据环境的变化作适时的调整，相应的知识整合范围和弹性就越大。按照资源配置效能理论的观点，系统化能力的提升表明企业生产作业依循标准化的程度较高，知识整合效率也就相应越高。不过，由于系统的操作往往要遵循一定的程序和步骤，以及各个系统间存在相容性的问题，这一方面将不利于企业拓展专业知识的广度，另一方面也不会使得企业连接额外的知识与再建构现有知识的难度增大，因而会降低知识运作的范围和弹性。① Zack（1999）认为，组织必须通过将扩散到组织的知识进行整理、分享才能发挥其应有的作用。知识的扩散与共享是在企业员工的合作和协调过程中实现的，通过发展新的方式来提升分享者的关系，从而提高知识整合的效率。企业的合作能力越强，知识分享者的关系就越紧密，彼此间频繁的知识传播、调和与合成将有力促进知识整合的效率和效果。另外，Grant（1996）也认为，组织中成员的沟通与互动方式，显著地影响知识整合的成效，包括知识整合的效率、范围与弹性。Tsai 和 Ghoshal（1998）认为，企业在内部成员间建立共同目标、认知与行为规范可以促使企业所有部门成为一体，组织内部的沟通和联系也就更为紧密，组织成员彼此的适应性与协调性就越好。社会化能力可以促使组织成员形成对企业愿景的高度认同感，使得知识整合工作顺畅无碍。基于上述文献分析，本研究提出以下假设：

---

① 谢洪明，吴隆增. 技术知识特性、知识整合能力和效果的关系：一个新的理论框架［J］. 科学管理研究，2006（2）：55-59.

H1：跨组织知识整合能力与运作特性有显著的相关性。

H1（1）：跨组织知识整合的获取能力与运作特性有显著的相关性。

H1（2）：跨组织知识整合的系统化能力与运作特性有显著的相关性。

H1（3）：跨组织知识整合的合作化能力与运作特性有显著的相关性。

H1（4）：跨组织知识整合的社会化能力与运作特性有显著的相关性。

二、跨组织知识整合能力与组织创新绩效

外部知识获取能力是跨组织知识整合能力的重要基础。[①] 陈衍泰（2007）认为，有效获取外部知识是企业获得持续能力最重要的源泉，外部知识获取能力与企业经营绩效显著正相关。Knudsen（2007）通过实证研究认为，如果企业能够与他们最紧密的企业密切合作，并获得所需的互补性知识，则会导致对创新绩效产生积极影响。Lynn（2000）也认为，不断地从外部获取知识对企业技术创新有着显著的推动作用，并最终影响着企业创新绩效。系统化能力反映了知识整合行为的程序化程度。Grant（1996）指出，组织的某种活动越复杂、重复利用的地方越多，就越依赖于系统能力以实现整合。通过系统化，员工工作的规范度提高，共有知识存量扩大，员工本身的技能和知识面得以扩展，增强了企业创新产出实现的可能性。Zirger 和 Maidique 认为，研发部门与营销和制造等部门间的协调程度，对于新产品的有效开发非常重要。企业的合作能力越强，公司各部门的协调程度就越高，员工在工作需要时就越容易得到其他部门和人员的支持。这将促使知识在成员之间得到有效的扩散和应用，从而增强企业的技术创新能力。[②③] Tsai（2001）认为，知识的交流和共享能够提供成员互相学习与合作的机会，使组织内部可通过交换与流动的方式，将新知识转移给所需要的人，进而刺激知识的创造及创新能力的增进。Wijk 等（2008）提出，不管是组织内部还是组织间的知识共享行为都将对组织绩效和创新起到促进作用。通过大范围的组织知识交流

① 卢锐. 知识整合理论研究［J］. 情报杂志，2005（11）：85-87.

② Lynn，G.S.，Reilly，R.R.，Akgun，A.E.. Knowledege Management in New Product Teams：Practices and Outcomes［J］. IEEE Transactions on Engineering and Management，2000，47（2）：221-231.

③ 谢洪明，吴溯，王现彪. 知识整合能力、效果与技术创新［J］. 科学学与科学技术管理，2008（8）：88-93.

和共享，企业能够形成难以被竞争对手模仿的独特能力，并最终增强企业创新绩效。Cassiman 和 Veugulers（2006）的研究结果显示，与伙伴组织间频繁进行知识转移的团队具有更高的创新绩效，并且外部知识获得比内部知识获得更有利于创新绩效的提高。社会化能力从企业文化、组织氛围和精神动力等软性层面对知识整合产生影响。Collins 和 Smith（2006）认为，员工对企业文化、价值观和信念的认同感越强，就越容易接受组织的相关制度与行为规范。在尊重知识和鼓励创新的组织氛围里，员工的获取知识、共享知识和应用知识的意识得到加强，这将增强企业创新的动力，推动企业创新产出的形成。基于上述分析，本研究提出以下假设：

H2：企业跨组织知识整合能力对组织创新绩效具有正向作用。

H2（1）：知识获取能力对组织创新绩效具有正向作用。

H2（2）：系统化能力对组织创新绩效具有正向作用。

H2（3）：合作化能力对组织创新绩效具有正向作用。

H2（4）：社会化能力对组织创新绩效具有正向作用。

三、跨组织知识整合运作特性与组织创新绩效

Blackler 等发现，创新中的知识分布广泛且相当离散，存在于不同组织、不同部门，为不同领域的专家所掌控。[①] 只有对处于离散状态的相关知识进行有效的整合才能发挥知识的整体能力，推动创新活动的进程。Kodama（2007）论述了当代企业研发的特征是融合创新，即将不同学科的知识进行整合而产生的创新。跨组织知识整合能指引企业在快速变动的环境中做好产品与市场的组合，快速而有效地开发产品以满足不同的市场需求。Volberda（1999）认为知识整合运作的效率、范围和弹性的大小对于企业建立持续竞争力有相当重要的影响程度。Tiwana（2004）通过对 232 家软件开发企业项目的实证研究发现，在软件开发过程中，较高的知识整合水平能增强软件开发的效率，证明了知识整合影响软件开发的各个方面。Jie Yang（2005）研究了中国高技术行业中知识管理过程的知识

---

① Grant，R.M.. Prospering in Dynamically Competitive Environments Organization Capability as Knowledge Integration［J］. Organization Science，2004，7（4）：371-385.

整合、知识创新和获得新产品优势三者之间的关系，认为知识整合对新产品开发绩效有显著的促进作用。谢洪明等（2008）认为，组织本身就蕴含着与企业创新相关的内部知识，同时又在创新实践中不断和外部接触与合作，学习到更多新的外部知识。企业如果能有效整合企业内部和外部及不同领域的知识，适应环境的要求并运用到企业创新上，将有力推动企业的技术创新。魏江、王铜安（2008）认为，企业所能整合的专业化知识越多，其产品就越具有竞争优势。因此，企业必须通过对知识资源的挖掘、转移和融合，将内外部知识资源系统地整合在一起，才能充分发挥知识资源的价值，从而有力地推动企业创新能力的提升。[①] Iansiti 和 West（1997）认为，在激烈竞争的产业中，只有通过整合才能提高组织学习新知识的速度，从而满足技术创新的需求。综合上述分析，本研究提出以下假设：

H3：跨组织知识整合运作特性对组织创新绩效具有正向作用。

H3（1）：跨组织知识整合效率对组织创新绩效具有正向作用。

H3（2）：跨组织知识整合范围对组织创新绩效具有正向作用。

H3（3）：跨组织知识整合弹性对组织创新绩效具有正向作用。

四、跨组织知识整合能力、运作特性与组织创新绩效

资源基础理论认为，知识资源整合的程度和运作特性不仅与知识本身的特性有关，而且能够通过知识资源整合机制的有效运作，提升企业经营绩效，而这一结果的产生往往又取决于企业资源整合软硬能力的协调程度。企业外部知识获取能力的增强可以扩展企业知识整合的范围，不少学者的研究成果已表明，充分整合来自顾客、供应商等的知识与企业新产品开发绩效存在显著的正向关系。[②③] 林文宝、吴万益（2005）认为，知识整合的系统化程度较高时，运作效率也较高，这是因为机器设备系统化进入正常运作轨道，能够直接提高部门知识整合的效率；组织内良好的沟通与合作，有助于知识整合运作的范围和处理事情的弹性；

① 惠青，邹艳. 产学研合作创新网络、知识整合和技术创新的关系研究［J］. 软科学，2010（3）：4-9.

② 陈力，宣国良. 顾客知识整合对新产品开发绩效的影响［J］. 科学学研究，2007（2）：147-151.

③ 刘浩然，陈力，宣国良. 供应商知识整合的新产品开发绩效实证［J］. 工业工程与管理，2007（2）：29-34.

组织成员拥有的共同分享的价值理念可以促使组织凝聚力的提高，进而会提高知识整合的运作效率。如果将这些整合能力与运作特性的效率、范围和弹性互相搭配，对于企业核心能力将有正向且显著的影响作用。另外，Kogut 和 Zander（1992）认为，企业欲有效提升有形与无形竞争优势，则必须视企业内部文化与愿景的塑造程序而定。Petroni（2000）[①] 也强调知识整合的开发对于企业核心能力的培养有重要影响。Leonard 和 Sensiper（1998）强调知识整合运作的程序与特性会影响核心能力的培养，而自主创新是增强企业核心能力的重要途径。因而，跨组织知识整合能力与运作特性的交互效应势必会对企业创新产生影响。基于上述分析，本研究提出以下假设：

H4：跨组织知识整合能力与运作特性之交互效应对组织创新绩效有正向且显著的影响作用。

H4（1）：跨组织知识整合的知识获取能力越强，而且整合运作的范围越大，则对组织创新绩效具有正向且显著的影响作用。

H4（2）：跨组织知识整合的系统化能力越强，且整合运作的效率越高，则对组织创新绩效具有正向且显著的影响作用。

H4（3）：跨组织知识整合的合作能力越强，且整合运作的弹性越大，则对组织创新绩效具有正向且显著的影响作用。

H4（4）：跨组织知识整合的社会化能力越强，且整合运作的效率越高，则对组织创新绩效具有正向且显著的影响作用。

五、跨组织知识整合对组织创新绩效驱动作用理论框架

综合假设 H1、H2、H3 和 H4 可以得出跨组织知识整合能力、运作特性对组织创新绩效的作用关系理论框架，如图 4–1 所示。

① Zahra, S., Ireland, D., Hitt, M.. International Expansion by New Venture Firms [J]. Academy of Management Journal, 2000, 43 (5): 925–950.

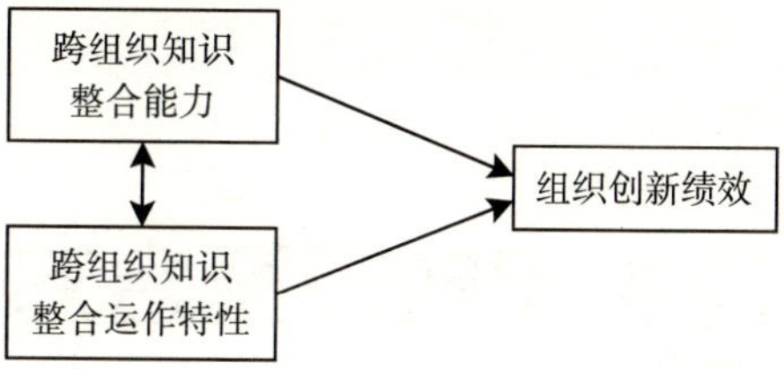

图 4–1 跨组织知识整合能力、运作特性与组织创新绩效的关系模型

图 4–1 所示的理论框架包括三个部分：一是跨组织知识整合能力对组织创新绩效的作用；二是跨组织知识整合运作特性对组织创新绩效的作用；三是跨组织知识整合能力与运作特性对组织创新绩效的交互效应。本书第五章将对本章提出的理论模型进行实证检验。

第五章　跨组织知识整合对组织创新绩效驱动作用实证检验

第一节　研究设计

一、研究基本程序

本书的实证研究（第五章和第七章）经历了如下程序：①研究问卷的设计。本研究在现有中外文献的基础上，对各研究变量进行了系统的理论思考，设计了本研究的相关调查问卷。②样本的选择。为满足研究的要求，本研究选择的调查对象均属制造业，即目前正在进行合作创新或曾经有过合作创新经历的企业。选择的样本尽量涉及不同行业、不同地区和不同经济性质类型，从而使选择的样本具有广泛的代表性。③调查问卷的分发及完成方式。针对选择的样本，采用传真、邮寄、电子邮件和上门现场调查的方式向被调查者分发问卷。在问卷中写明完成方式，在计划的时间内再向被调查者询问是否按规定方式完成，并对完成问卷给予及时的指导，以提高问卷完成的准确性。④问卷的回收。问卷的回收采取了多种方式，被调查者可以通过回复电子邮件、发回传真、邮寄方式提交已填答的问卷，本研究还采取了上门的方式直接回收问卷。通过多种回收方式，大大提高了问卷的回收率。⑤回收问卷的数据统计分析。为满足后面假设检验的需要，本阶段先对已回收问卷的数据做基本的描述性统计分析，以了解回收数据的基本情况。⑥假设检验。利用收集的数据，使用社会统计学软件包 SPSS17.0 和结构方程软件 AMOS7.0，对构建的研究假设进行检验。⑦检验结果的分析与讨论。对假设检验的情况进行分析，通过分析，建立起变量之间的关系，并对各变量间的关系检验结果进行分析和讨论。

研究设计中，研究问卷设计的好坏直接影响最终的假设检验结果，显得尤为重要。研究问卷的设计包括如下几个过程：①初始量表的形成。初始量表的来源有两种情况：一种情况是已存在相关量表，以此量表作为初始量表；另一种情况是没有现成的量表，需根据文献研究设计出初始量表。本研究属于第一种情况，在已有研究量表的基础上进行整合而成。为保证量表的可靠性和便于填答，在量表正式发放之前进行了小范围的试测，并修改了个别题项。②信度与效度检验。有效的量表应具备一定的信度和效度，本研究利用回收的数据运用内部一致性系数和验证性因子分析对量表的信度和效度进行检验，以保证所得数据的可用性。

二、研究方法

本研究采用问卷调查的方法收集相关数据，对收集到的数据运用 SPSS17.0 和 AMOS7.0 统计分析软件，分析数据的有效性，并对所提假设进行验证。

（一）量表验证方法

Straub（1989）建议，研究人员应在研究方法部分下专门准备一个子标题“量表验证”，用来报告对量表信度和效度的测试。

本研究的信度分析主要采用两种方法。

第一，Cronbach'α 系数。内部一致性系数最适合同质性检验，检验每一个因素中各个项目是否测量相同或相似的特性。[①] Cronbach'α 系数值越大，说明测量项目的相关度越强，也说明这些测量项目确实反映了所要测量的内容域。多数学者认为 0.70 是一个较为合适的标准临界值。[②③]

第二，Item-Total 统计量。该统计量也是相当常见的信度分析输出结果，它显示每个项目与由其他项目所构成的量表相比较后的摘要统计量。根据林震岩（2007）的研究，“Scale Mean if Item Deleted”表示若该题项被删除后，其余题项

① 王重鸣. 心理学研究方法［M］. 北京：人民教育出版社，1989.
② Nunnally，J.C.. Psychometric Theory（3rd edition）［M］. New York：McGraw-Hill，1994.
③ 张红兵，贾来喜，李潞. SPSS 宝典［M］. 北京：电子工业出版社，2007.

得分的平均数；“Scale Variance if Item Deleted”表示若该题项被删除后，其余题项得分的方差；“Corrected Item-Total Correlation”表示该题项与所有题项总分的相关系数，此值越高，代表该题项与总分的相关度越高；“Cronbach's Alpha if Item Deleted”表示该题项被删除后，其余题项所计算出的 α 值，该值可作为删除条款的依据。

效度也称为正确性，是表示一份量表能真正测量到该量表所要测量的能力或程度。量表的效度是指量表能测量理论的概念和特质的程度。量表的效度主要包括内容效度和构建效度。[①]

内容效度指量表内容是否具有相当高的代表性，即包括被测量所有层面的项目。若量表是以理论为基础，并参照以往学者类似研究的量表内容加以修订，并与实务或学术专家讨论过，即可认为具有相当的内容效度。由于内容效度的检验相当主观，并没有任何统计量可测量。本研究重点检验量表的构建效度。许多学者都主张，可以用结构方程中的验证性因子分析来检验量表的构建效度。[②] 本研究也采用这一方法。结构方程提供了多种适配度指标，应该慎重参考多个不同类型而且性质稳定的指数报告多项测量结果。

根据侯杰泰等（2004）的研究，要检验模型是否与数据拟合，可采用的拟合指数有两类：一类是绝对拟合指数，是将理论模型与饱和模型比较得到的一个统计量。常用的有：①χ^2/df（拟合优度与自由度之比）：能调节模型的复杂程度，比较恰当地选择一个参数不太多的模型。当 χ^2/df 在 2.0 到 5.0 时，模型可以接受。不过因为它易受样本容量的影响，对于评价单个模型意义不大。②RMSEA（近似误差均方根）：受样本的影响较小，对于参数过少的模型还稍微敏感一些，是比较理想的指数[③]。近似误差指数越小越好。Steiger（1990）认为，RMSEA 低于 0.1 表示好的拟合；低于 0.05 表示非常好的拟合；低于 0.01 表示非常出色的拟合，这种情形应用上几乎碰不到。③GFI（拟合优度指数）和 AGFI（调整的拟合

① 吴明隆. SPSS 统计应用实务［M］. 北京：科学出版社，2003.

② Campbell，D.T. & Fiske，D.W.. Convergent and Discriminant Validation by the Multitrait-multimethod Matrix［J］. Psychological Bulletin，1959（56）：81-105.

③ Marsh，H.W. & Balla，J.R.. Goodness-of-fit Indices in Confirmatory Factor Analysis：The Effect of Sample Size and Model Complexity［J］. Quality & Quantity，1994（28）：185-217.

优度指数)：这类指数越高模型拟合得越好。但有研究显示，GFI 和 AGFI 对总体的渐近值的估计是有偏的。[①] 另一类是相对拟合指数，是将理论模型与基准模型比较得到的统计量。常用的有：①NFI（赋范拟合指数）用来衡量模型的拟合改进程度。NFI 的取值范围是 0~1，其中 NFI=1 对应于最好的拟合，NFI=0 对应于最差的拟合。②CFI（比较拟合指数），取值范围为 0~1，其中 CFI=1 对应于最好的拟合，CFI=0 对应于最差的拟合。③IFI（增值拟合指数），取值范围为 0~1，其中 IFI=1 对应于最好的拟合，IFI=0 对应于最差的拟合。

本研究主要采用 χ^2/df、GFI、AGFI、NFI、IFI、CFI、RMSEA 作为检验指标，拟合标准为：χ^2/df 大于 10 表示模型不理想，小于 5 表示模型可以接受，小于 2 表示模型较好；GFI、AGFI、NFI、IFI、CFI 的最低要求是大于 0.80，最好是大于 0.90，越高越好；RMSEA 小于 0.10，最好小于 0.08，越小越好。

（二）研究假设检验方法

研究假设检验主要分为两部分：一是要素间的直接影响作用，二是交互作用的检验。要素间的直接影响作用采用结构方程中的路径分析。这里主要说明交互作用的检验方法。

关于交互效应的检验，本研究采用侯杰泰（2002）提出的潜变量交互作用检验方法。该方法分为两个步骤：第一步，首先检验自变量（A 和 B）和因变量（C）之间是否存在直接的和显著的相关关系；如果存在某种直接的和显著的相关关系，则进行第二步检验，即在第一步的基础上，再将两个自变量（A 和 B）相乘以后构成一个新的变量（D），代入前面的回归方程，检验新变量（D）和因变量（C）之间是否存在直接和显著的相关关系，如果这种关系存在，则说明交互效应成立，而无论主效应是否存在。

三、研究变量的测量

概念化和操作化是测量的两个关键环节。概念化（conceptualization）是社会测量的第一个环节，是对概念和应用范围给予清晰说明的过程，即在理论层次上

---

① McDonald, R. P. & Marsh, H. W.. Choosing a Multivariate Model: Noncentrality and Goodness of Fit [J]. Psychological Bulletin, 1990 (107): 247-255.

对概念进行名义定义（nominal defination）。变量通常是由抽象定义界定的，但作为对变量的测量是出现在经验层次的，要进行测量，需要把概念抽象的名义定义进一步具体化，使其转化成能从经验上进行观察和测量的变量和指标，这个过程通常被称作操作化（operationalization），即在经验层次对概念进行操作化定义。[①②]吴明隆（2003）认为，操作化定义是以明确的、可观察的、可测量的方式来对变量下的定义。通过操作化定义，概念转变为变量形式，即转变成了能有不同取值的概念。

（一）跨组织知识整合能力的测量

本研究所指的跨组织知识整合能力是外部知识获取能力和内部知识整合能力的复合体。外部知识获取能力是指根据企业创新发展需要识别、评估外部知识的价值，并将其转移至企业内的能力，企业的知识获取能力建立在组织成员个体获取能力的基础上，但并非个人获取能力的简单加和，它一方面依赖于个体已有的知识存量，同时也与组织同外部环境以及部门之间的交流密度和深度有关，知识获取能力的衡量主要借鉴 Zahra 和 George 的研究，选取了以下三个测量题项。

KHQ1：员工拥有较强的开放创新能力和意识。

KHQ2：员工拥有较多的社会关系网络。

KHQ3：公司与相关组织建设有正常的沟通渠道。

系统化能力是指生产作业依循标准化之程度，以及工作程序和作业规则使用信息设备的操作能力；合作化能力是指组织内成员与内外部单位或团体透过互动、沟通了解、彼此支援的意愿；社会化能力是指企业文化、价值和信念的推动能力。以上三个维度的测量主要根据 Volberda 等、Kogut 和 Zander、Teece 等以及 Lee 和 Yang 的研究加以选择，共九个题项。

KXT1：员工工作内容与程序要求的标准化程度较高。

KXT2：在公司内部专业知识的传递通过既定的程序来进行。

KXT3：公司强调以书面规则和程序来整合知识。

---

① 风笑天. 社会研究方法［M］. 北京：高等教育出版社，2006.

② 袁方，王汉生. 社会研究方法教程［M］. 北京：北京大学出版社，2004.

KHZ1：工作任务的完成必须通过各相关人员的通力合作。

KHZ2：公司内部各部门间的协调程度高。

KHZ3：员工轮调至新部门能在较短时间内适应。

KSH1：我们努力建设一套使员工认同的共同分享的制度与理念。

KSH2：员工对于物质与金钱价值的要求程度较低。

KSH3：员工普遍认同公司的创新战略和文化。

其中 KXT1、KXT2、KXT3 用以测量系统化能力，KHZ1、KHZ2、KHZ3 用以测量合作化能力，KSH1、KSH2、KSH3 用以测量社会化能力。

（二）跨组织知识整合运作特性的测量

本书主要从效率、范围和弹性三个维度来衡量跨组织知识整合的运作特性。效率是指跨组织知识整合的目标完成程度，可以从获取知识的多少和创造新知识的多少等层面来衡量。范围是指跨组织知识整合所涉及知识的物理界限的宽度，可以从跨组织知识获取的宽度和知识交融的广度等层面来衡量；弹性是指跨组织知识整合的灵活性和环境适应性，也即是根据环境和企业创新过程的变化而进行再整合的程度。跨组织知识整合运作特性的衡量主要根据 Volberda 等（1999）和林向义（2010）的研究加以选取，共有九个题项。

KXL1：企业创新过程中获取了较多的外部知识。

KXL2：企业创新过程中产生了较多的新知识。

KXL3：企业创新过程中应用了较多的新知识。

KFW1：企业创新过程中广泛收集顾客、供应商和竞争者的信息。

KFW2：企业创新过程中广泛收集科研院所、行业组织等机构的信息。

KFW3：企业创新工作通过多个部门和人员的共同努力完成。

KTX1：企业根据创新的动态调整不断学习新知识。

KTX2：企业能够根据创新过程的变化进行知识的再整合。

KTX3：企业能够根据外部环境的变化对知识整合的方向和内容进行调整。

其中 KXL1、KXL2、KXL3 用以测量整合的效率，KFW1、KFW2、KFW3 用以测量整合的范围，KTX1、KTX2、KTX3 用以测量整合的弹性。

（三）组织创新绩效的测量

创新绩效一般指对企业技术创新活动效率和效果的评价。Jantunen（2005）

认为，企业创新绩效是指由于产品创新或过程创新活动带来的企业绩效的提高。Drucker（1993）认为，创新绩效是对企业技术创新结果的综合反映，不只是一种过程，也是一种所有创新元素的组合，元素中主要包含了环境需求不一致性、生产程序的需求、产业与市场的改变，以及消费者对产品或服务认识的改变等。我国学者对“创新绩效”的理解主要集中在效率和效果上。高建等（2004）认为，创新绩效是指企业创新过程的效率、产出的成果及其对商业成功的贡献，包括创新产出绩效和创新过程绩效。许多学者都提出了创新绩效的不同衡量标准，一般认为从结果创新的角度衡量企业创新绩效的可行性最大，测量结果准确性也最高。①②③ 关于创新绩效的测量方式，Lall（1992）研究认为，对于发展中国家而言，采用问卷调查的方式获取企业层面数据对创新研究更为合适。综合以上分析，本研究将创新绩效操作化为经理感知到的创新结果。笔者在现有创新绩效量表的基础上，从结果创新的角度选择了以下五个测量条款。

KJX1：近三年来，我公司新产品数量明显增多。

KJX2：近三年来，我公司新申请专利数量明显增多。

KJX3：近三年来，我公司技术水平明显提升。

KJX4：近三年来，我公司产品开发速度明显增快。

KJX5：近三年来，我公司产品开发成功率明显提升。

---

① Gloet，M.，Terziovski，M.. Exploring the Relationship between Knowledge Management and Innovation Performance [J]. Journal of Manufacturing Technology Management，2004，15 (5)：402-409.

② Therin，F.. Organizational Learning and Innovation in High-Tech Small Firms [R]. Proceedings of the 36th Hawaii International Conference on System Sciences，2003.

③ Garcia-Morales，V.J.，Llorens-Montes，F.J.. Antecedents and Consequences of Organizational Innovatin and Organizational Learning in Entrepreneurship [J]. Industrial Management & Data Systems，2006，106 (1)：21-42.

第二节　数据收集与样本描述

一、数据收集

由于本研究调查问卷题项多为主观性题目，对问题的回答建立在回答者的主观评价之上，因此可能会导致问卷结果出现较大偏差。Fowler（1988）认为主要有三种情况可能会导致问卷应答者对测量条款做出非准确性的回答：①应答者不知道所提问题答案的信息；②虽然知道这些问题答案的信息，但是应答者出于某种考虑不想回答这些问题；③应答者不能理解所问的问题。尽管没有措施能够完全消除上述三个因素可能带来的问题，但在问卷的设计和发放中可以尽可能限制这些问题可能带来的影响。对于第一种情况，本研究选择的应答者大多为主管人力资源和研发的企业中高层领导，因此对于企业的整体情况比较熟悉，此外在问卷发放和回收中我们给应答者提供了相对较长的时间，他们有较多的时间考虑企业信息来做出较为准确的回答。对于第二种情况，问卷基本采取匿名方式填写，虽然在问卷最后也给出了企业名称等选项，但这些都是可选项，填答者可以选择不回答，对问卷结果并无影响；同时在问卷中承诺其所填答的资料纯供研究之用，内容绝对保密，最后呈现的只是统计结果，而且最后分析的内容和结果可以提供给需要者。另外，为了尽量避免填答者的主观抵触，研究者把单位信息和联系人信息安排在了问卷的末尾。对于第三种情况，最终问卷是经过团队讨论和专家审阅才确定的，而且在正式调查之前进行了小范围的试测，以尽量排除由于不理解问题而得不到理想的问卷结果的可能性，此外问卷中还标明了联系人的姓名、通信地址和联系方式，以方便应答者在不理解问题题意的情况下与作者联系，降低由于不理解题意可能造成的问题。除此之外，为了避免单一填答者造成的主观偏差，研究者在发放问卷时每家企业均发放两份以上，供不同人员填写，最后取平均值作为一份有效问卷。对确实无法做到两人以上人员填写，不能取平均值的，研究者将之列为备用数据，待有效问卷数量达不到分析的最低要求时退而求其次地将之当作有效问卷看待。

在中国情境下，针对企业高层管理者的大样本随机抽样调查难度非常大。考虑到时间、精力、财力和企业界中高层管理者关系网络有限等方面的限制，借鉴已有采取滚雪球抽样方法研究。[①] 本研究采取了滚雪球抽样的原则，同时辅助以关系调查。样本选择的标准主要有两个：①企业年龄在四年以上；[②] ②目前正在进行或曾经有过集成创新经历的企业。

正式调查从 2014 年 2 月 7 日开始，至 2015 年 4 月 30 日结束。研究者通过有关渠道在上海、北京、广州和重庆分别确立了四位联系人。其中一位供职于广东佛山某著名电器制造企业；一位供职于北京某政府机关；一位供职于上海某汽车制造企业；另外一位供职于重庆某高校。四位联系人均与企业有着非常广泛的联系。笔者将电子问卷发送给四位联系人，由联系人按照滚雪球的方式分别发放和回收调查问卷，最后由笔者汇总。在整个过程中，笔者不间断地与各联系人保持联系，以保证问卷调查的顺利进行。

本次调查共发放问卷 1326 份，回收问卷 438 份，问卷回收率为 33.03%。收回问卷后将不符合要求的问卷进行剔除，剔除问卷的标准主要有四个：①问卷填答不完整、漏填者；②检查填答者是否认真填写问卷，对所有测量项目或者大多数测量项目打分一致者进行剔除；③中间值 3 选择过多的予以剔除；④公司年龄在四年以下的。剔除无效问卷后，得到有效问卷 326 份。之后，对属于一家企业的问卷进行合并取平均值，最后得到有效数据问卷 229 份。

二、样本描述

众多研究都认为，数据收集过程中一个关键的问题是样本量的大小。验证性因子分析对样本量有一定的要求，一般认为样本量与测量项目的比应在 5∶1 以上。前面各研究变量的初始量表的测量项目最多为 12 个，有效数据问卷可以满足验证性因子分析的需要。

① 范秀成，英格玛·比约克曼. 外商投资企业人力资源管理与绩效关系研究［J].管理科学学报，2003（2）：54-60.

② Man 在对中小企业进行实证研究中样本标准为企业寿命要大于三年。李乾文（2006）的实证研究中的样本标准为 42 个月。考虑到组织创新绩效的滞后性，本研究的样本选择标准界定为四年以上。

对于样本的频次分析，本研究使用 SPSS17.0 进行统计，得到样本分布情况如表 5-1 和表 5-2 所示。

表 5-1　样本基本统计量分布

	统计内容	样本数（个）	百分比（%）
单位性质	国有企业	79	34.50
	民营企业	109	47.60
	三资企业	41	17.90
	合计	229	100.00
所属行业	电子通信及电子设备制造业	26	11.35
	医药制造业	11	4.80
	新材料制造	6	2.62
	化工、纺织机械制造业	29	12.66
	软件制造	12	5.24
	其他	145	63.32
	合计	229	100.00
公司规模	远远小于	26	11.35
	小于	78	34.06
	差不多	111	48.47
	大于	12	5.24
	远远大于	2	0.87
	合计	229	100.00
公司年龄	5~8 年	148	64.63
	9~11 年	58	25.33
	12 年以上	23	10.04
	合计	229	100.00

表 5-2　被调查企业地区分布

省（市）	数量	百分比（%）
江苏	55	24.02
山东	38	16.59
广东	31	13.54
上海	30	13.10
浙江	17	7.42
安徽	10	4.37
重庆	10	4.37
四川	9	3.93
其他	29	12.66
合计	229	100

由表 5-1 和表 5-2 可以看出，被调查企业中民营企业最多，国有企业次之，二者占样本总数的 82.1%；公司所属行业覆盖面较广；公司规模以大中企业为主；公司年龄以 5~11 年的为最多，占总数的 89.96%；企业所在地分布较为广泛，但主要分布在经济较发达地区，其中以江苏为最多，山东次之。

第三节　研究量表验证

一、跨组织知识整合能力验证性分析

本研究采用社会科学统计软件包 SPSS17.0 计算 Cronbach'α 系数，检验跨组织知识整合能力量表的内在一致性。跨组织知识整合能力量表及其分量表的 Cronbach'α 值如表 5-3 所示。

表 5-3　跨组织知识整合能力量表及分量表信度分析

量表	题项数	标准化前的信度值	标准化后的信度值
知识获取能力	3	0.767	0.767
系统化能力	3	0.763	0.765
合作化能力	3	0.720	0.722
社会化能力	3	0.761	0.761
总量表	12	0.871	0.874

从跨组织知识整合能力量表的信度分析来看，跨组织知识整合能力总量表的 Cronbach'α 大于 0.8，各分量表的 Cronbach'α 均大于 0.7，且均小于总量表的信度值，根据前面提出的检验标准，说明跨组织知识整合能力量表的内在一致性程度较好。

同时，本研究还利用 Item-Total 统计量，进一步分析了跨组织知识整合能力量表的信度，如表 5-4 所示。

表 5-4 跨组织知识整合能力量表的 Item-Total Statistics

	Scale Mean if Item Deleted	Corrected Item-Total Correlation	Squared Multiple Correlation	Cronbach's Alpha if Item Deleted	Standardized Cronbach'α
KHQ1	39.78	0.570	0.426	0.861	0.874
KHQ2	40.03	0.496	0.437	0.867	
KHQ3	40.25	0.560	0.441	0.862	
KXT1	40.21	0.638	0.524	0.856	
KXT2	39.59	0.558	0.366	0.862	
KXT3	40.06	0.590	0.474	0.860	
KHZ1	39.84	0.611	0.463	0.858	
KHZ2	39.66	0.416	0.312	0.870	
KHZ3	39.76	0.542	0.388	0.863	
KSH1	39.97	0.540	0.353	0.862	
KSH2	39.88	0.612	0.455	0.858	
KSH3	40.31	0.619	0.486	0.857	

从表 5-4 中可以看出，跨组织知识整合能力量表的每个题项被删除后，其余题项所计算出的 Cronbach'α 均不大于总量表标准化后的 Cronbach'α 值 0.874。因此，所有题项都应保留，量表具有较高的信度。

本研究利用 AMOS7.0 进行模型的验证性分析，结果如图 5-1 和表 5-5 所示。由验证性因子分析结果可知，整体模型拟合较好，卡方自由度比小于 3，GFI、AGFI、NFI、IFI 和 CFI 均大于 0.9，RMSEA 小于 0.08，适配度指标均达到或超过了建议值，各个回归指标都已通过显著性检验，各个条款的因子载荷都在 0.6 以上，因此，跨组织知识整合能力量表的效度可以接受。

二、跨组织知识整合运作特性验证性分析

本研究采用社会科学统计软件包 SPSS17.0 计算 Cronbach'α 系数，检验跨组织知识整合运作特性量表的内在一致性。跨组织知识整合运作特性量表及其分量表的 Cronbach'α 值如表 5-6 所示。

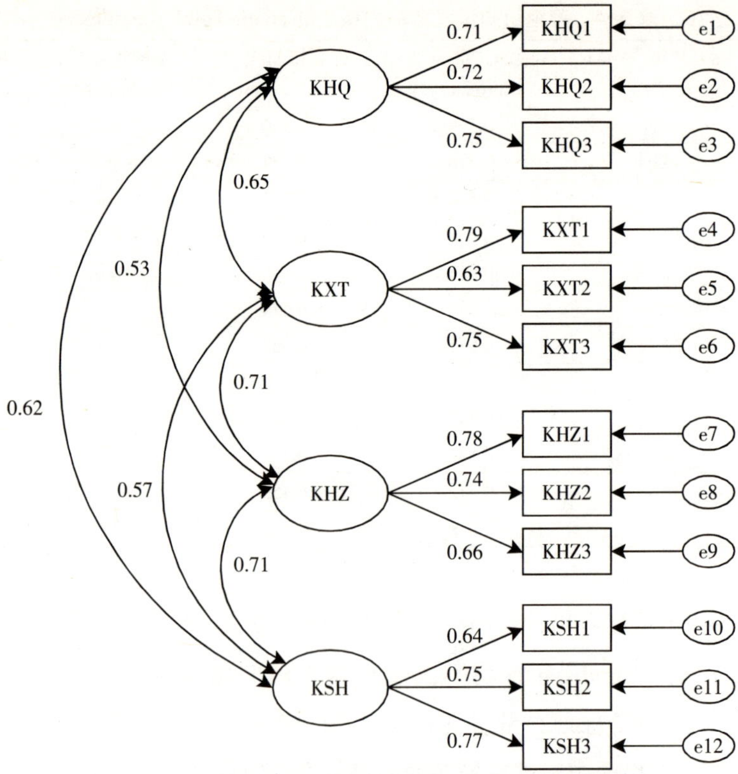

图 5-1 跨组织知识整合能力量表验证性分析结构模型

表 5-5 跨组织知识整合能力结构模型拟合度指标

检验参数	χ^2/df	GFI	AGFI	NFI	IFI	CFI	RMSEA
分析结果	1.597	0.950	0.918	0.926	0.971	0.970	0.051

表 5-6 跨组织知识整合运作特性量表及分量表信度分析

量表	题项数	标准化前的信度值	标准化后的信度值
整合效率	3	0.786	0.699
整合范围	3	0.816	0.816
整合弹性	3	0.794	0.793
总量表	9	0.886	0.886

从跨组织知识整合运作特性量表的信度分析（见表 5-7）来看，跨组织知识整合运作特性总量表的 Cronbach'α 值大于 0.8，各分量表的 Cronbach'α 均大于 0.7，且均小于总量表的信度值，根据前面提出的检验标准，说明跨组织知识整合运作特性量表的内在一致性程度较好。

同时，本研究还利用 Item–Total 统计量，进一步分析了跨组织知识整合运作特性量表的信度，如表 5–7 所示。

表 5–7 跨组织知识整合运作特性量表的 Item–Total Statistics

	Scale Mean if Item Deleted	Corrected Item–Total Correlation	Squared Multiple Correlation	Cronbach's Alpha if Item Deleted	Standardized Cronbach'α
KXL1	26.38	0.579	0.411	0.878	0.886
KXL2	26.22	0.728	0.583	0.865	
KXL3	26.14	0.551	0.392	0.880	
KFW1	26.06	0.582	0.397	0.877	
KFW2	26.19	0.625	0.476	0.874	
KFW3	26.22	0.649	0.514	0.872	
KTX1	26.10	0.637	0.462	0.873	
KTX2	26.38	0.715	0.564	0.866	
KTX3	26.33	0.657	0.480	0.871	

从表 5–7 中可以看出，跨组织知识整合运作特性量表的每个题项被删除后，其余题项所计算出的 Cronbach'α 均不大于总量表标准化后的 Cronbach'α 值 0.886。因此，所有题项都应保留，量表具有较高的信度。

本研究利用 AMOS7.0 进行模型的验证性分析，结果如图 5–2 和表 5–8 所示。由验证性因子分析结果可知，整体模型拟合较好，卡方自由度比小于 3，GFI、AGFI、NFI、IFI 和 CFI 均大于 0.9，RMSEA 小于 0.08，适配度指标均超过了建议值，各个回归指标都已通过显著性检验，各个条款的因子载荷都在 0.5 以上。因此，跨组织知识整合运作特性量表的效度较好。

三、组织创新绩效验证性分析

本研究运用 SPSS17.0 软件对组织创新绩效测量条款的信度进行了检验，结果如表 5–9 所示。组织创新绩效是单维度变量，其五个测量条款的 Cronbach'α 达到了 0.874，而且五个条款的删除 Cronbach'α 值均低于原整体信度值，故整体信度 0.874>0.7，符合信度要求。

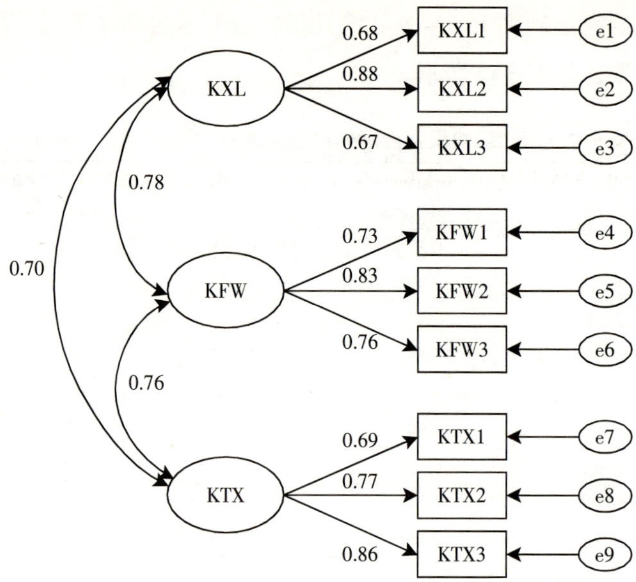

图 5-2　跨组织知识整合运作特性量表验证性分析结构模型

表 5-8　跨组织知识整合运作特性结构模型拟合度指标

检验参数	χ^2/df	GFI	AGFI	NFI	IFI	CFI	RMSEA
分析结果	0.825	0.981	0.965	0.979	1.000	1.000	0.023

表 5-9　组织创新绩效信度分析

	Scale Mean if Item Deleted	Corrected Item-Total Correlation	Squared Multiple Correlation	Cronbach's Alpha if Item Deleted	Standardized Cronbach'α
KJX1	12.62	0.657	0.444	0.858	0.874
KJX2	13.26	0.726	0.537	0.838	
KJX3	12.78	0.718	0.525	0.841	
KJX4	12.82	0.681	0.504	0.849	
KJX5	12.90	0.723	0.543	0.839	

如图 5-3 所示，从组织创新绩效条款的验证性分析来看，整体模型拟合良好，卡方自由度比小于 5，GFI、AGFI、NFI、IFI 和 CFI 均大于 0.9，RMSEA 小于 0.10，各个回归指标都已通过显著性检验，其各个条款的因子载荷都在 0.7 以上，大于 0.5 的标准要求，因此，表现出了良好的效度。

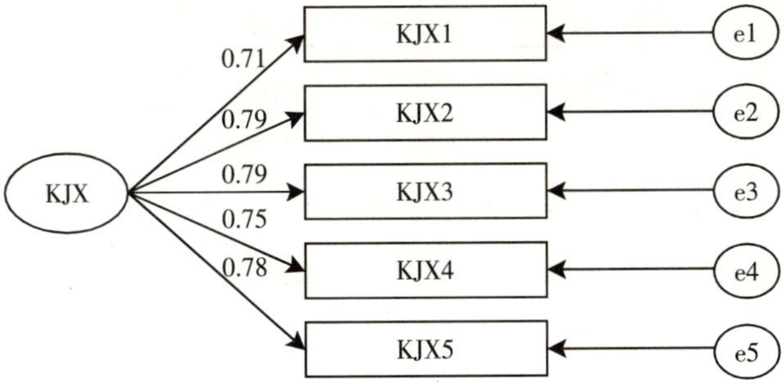

自由度=5；卡方值 = 15.449(p = 0.009)；卡方自由度比 = 3.090
RMSEA = 0.093；GFI = 0.976；AGFI = 0.927；NFI = 0.972；IFI = 0.981；CFI = 0.981

图 5-3 组织创新绩效测量条款验证性分析结构模型

第四节 跨组织知识整合对组织创新绩效驱动作用研究结果分析

一、跨组织知识整合能力与运作特性关系检验

根据前面提出的两变量之间的相关性检验方法，对于跨组织知识整合能力与运作特性间的相关性检验如下。

为检验跨组织知识整合能力与运作特性的相关性，首先将跨组织知识整合能力和运作特性各测量条款加总得到因子分，分别记为知识获取能力因子（KHQ）、系统化能力因子（KXT）、合作化能力因子（KHZ）、社会化能力因子（KSH）、整合效率因子（KXL）、整合范围因子（KFW）、整合弹性因子（KTX）。由于这些变量均为等距变量，适于计算 Pearson 相关系数，使用 SPSS17.0 软件计算各因子间的相关系数，结果如表 5-10 所示。

表 5-10 跨组织知识整合能力与运作特性的相关系数

	KHQ	KXT	KHZ	KSH	KXL	KFW	KTX
KHQ	1	0.501**	0.382**	0.475**	0.341**	0.382**	0.348**
KXT		1	0.532**	0.570**	0.491**	0.577**	0.565**
KHZ			1	0.538**	0.364**	0.391**	0.440**

续表

	KHQ	KXT	KHZ	KSH	KXL	KFW	KTX
KSH				1	0.465**	0.592**	0.518**
KXL					1	0.622**	0.553**
KFW						1	0.622**
KTX							1

注：** 表示 P 值在 0.01 水平上显著。

从表 5-10 中分析结果可知，跨组织知识整合能力各维度与运作特性各维度，在 0.01 的显著水平下，均呈现出显著相关性。所以 H1（1）：跨组织知识整合的获取能力与运作特性有显著的相关性；H1（2）：跨组织知识整合的系统化能力与运作特性有显著的相关性；H1（3）：跨组织知识整合的合作化能力与运作特性有显著的相关性；H1（4）：跨组织知识整合的社会化能力与运作特性有显著的相关性。所以 H1：跨组织知识整合能力与运作特性有显著的相关性，均得到了验证。

二、跨组织知识整合能力与组织创新绩效关系检验

根据前面提出的两变量之间影响作用的检验方法，对于跨组织知识整合能力对组织创新绩效的影响作用检验如下。

（一）跨组织知识整合能力与创新绩效相关性检验

为检验跨组织知识整合能力与组织创新绩效的相关性，首先将创新绩效各测量条款加总得到因子得分，记为组织创新绩效（KJX），结合前文跨组织知识整合能力的因子得分，使用 SPSS17.0 软件计算各因子间的相关系数，如表 5-11 所示。

表 5-11　跨组织知识整合能力与组织创新绩效的相关系数

	KHQ	KXT	KHZ	KSH	KJX
KHQ	1	0.501**	0.382**	0.475**	0.386**
KXT		1	0.532**	0.570**	0.500**
KHZ			1	0.538**	0.342**
KSH				1	0.412**
KJX					1

注：** 表示 P 值在 0.01 水平上显著。

从表 5-11 中分析结果可知，跨组织知识整合能力各维度与组织创新绩效，在 0.01 的显著水平下，均呈现出显著相关性，可以进行影响程度检验。

（二）跨组织知识整合能力对组织创新绩效影响程度检验

运用 AMOS7.0 软件构建了跨组织知识整合能力与组织创新绩效作用关系结构模型并计算，结果如图 5-4 和表 5-12 所示。

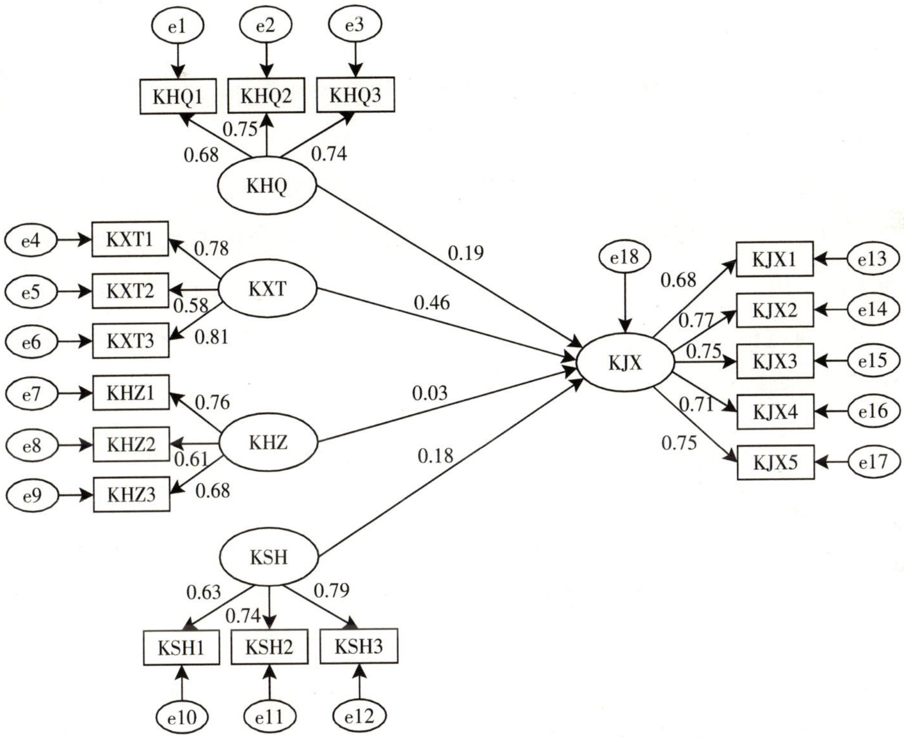

图 5-4　跨组织知识整合能力对组织创新绩效作用路径模型

表 5-12　跨组织知识整合能力对组织创新绩效作用模型拟合度指标

检验参数	χ^2/df	GFI	AGFI	NFI	IFI	CFI	RMSEA
分析结果	2.352	0.896	0.858	0.845	0.905	0.903	0.077

由图 5-4 和表 5-12 可以看出，该模型拟合效果可以接受，GFI、AGFI、NFI、IFI、CFI 均大于 0.8，RMSEA 小于 0.08，所有拟合指标均接近或超过了建议值，各因子载荷也基本都在 0.5 以上，说明模型拟合情况可以接受。

运用路径分析的测量模型，分析跨组织知识整合能力对组织创新绩效的影响作用结构模型的测量效果如表 5-13 所示。

表 5-13 跨组织知识整合能力对组织创新绩效作用结构模型分析

			Estimate	Standardized estimate	S.E.	C.R.	P
KJX	<---	KHQ	0.198	0.198	0.080	2.482	0.013
KJX	<---	KXT	0.500	0.500	0.092	5.408	***
KJX	<---	KHZ	0.046	0.046	0.099	0.465	0.642
KJX	<---	KSH	0.169	0.169	0.071	2.389	0.017

注：*** 表示 P 值在 0.001 水平上显著。

从表 5-13 中可以看出，KXT→KJX 的作用路径系数在 0.001 的水平上显著，KHQ→KJX、KSG→KJX 的作用路径系数在 0.05 的水平上显著，而 KHZ→KJX 的作用不显著。所以 H2（1）：知识获取能力对组织创新绩效具有正向作用；H2（2）：系统化能力与组织创新绩效具有正向作用；H2（4）：社会化能力对组织创新绩效具有正向作用，均得到了验证；H2（3）：合作化能力对组织创新绩效具有正向作用，没有通过验证。所以 H2：企业跨组织知识整合能力对组织创新绩效具有正向作用，得到部分验证。

三、跨组织知识整合运作特性与组织创新绩效关系检验

根据前面提出的两变量之间影响作用的检验方法，对于跨组织知识整合运作特性（效果）对组织创新绩效的影响作用检验如下。

（一）跨组织知识整合运作特性与创新绩效相关性检验

根据前文计算出的跨组织知识整合运作特性和组织创新绩效因子得分，使用 SPSS17.0 软件计算各因子间的相关系数，结果如表 5-14 所示。

表 5-14 跨组织知识整合运作特性与组织创新绩效的相关系数

	KXL	KFW	KTX	KJX
KXL	1	0.622**	0.553**	0.617**
KFW		1	0.622**	0.556**
KTX			1	0.593**
KJX				1

注：** 表示 P 值在 0.01 水平上显著。

从表 5-14 中分析结果可知，跨组织知识整合运作特性各维度与组织创新绩效，在 0.01 的显著水平下，均呈现出显著相关性，可以进行影响程度检验。

（二）跨组织知识整合运作特性对组织创新绩效影响程度检验

运用 AMOS7.0 软件构建了跨组织知识整合运作特性与组织创新绩效作用关系结构模型并计算，结果如图 5-5 和表 5-15 所示。

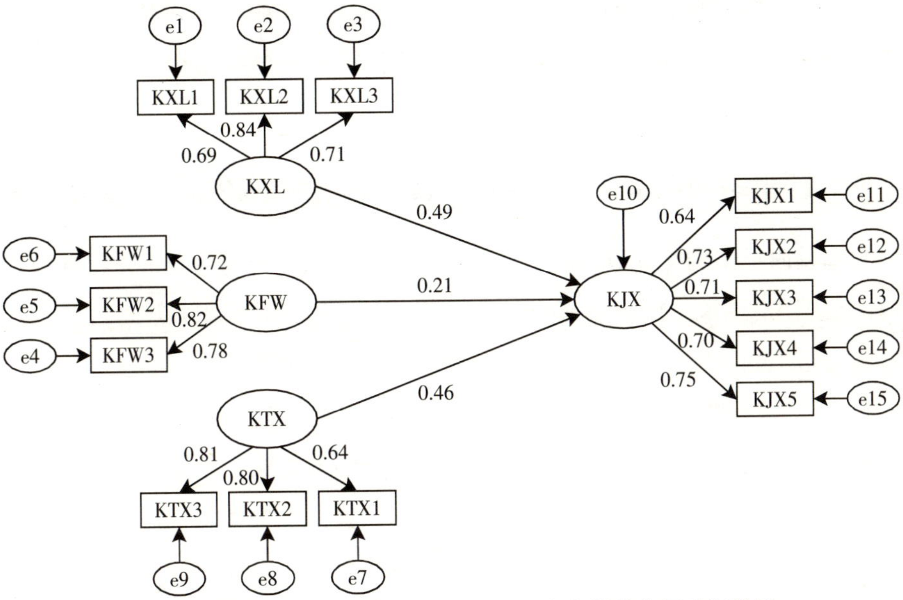

图 5-5　跨组织知识整合运作特性对组织创新绩效作用路径模型

表 5-15　跨组织知识整合运作特性对组织创新绩效作用模型拟合度指标

检验参数	χ^2/df	GFI	AGFI	NFI	IFI	CFI	RMSEA
分析结果	3.609	0.878	0.825	0.846	0.883	0.882	0.087

由图 5-5 和表 5-15 可以看出，该模型拟合效果可以接受，GFI、AGFI、NFI、IFI、CFI 均大于 0.8，RMSEA 大于 0.08 但小于 0.10，所有拟合指标均接近或超过了建议值，各因子载荷也基本都在 0.5 以上，说明模型拟合情况可以接受。

运用路径分析的测量模型，分析跨组织知识整合运作特性对组织创新绩效的影响作用结构模型的测量效果如表 5-16 所示。

表 5-16　跨组织知识整合运作特性对组织创新绩效作用结构模型分析

			Estimate	Standardized estimate	S.E.	C.R.	P
KJX	<---	KXL	0.486	0.494	0.084	5.753	***
KJX	<---	KFW	0.184	0.206	0.061	3.008	0.003
KJX	<---	KTX	0.564	0.455	0.106	5.340	***

注：*** 表示 P 值在 0.001 水平上显著。

由表 5-16 可以看出，KXL→KJX 和 KTX→KJX 的作用路径系数在 0.001 的水平上显著，KHZ→KJX 的作用路径系数在 0.05 的水平上显著。所以 H3（1）：跨组织知识整合效率对组织创新绩效具有正向作用；H3（2）：跨组织知识整合范围对组织创新绩效具有正向作用；H3（3）：跨组织知识整合弹性对组织创新绩效具有正向作用。所以 H3：跨组织知识整合运作特性对组织创新绩效具有正向作用，均得到了验证。

四、跨组织知识整合能力与运作特性对组织创新绩效的交互效应

根据前面提出的交互效应检验方法，跨组织知识整合能力与运作特性的交互效应对组织创新绩效的作用检验如下。由于前文已验证跨组织知识整合能力和运作特性与组织创新绩效均显著相关，交互效应检验直接进入第二步。

（一）知识获取能力与整合范围对组织创新绩效的交互效应

为检验知识获取能力与整合范围对组织创新绩效的交互作用，首先需要计算知识获取能力与整合范围的乘积项。当每个潜变量有多个指标时，有多种产生乘积指标的策略。Marsh，Wen，Hau 通过系列模拟研究，比较了所有可能乘积、配对乘积、只有一对乘积、不同的配对组合、不同的一对乘积等乘积策略，结果说明配对乘积策略比较好。Sharon 等（2004）给出的乘积规则是，尽量使用全部信息，避免重复使用信息。知识获取能力和整合范围各有三个测量题项，因此本研究采用配对乘积策略，总共有 KHQ1×KFW1、KHQ2×KFW2、KHQ3×KFW3 三组配对乘积，分别定义为 KHF1、KHF2、KHF3。KHF 代表知识获取能力与整合范围的乘积项。运用 AMOS7.0 软件构建交互作用模型并计算，结果如图 5-6 和表 5-17 所示。

由图 5-6 和表 5-17 可以看出，GFI、NFI、IFI、CFI 均大于 0.8，AGFI 接近 0.8，RMSEA 大于 0.08 但小于 0.10，所有拟合指标均接近或达到了建议值，各因子载荷也都在 0.5 以上，说明模型拟合情况可以接受。

运用路径分析的测量模型，分析知识获取能力与整合范围对组织创新绩效的交互作用结构模型的测量效果如表 5-18 所示。

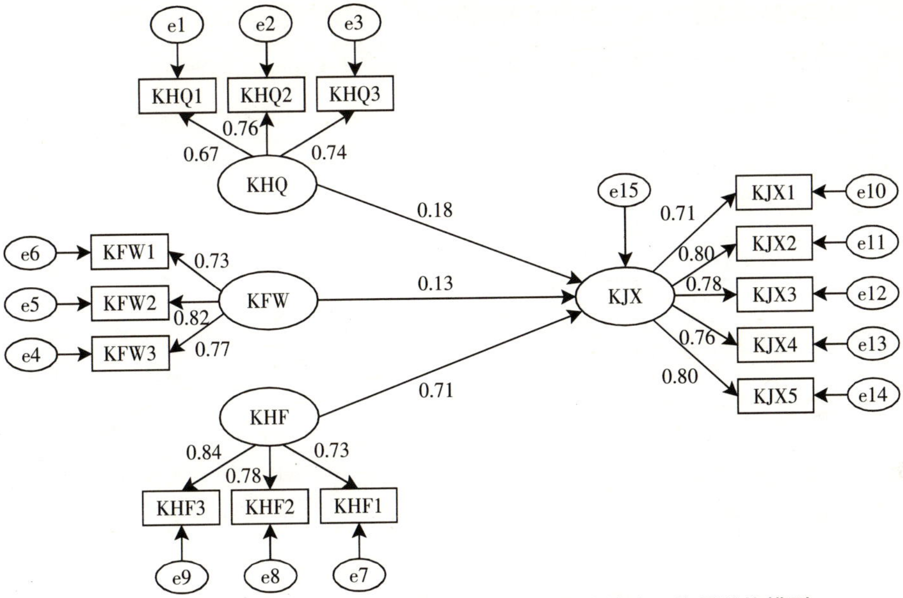

图 5-6 知识获取能力与整合范围对组织创新绩效的交互作用结构模型

表 5-17 知识获取能力与整合范围对组织创新绩效交互作用模型拟合度指标

检验参数	χ^2/df	GFI	AGFI	NFI	IFI	CFI	RMSEA
分析结果	4.392	0.812	0.781	0.835	0.854	0.853	0.091

表 5-18 知识获取能力与整合范围对组织创新绩效交互作用结构模型分析

			Estimate	Standardized estimate	S.E.	C.R.	P
KJX	<---	KHQ	0.215	0.185	0.076	2.839	0.005
KJX	<---	KFW	0.148	0.134	0.068	2.190	0.029
KJX	<---	KHF	0.143	0.707	0.018	7.981	***

注：*** 表示 P 值在 0.001 水平上显著。

由表 5-18 可以看出，KHF→KJX 的作用路径系数 P 值在 0.001 的水平上显著，且为正值，说明知识获取能力与整合范围的交互效应对组织创新绩效存在着显著的正向影响，知识获取能力越强，整合范围越大，组织创新绩效就越高。因此，H4（1）：跨组织知识整合的知识获取能力越强，而且整合运作的范围越大，则对组织创新绩效具有正向且显著的影响作用，得到了验证。

（二）系统化能力与整合效率对组织创新绩效的交互效应

为检验系统化能力与整合效率对组织创新绩效的交互作用，首先需要计算系统化能力与整合效率的乘积项。按照前述乘积策略，总共有 KXT1 × KXL1、

KXT2 × KXL2、KXT3 × KXL3 三组配对乘积，分别定义为 KXX1、KXX2、KXX3。KXX 代表系统化能力与整合效率的乘积项。运用 AMOS7.0 软件构建交互作用模型并计算，结果如图 5-7 和表 5-19 所示。

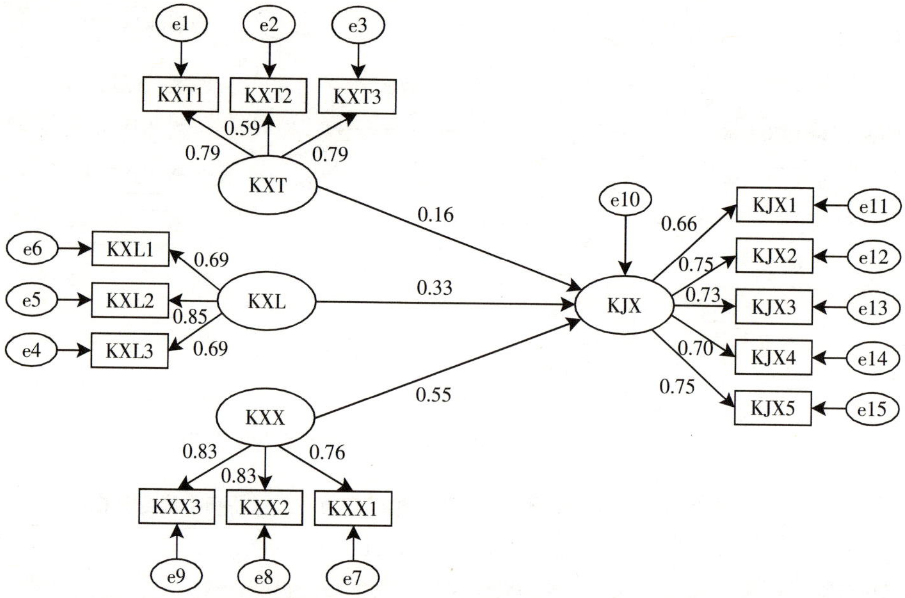

图 5-7　系统化能力与整合效率对组织创新绩效的交互作用结构模型

表 5-19　系统化能力与整合效率对组织创新绩效交互作用模型拟合度指标

检验参数	χ^2/df	GFI	AGFI	NFI	IFI	CFI	RMSEA
分析结果	5.383	0.808	0.765	0.845	0.886	0.885	0.101

由图 5-7 和表 5-19 可以看出，GFI、NFI、IFI、CFI 均大于 0.8，RMSEA 接近于 0.10，所有拟合指标均接近或达到了建议值，各因子载荷也都在 0.5 以上，说明模型拟合情况勉强可以接受。

运用路径分析的测量模型，分析系统化能力与整合效率对组织创新绩效的交互作用结构模型的测量效果如表 5-20 所示。

表 5-20　系统化能力与整合效率对组织创新绩效交互作用结构模型分析

			Estimate	Standardized estimate	S.E.	C.R.	P
KJX	<---	KXT	0.051	0.157	0.061	2.565	0.036
KJX	<---	KXL	0.366	0.332	0.084	4.357	***
KJX	<---	KXX	0.096	0.534	0.015	6.473	***

注：*** 表示 P 值在 0.001 水平上显著。

由表 5-20 可以看出，KXX→KJX 的作用路径系数 P 值在 0.001 的水平上显著，且为正值，说明系统化能力与整合效率的交互效应对组织创新绩效存在着显著的正向作用，系统化能力越强，整合效率越高，组织创新绩效就越高。因此，H4（2）：跨组织知识整合的系统化能力越强，且整合运作的效率越高，则对组织创新绩效具有正向且显著的影响作用，得到了验证。

（三）合作化能力与整合弹性对组织创新绩效的交互效应

为检验合作化能力与整合弹性对组织创新绩效的交互作用，首先需要计算合作化能力与整合弹性的乘积项。总共有 KHZ1 × KTX1、KHZ2 × KTX2、KHZ3 × KTX3 三组配对乘积，分别定义为 KHT1、KHT2、KHT3。KHT 代表合作化能力与整合弹性的乘积项。运用 AMOS7.0 软件构建交互作用模型并计算，结果如图 5-8 和表 5-21 所示。

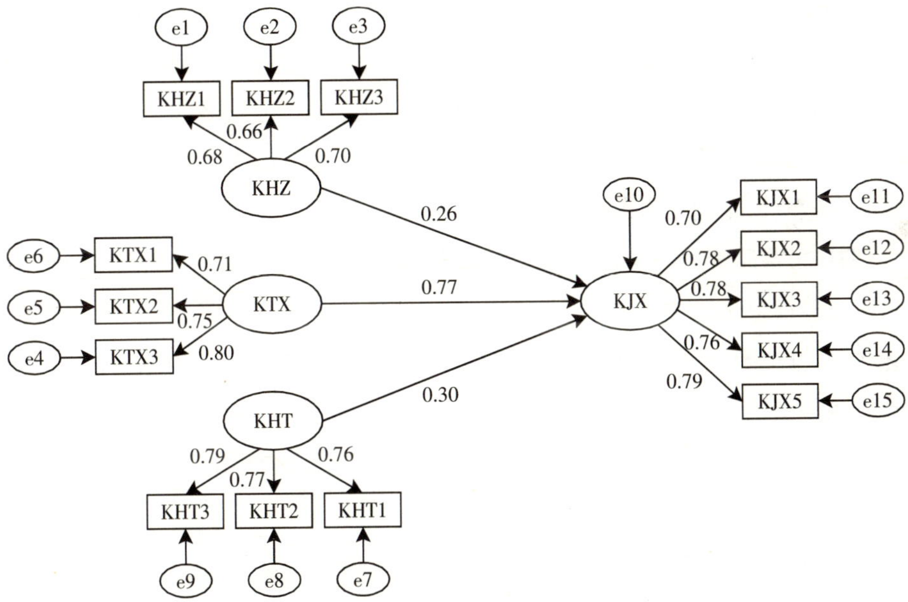

图 5-8 合作化能力与整合弹性对组织创新绩效交互作用结构模型

表 5-21 合作化能力与整合弹性对组织创新绩效交互作用模型拟合度指标

检验参数	χ^2/df	GFI	AGFI	NFI	IFI	CFI	RMSEA
分析结果	4.867	0.831	0.778	0.816	0.856	0.855	0.092

由图 5-8 和表 5-21 可以看出，该模型拟合效果可以接受，GFI、NFI、IFI、CFI 均大于 0.8，AGFI 接近 0.8，RMSEA 小于 0.10，拟合指标均接近或超过了建议值，各因子载荷也都在 0.5 以上，说明模型拟合情况可以接受。

运用路径分析的测量模型，分析合作化能力与整合弹性对组织创新绩效的交互作用结构模型的测量效果，如表 5-22 所示。

表 5-22　合作化能力与整合弹性对组织创新绩效交互作用结构模型分析

			Estimate	Standardized estimate	S.E.	C.R.	P
KJX	<---	KHZ	0.370	0.262	0.086	4.279	***
KJX	<---	KTX	0.989	0.766	0.102	9.737	***
KJX	<---	KHT	0.070	0.295	0.014	5.142	***

注：*** 表示 P 值在 0.001 水平上显著。

由表 5-22 可以看出，KHT→KJX 的作用路径系数 P 值在 0.001 的水平上显著，且为正值，说明合作化能力与整合弹性的交互效应对组织创新绩效存在着显著的正向作用，合作化能力越强，整合弹性越大，组织创新绩效就越高。因此，H4（3）：跨组织知识整合的系统化能力越强，而且整合运作的弹性越大，则对组织创新绩效具有正向且显著的影响作用，得到了验证。

（四）社会化能力与整合效率对组织创新绩效的交互效应

为检验社会化能力与整合效率对组织创新绩效的交互作用，首先需要计算社会化能力与整合效率的乘积项。按照前述乘积策略，总共有 KSH1 × KXL1、KSH2 × KXL2、KSH3 × KXL3 三组配对乘积，分别定义为 KSX1、KSX2、KSX3。KSX 代表社会化能力与整合效率的乘积项。运用 AMOS7.0 软件构建交互作用模型并计算，结果如图 5-9 和表 5-23 所示。

由图 5-9 和表 5-23 可以看出，GFI、AGFI、NFI、IFI、CFI 均大于 0.8，RMSEA 略大于 0.08，所有拟合指标均接近或超过了建议值，各因子载荷也都在 0.5 以上，说明模型拟合情况可以接受。

运用路径分析的测量模型，分析社会化能力与整合效率对组织创新绩效的交互作用结构模型的测量效果如表 5-24 所示。

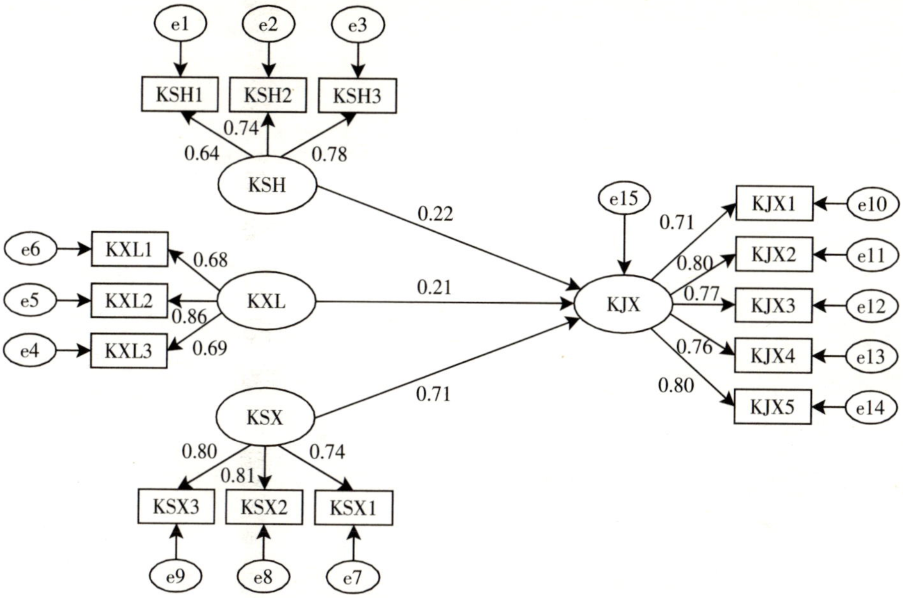

图 5-9 社会化能力与整合效率对组织创新绩效交互作用结构模型

表 5-23 社会化能力与整合效率对组织创新绩效交互作用模型拟合度指标

检验参数	χ^2/df	GFI	AGFI	NFI	IFI	CFI	RMSEA
分析结果	4.274	0.856	0.825	0.831	0.863	0.862	0.086

表 5-24 社会化能力与整合效率对组织创新绩效交互作用结构模型分析

			Estimate	Standardized estimate	S.E.	C.R.	P
KJX	<---	KSH	0.273	0.216	0.082	3.336	***
KJX	<---	KXL	0.275	0.213	0.080	3.424	***
KJX	<---	KSX	0.147	0.715	0.018	8.176	***

注：*** 表示 P 值在 0.001 水平上显著。

由表 5-24 可以看出，KSX→KJX 的作用路径系数 P 值在 0.001 的显著水平上显著，且作用路径系数为正值，说明社会化能力与整合效率对组织创新绩效存在着显著的交互作用，社会化能力越强，整合效率越高，组织创新绩效就越高。因此，H4（4）：跨组织知识整合的社会化能力越强，且整合运作的效率越高，则对组织创新绩效具有正向且显著的影响作用，得到了验证。

综合上述假设检验结果可知，H4（1）、H4（2）、H4（3）和 H4（4）均得到了验证，因此可以认为 H4：跨组织知识整合能力与运作特性之交互作用对组织创新绩效有正向且显著的影响作用，也通过了检验。

第五节 实证研究结果讨论

本章在前述理论研究的基础上，通过实证研究分析了跨组织知识整合对组织创新绩效的驱动作用。结合前面的实证检验过程，对研究假设的检验结果分析与解释如下。

(1) 跨组织知识整合能力对组织创新绩效具有显著正向作用，系统化能力对组织创新绩效的影响程度大于获取能力、社会化能力对组织创新绩效的影响，合作化能力对组织创新绩效的直接影响不显著。

从前面的相关性检验和影响程度检验结果可以看出，跨组织知识整合能力三因子与组织创新绩效的相关系数分别为 0.386、0.500、0.342、0.412，均达到了显著相关，从相关系数来看，系统化能力与组织创新绩效的相关度最高，合作化能力与组织创新绩效的相关度最低。获取能力、系统化能力、合作化能力、社会化能力对组织创新绩效的标准化作用路径系数分别为 0.198、0.500、0.046、0.169，其中系统化能力对组织创新绩效的作用路径系数达到了 0.001 的显著水平，获取能力和社会化能力对组织创新绩效的作用路径系数达到了 0.05 的显著水平，而合作化能力对组织创新绩效的作用不显著。这可能与本研究关于合作化能力的界定有关，本研究中所指的合作化能力主要是指组织内部的知识传递和共享。关于知识共享的理论研究指出，虽然充分的知识共享有利于企业创新绩效的提升，但知识主体会因为多种原因而对知识进行“私有化”，同时又迫于某种压力不得不参与知识共享，这样就会形成“虚假”知识共享，在繁荣的共享表象背后隐藏着真实的知识保护，从而造成测量出的知识共享水平与实际的知识共享水平间的严重脱节。这可能也是当前理论研究把知识共享当作知识创新的关键环节的原因之一。

(2) 跨组织知识整合运作特性对组织创新绩效有显著正向作用，整合效率对组织创新绩效的影响程度最大，整合弹性次之，整合范围最弱。

整合效率是对目标完成程度的衡量，较高的整合效率意味着目标的完成度较高，间接表明较高的整合效率对应较高的组织创新绩效。一般来说，信息收集得越充分，决策的正确性就越高。跨组织知识整合范围越大，表明企业在制定集成创新决策时所收集的信息越充分，在创新实践中吸收利用的知识越多，越能保证创新活动的合理性。较高的整合弹性表明企业有较大的环境适应能力和自我应变能力，能够及时发现并纠正创新活动中的偏差，从而保证创新活动方向的正确性和结果的可靠性。据此，本研究提出了跨组织知识整合运作特性对组织创新绩效具有正向作用的理论假设。从前面的相关性检验和影响程度检验结果可以看出，跨组织知识整合效率、整合范围和整合弹性三因子与组织创新绩效的相关系数分别为 0.617、0.556、0.593，均达到了显著相关，从相关系数来看，跨组织知识整合效率与组织创新绩效的相关度最高。整合效率、整合范围、整合弹性对组织创新绩效的标准化作用路径系数分别为 0.494、0.206、0.455，其中整合效率对组织创新绩效和整合弹性对组织创新绩效的作用路径系数达到了 0.001 的显著水平，整合范围对组织创新绩效的作用路径系数检验 P 值为 0.003，达到了 0.01 的显著水平。这说明，整合效率和整合弹性对组织创新绩效的作用比整合范围对组织创新绩效的作用显著。另外，从作用路径系数来看，整合效率对组织创新绩效的影响程度最大，整合弹性次之，整合范围最弱。这表明，提高跨组织知识整合效率相比于扩大整合范围和提高整合弹性对组织创新绩效的正向影响要大，在创新实践中，企业可以优先考虑提高跨组织知识整合效率。

（3）跨组织知识整合能力与运作特性的交互效应对组织创新绩效具有显著正向作用。

能力观认为，能力是决定结果的主要因素，而过程观认为具备相关能力不一定保证能产生与能力相匹配的结果，其结果还会受到过程的影响。林文宝、吴万益（2005）认为，知识整合能力与运作特性的交互作用对组织核心能力有显著影响。据此，本研究提出了跨组织知识整合能力与运作特性的交互作用对组织创新绩效存在显著影响的理论假设。本研究主要考察了知识获取能力与整合范围对组织创新绩效的交互作用、系统化能力与整合效率对组织创新绩效的交互作用、合作化能力与整合弹性对组织创新绩效的交互作用，以及社会化能力与整合效率对组织创新绩效的交互作用。

从前面的知识获取能力与整合范围对组织创新绩效的交互作用模型测量结果

来看，知识获取能力、整合范围对组织创新绩效的标准化作用路径系数为 0.185 和 0.134，其 P 值均没有达到 0.001 的显著水平，而知识获取能力与整合范围的乘积项对组织创新绩效的标准化作用路径系数为 0.707，其 P 值在 0.001 的水平上显著。这说明，知识获取能力与整合范围的交互作用对组织创新绩效有显著正向影响，而且二者的交互效应对组织创新绩效的影响要远大于单项对组织创新绩效的影响。实证研究结果表明，只有具备了与之相适应的跨组织知识整合范围知识获取能力才能高效地转化为组织创新绩效。

从系统化能力与整合效率对组织创新绩效的交互作用模型测量结果来看，系统化能力对组织创新绩效的标准化作用路径系数为 0.157，其 P 值为 0.036，没有达到 0.001 的显著水平；整合效率对组织创新绩效的标准化作用路径系数为 0.332，其 P 值达到了 0.001 的显著水平；系统化能力与整合效率的乘积项对组织创新绩效的标准化作用路径系数为 0.534，其 P 值在 0.001 的水平上显著。这说明，系统化能力与整合效率对组织创新绩效存在显著的交互作用。另外，从作用路径系数来看，系统化能力与整合效率的交互效应对组织创新绩效的影响要远大于单项对组织创新绩效的影响。实证研究结果表明，只有提高了跨组织知识整合效率，系统化能力对组织创新绩效的影响作用才能得到最大程度的发挥。

从合作化能力与整合弹性对组织创新绩效的交互作用模型测量结果来看，合作化能力、整合弹性、合作化能力与整合弹性的乘积项对组织创新绩效的标准化作用路径系数分别为 0.262、0.766、0.295，其 P 值在 0.001 的水平上均达到了显著。这说明，合作化能力与整合弹性的交互作用对组织创新绩效有显著正向作用。从作用路径系数来看，虽然二者的交互作用小于整合弹性对组织创新绩效的作用程度，但强于合作化能力对组织创新绩效的作用。因而，企业在保证内部合作有效性的前提下，要提高跨组织知识整合的弹性，以实现跨组织知识整合与组织创新的合理性，最终促使组织创新绩效的提升。

从社会化能力与整合效率对组织创新绩效的交互作用模型测量结果来看，社会化能力、整合效率、社会化能力与整合效率的乘积项对组织创新绩效的标准化作用路径系数分别为 0.216、0.213、0.715，其 P 值在 0.001 的水平上均显著，这说明社会化能力与整合效率的交互作用对组织创新绩效有显著正向作用。另外，从作用路径系数来看，社会化能力与整合效率的交互效应对组织创新绩效的影响要远大于单项对组织创新绩效的影响。实证研究结果表明，只有提高了跨组织知识整合效率，社会化能力对组织创新绩效的影响作用才能得到最大程度的发挥。对企业创新实践来说，企业既要通过组织文化建设增强社会化能力，又要努力提高跨组织知识整合效率，以实现二者对组织创新绩效的交互作用。

综合上述分析可知，跨组织知识整合能力和运作特性对组织创新绩效具有显著正向作用，跨组织知识整合能力与运作特性间存在着交互效应，且这种交互效应能够正向影响组织创新绩效。这实际上表明，跨组织知识整合能够对组织创新绩效产生积极影响，有必要进一步探究跨组织知识整合的前置影响因素，以有效提高跨组织知识整合能力，并适当控制跨组织知识整合过程，以促使其对组织创新绩效的正向作用得以实现。

第六章 人力资源管理实践对跨组织知识整合影响模型构建

第一节 研究目的

第五章的实证研究表明，跨组织知识整合能力和运作特性对组织创新绩效具有显著正向作用。野中郁次郎认为，知识整合不是在真空状态下发生的，其有效进行需要企业为之创设适当的情境。为了更好地发挥跨组织知识整合对组织创新的作用，有必要探讨跨组织知识整合的前置因素及其对跨组织知识整合的影响，以便为企业在创新中做好跨组织知识整合管理提供理论依据。然而，当前关于知识整合的研究大多集中于企业内部，跨组织知识整合的研究成果还较少，对跨组织知识整合的内部机制、流程、影响因素的研究还相对匮乏。因而，在当前跨组织知识整合研究的探索期，从与跨组织知识整合关系较为紧密的某一方面入手深入探究其对跨组织知识整合的影响，然后逐步推演至其他因素，相比于挖掘所有影响因素似乎更有实际价值，也更为可行。

魏江（2006）认为，知识整合是个体的主动性行为，在知识整合的过程中，作为知识载体的“员工”发挥着主导作用，因此，员工整合能力的发挥与否就决定了企业跨组织知识整合活动的最终结果。也有学者指出，组织员工是知识的载体和知识创新的主体，如何激发、组织和管理好员工，让他们接受组织创新，具有支持创新的动机，成为实现组织创新战略的关键。[①] 跨组织知识整合的实现过程是整合主体获取知识、共享知识并应用知识的知识创新过程，如何有效激发员工的参与动机，创造有利于知识创新的内部环境就成为跨组织知识整合实现的关键。整合主体是跨组织知识整合得以发生所依赖的最主要的能动性资源，但仅有整合主体不足以保证跨组织知识整合的成功。正如 Barney（1991）所说，虽然那些具有价值的、稀缺的和难以模仿的资源有助于组织绩效的实现，但要使这些资源的效果更好地发挥出来，组织还必须对这些资源恰当地进行运用。[②] 已有研究表明，特定的人力资源管理实践可以用来构建独特的企业能力，该类能力能够提升企业绩效并成为企业竞争优势的源泉。根据资源基础理论的基本观点，人力资源系统因为具有独特性、因果关系模糊性和不可模仿性，所以企业的人力资源管理可以构成企业持续竞争优势的基础。Wright 等（1999）。也认为，人力资源管理实践通过影响以员工为基础的企业能力而导致更高的企业绩效。汪晓媛、宋典（2010）认为，人力资源管理实践与知识整合存在着显著相关关系。何会涛、彭纪生（2009）通过案例研究表明，恰当的人力资源管理实践对企业知识整合产生积极的正向影响。鉴于上述分析，本文将重点研究人力资源管理实践对跨组织知识整合的影响作用，探求人力资源管理实践对跨组织知识整合的作用路径。

第二节 理论基础

一、人力资源管理实践的内涵与特征维度

随着知识在企业发展中的日益突出重要性，知识整合与创新已成为企业的主要活动之一，是当今企业核心竞争力的最终来源。为满足企业知识整合与创

① 吴治国，石金涛，杨帆. 组织知识创新中人力资源管理的作用机制［J］. 中国人力资源开发，2008（1）：6-10.

② 范秀成，英格玛·比约克曼. 外商投资企业人力资源管理与绩效关系研究［J］. 管理科学学报，2003（2）：54-60.

新对人才的需求，企业应对传统人力资源管理模式进行适当革新，本研究所指的人力资源管理实践是指能够不断促进组织成员获取知识、共享知识和应用知识，激发其知识整合与创新意愿，改善其知识整合与创新行为，以使组织能够在动态变化的环境中保持可持续生存与健康和谐发展的人力资源管理活动的组合。

面向集成创新的跨组织知识整合是一个不断解决所遇到问题的过程，解决问题需要外在条件和员工内在意愿的合理反应，而且创新效果的产生叠加在无数个解决微小问题的过程中。因此，如何使创新过程保持下去，如何使员工的内在工作意愿和外在动机在解决问题的过程中能够发挥整合的最大效果，成为决定跨组织知识整合成败的关键。为此，就必须要注意保持组织成员工作意愿的强度，这可以归结到保持员工对自身工作的积极性这个问题上来。吴治国等（2008）也指出，对于组织创新管理来说，拥有创造型员工只是拥有了进行创新的必要条件而非充分条件。组织的问题不再是某个或者某些员工具有创造性，而是怎样激发和支持员工的创造潜能，怎么样实现员工创造力到创新行为的有效转化。因此，如何使员工产生对企业较高的组织承诺，并且保持自觉自愿的工作行为，是整个人力资源管理实践体系构建的方向。

知识整合与创新活动起始于组织个体，正如 Robert Howard 于 2003 年指出的那样，创造新知识不仅是处理客观信息的问题，更是一种主观和极端个人化的活动。因此，知识整合与创新起始于个体对自己信念进行验证或正当化的努力及对工作和企业的投入。这就要求企业的人力资源管理要努力满足个体对信念的追求，创造富有激情和挑战性的愿景，引导个人对知识整合与创新工作和企业的积极投入。野中郁次郎认为，为了确保企业充分利用拥有自主精神的多样性人才资源，就必须提供富有吸引力的职业晋升系统。职业晋升系统可以使员工知晓自己的发展和努力方向，促使它们努力工作以实现自己的职业发展目标。另外，企业还应该为知识工作者建立不同的绩效评价标准和薪酬体系。对知识工作者来说，传统的处罚式评价方法无法令人满意。对于创造知识的企业来讲，评价标准必须从消极的处罚方式向积极的奖励方式转移，相同的标准也应当适用于所有团队成员。应当利用做出过多少新的努力和尝试作为评价团队成员业绩的标准，允许他们犯有意义的错误，尽可能多地让他们获得独创的体验。赵黎明、潘康宇

(2008)认为有效沟通是现阶段我国高科技行业知识创新人力资本激励的最有效途径。沟通不仅影响隐性知识的交流和共享，而且对知识创新过程的所有其他过程均能产生影响。因此，保证部门和员工之间的流畅沟通是实现知识整合与创新的重要条件。

关于人力资源管理实践，尤其是面向知识整合与创新的人力资源管理实践的具体维度划分还未形成统一的标准。何会涛、彭纪生（2009）指出，要通过人力资源管理实践促进知识整合必须重视三种不同的人力资源活动：一是直接影响员工能力的培训活动，主要通过员工能力直接促进知识整合；二是包括团队绩效考核在内的激励制度，主要通过引导员工的行为促进知识整合；三是通过员工关系管理构建员工与组织的承诺与信任，塑造有利于知识整合的组织氛围。陈国权(2007)将促进组织创新的学习导向的人力资源管理划分为学习导向的招聘、学习导向的培训、学习导向的绩效管理和学习导向的员工利益和发展四个维度；安智宇、程金林（2009）将人力资源管理实践划分为广泛培训、注重绩效、合理授权、团队导向、领导支持和强化沟通六个维度；吴治国等（2008）将现代人力资源管理划分为获取与配置、员工发展和员工保障与维护三项职能，共12项具体实践活动。综合以上分析，人力资源管理实践包括诸多方面，对其内容的分类在人力资源管理学界也还存在一定分歧。根据跨组织知识整合的特征以及对组织成员的要求，本研究在已有研究成果的基础上选择多样性培训、团队导向、合理授权和强化沟通四个维度探讨人力资源管理实践对跨组织知识整合的影响。

二、跨组织知识整合绩效的内涵与维度

从知识体系来看，面向集成创新的跨组织知识整合绩效是跨组织知识整合管理、创新管理与绩效管理三种知识体系的交集。因此，跨组织知识整合绩效具有绩效的一般特点，也有着本身的特殊性。

从学科角度来看，绩效的定义有三种：①从管理学角度看，绩效是组织期望的结果，是组织为实现其目标而展现在不同层面上的有效输出，它包括个人绩效和组织绩效两个方面，其中，组织绩效的实现不仅建立在个人绩效实现的基础上，还依赖于其他的因素，如战略、组织结构、文化等。②从经济学角度

看，绩效是员工对组织的承诺，与薪酬形成了对等交换的关系。③从社会学角度看，绩效意味着每一个社会成员按照社会分工所确定的角色承担的那一份职责。

从过程管理角度来看，绩效主要有三种典型的定义：①绩效是结果，是对在特定时间内、由特定的工作职能或活动所创造的产出的记录。②绩效是行为过程，是一套与组织、团队或个体所工作的单位的目标相关的行为过程。③绩效是能力，是组织的潜在特点。实际上，三种定义的任一种难免都有偏颇，绩效应是结果、行为以及能力的综合。

林向义（2010）对集成创新中的知识整合绩效进行了界定，认为集成创新中的知识整合绩效是指知识整合在集成技术创新中带来的显性效果和隐性效果。集成技术创新中知识整合绩效最终体现为显性的技术创新产出和隐性的知识创新。集成技术创新中实施知识整合的目的就是通过对不同主体、不同认识维度的知识的整合解决创新过程中的难题并沿着企业的创新发展方向，最终成功开发出新产品和新技术以不断满足人们的需要。知识整合是集成创新的重要组成部分，但不是集成创新的全部，集成创新是一项系统工程，其结果不仅受制于知识整合的状况，还会受到其他相关因素的制约。有效的知识整合不一定带来预期的技术创新产出，因而，将技术创新产出直接纳入知识整合绩效范畴的做法还有待商榷。知识整合是一个系统过程，从过程管理的角度来界定知识整合绩效则更加合适。面向集成创新的跨组织知识整合是根据企业创新需求和企业创新发展方向来获取知识、建构知识，进而创造新知识，并将新知识应用在企业创新过程中，对企业创新提供知识支持。综合上述分析，本研究根据跨组织知识整合绩效的知识体系，参照当面关于知识整合的研究，结合跨组织知识整合的过程特征，将跨组织知识整合绩效界定为企业跨组织知识整合过程中各种知识整合活动的实现状况，具体是指知识捕获、知识交融和知识应用的实现状况。

第三节　HRMP对跨组织知识整合影响框架及其研究假设

一、人力资源管理实践与跨组织知识整合绩效

人力资源管理实践与跨组织知识整合是不可分割的。从本质上讲，外部知识的获取、内外知识的交融和新知识的应用等行为都是与人力资源管理实践紧密相关的。虽然当前关于人力资源管理实践与跨组织知识整合之间关系的理论和实证研究还不多见，但近年来，已经有越来越多的学者开始关注人力资源管理实践对企业知识创新的促进作用。Shipton等（2005）通过35家英国制造企业纵向数据的观察，指出人力资源管理实践对企业知识创新有较强的预测作用。Collins（2006）提出“承诺型”人力资源管理系统能够对企业社会环境产生影响，从而促进知识共享。吴治国等（2008）也认为，人力资源管理实践对知识创造、知识共享和知识应用等过程均有显著影响。这些研究成果为人力资源管理实践与跨组织知识整合关系的研究提供了重要的理论支撑，本研究根据已有文献的成果，主要探讨多样性培训、团队导向、合理授权和强化沟通与跨组织知识整合之间的关系。

多样性培训是指公司为了有计划地帮助员工提高与工作有关的综合能力而采取的努力，这些能力包括知识、技能或者是对于成功地完成工作至关重要的行为。培训的目的在于让员工掌握培训计划所强调的那些知识、技能和行为，并且将它们应用到日常工作活动之中。相关研究和实践已经表明，要想通过培训获得竞争优势，培训就不能仅仅局限于知识、技能以及行为的传授，而应该将焦点放在通过培训构建组织独特的资源和能力上。从企业创新的角度来看，要想通过培训获取竞争优势，培训必须能够支持企业的跨组织知识整合。顾琴轩等（2009）认为，员工培训可以增强组织的人力资本，从而提高组织的绩效水平，通过对员工进行正规的培训和开发，可以让员工接受组织的价值观和规范，从而提高知识

共享与整合的有效性。员工是跨组织知识整合的主体，但员工并不总是具备跨组织知识整合能力，针对能力的培训可以提高员工的整合能力，进而促进企业跨组织知识整合的发生；针对公司愿景、企业创新战略等的培训，可以提高员工对创新重要性的认识，激发其跨组织知识整合意愿，可以促使员工将知识获取、知识共享和知识应用等知识整合行为转变为自觉性活动，进而提高跨组织知识整合绩效。据此，本研究提出如下假设：

H1：多样性培训对跨组织知识整合绩效具有正向作用。

H1a：多样性培训对知识捕获有正向作用。

H1b：多样性培训对知识交融有正向作用。

H1c：多样性培训对知识应用有正向作用。

工作团队是为了实现某一特定目标而有相互协作的个体组成的正式群体，高效的工作团队对提高企业绩效、员工满意度等方面有重要作用。虽然集成创新目标的形成主要表现为战略决策者的个体跨组织知识整合，但面向集成创新的跨组织知识整合更多地表现为团队行为，是项目研发团队为实现既定的集成创新目标而采取的一种整体性活动，当然这种整体性活动是由个体活动组成的，但团队活动不是个体活动的简单加总，而是对个体活动的整合，个体活动只有上升到团队层次才能实现整体目标，个体活动的价值才能得以充分体现。团队导向的人力资源管理实践包括实施团队自主决策、开展团队内部交叉培训、实施以团队为基础的薪酬制度等。团队自主决策可以有效激发团队成员工作的积极性；团队内部的交叉培训一方面可以增加团队成员的知识积累，实现团队内个人核心知识的团队共享，另一方面也可以使员工感受到自己在团队中的重要性，进而激发其为团队工作的意愿。实施以团队为基础的薪酬制度可以更好地实现绩效与薪酬的挂钩，这实际上是对团队成员的一种间接激励。

团队导向的人力资源管理实践可以促进团队成员间的知识分享。杨德林、史海锋（2005）通过实证研究发现，研发项目组的内部知识交流和共享与知识创造水平有显著相关性。柯江林等（2007）也认为，知识分享可以增加团队成员的知识存量，这种小范围的知识增加即使在团队层次的知识整合能力不变的情况下，也可以提高单个成员的知识创新能力，从而产生累积创新。面向集成创新的跨组织知识整合是一种知识的循环运动，新的循环是建立在原有循环基础上的更高层次的知识运动，团队内的充分交流和沟通可以使团队更加清晰地对原有知识循环进行剖析，查漏补缺并明确下一循环知识捕获的方向和内容。捕获后的知识只有经过团队内的充分共享才能实现与内部知识有效交融创造新知识，创造出的新知识也往往要经过小组讨论等知识交流和共享的方式才能最终明确应用方向和领域。据此，本研究提出如下假设：

H2：团队导向的人力资源管理实践对跨组织知识整合绩效具有正向作用。

H2a：团队导向的人力资源管理实践对知识捕获有正向作用。

H2b：团队导向的人力资源管理实践对知识交融有正向作用。

H2c：团队导向的人力资源管理实践与知识应用有正向作用。

自 20 世纪 90 年代以来，授权一直是学术界研究的热点，但由于不同学者所关注的管理实践并不完全一致，使得对于授权一直缺乏得到广泛认可或者比较操作化的定义。一般而言，授权是指在对员工充分信任的前提下，通过对信息、资源和决策权的共享，为员工创造更多的学习和发展机会，并通过心理感知影响员工态度及行为的过程。[①] 由于授权重点关注企业决策的参与权与员工工作的自主权，因而被作为激励员工的方法而加以提倡，以鼓励他们进行更多的创新。

对整合主体授权意味着整合主体能够与管理者分享相关信息、资源与决策权，因而能对整合主体产生巨大的激励作用。因为跨组织知识整合是非重复性的、创新性的劳动，没有固定的模式、规定的程序和确定的方法，因而相对于工作积极性的激发更应当注重对整合主体创新性的激励，从而充分挖掘每一整合主体的潜在的获取、共享、应用和扩展知识的能力。雷巧玲（2006）认为，授权能充分激发出人们的创新热情，使人们在工作中乐于承担责任、主动大胆、富有创造性，进而提高员工的创新绩效。

授权不但能够激发整合主体的创新性，而且能够提高跨组织知识整合的效率。授权使整合主体可以选择自己认为最合适的方法去完成工作，并且有权使用完成工作所需的资源及信息，这就使得他们拥有相当大的自主权，能够直接处理跨组织知识整合过程中出现的问题，从而建立一种快速响应机制，进而提高跨组

① 柯江林，孙健敏，石金涛，顾琴轩. 企业 R&D 团队之社会资本与团队效能关系的实证研究——以知识分享与知识整合为中介变量［J］. 管理世界，2007（3）：89-101.

织知识整合效率。Spreitze（1995）也认为，对员工的授权可以使员工感知到有自我决定力和影响力，并进一步促进他们的创新行为和创新绩效。据此，本研究提出如下假设：

H3：合理授权对跨组织知识整合绩效具有正向作用。

H3a：合理授权对知识捕获具有正向作用。

H3b：合理授权对知识交融具有正向作用。

H3c：合理授权对知识应用具有正向作用。

沟通是人与人之间、人与群体之间思想与情感的传递和反馈的过程，以求思想达成一致和感情的通畅。组织内的沟通可分为正式沟通和非正式沟通两大类。正式沟通一般是指特定规章制度所规定的法定渠道所进行的沟通，一般表现为组织内上下级之间或同事之间因工作需要而发生的沟通；非正式沟通是指在组织正式沟通之外进行的信息交流和传递方式，非正式沟通可以满足员工的情感需求和弥补正式沟通的不足。有效沟通是组织良性运作的基础和保证，也是知识共享与知识整合的催化剂。Prusak 和 Davenport（1998）认为，沟通是员工间形成共识的基础，是实现组织目标的重要保证，通过良性沟通，员工可以增进了解，鼓舞情绪，促进知识共享。德鲁克认为，工作场所的人际互动是知识管理的核心，也是知识分享和创造的核心，成员间的沟通是实现知识共享与知识整合的重要过程，是知识创新的有效形式。Hendriks（1999）认为，知识共享就是一种沟通的过程，良性沟通与知识共享水平正相关。Lengnick（2003）通过实证研究也发现，员工之间保持良性的沟通关系可以增进彼此的熟悉程度，从而促进知识的有效共享和整合。据此，本研究提出如下假设：

H4：强化沟通对跨组织知识整合绩效具有正向作用。

H4a：强化沟通对知识捕获具有正向作用。

H4b：强化沟通对知识交融具有正向作用。

H4c：强化沟通对知识应用具有正向作用。

综合上述分析，可以概括出如下假设：

H5：人力资源管理实践对跨组织知识整合绩效具有正向作用。

二、人力资源管理实践与跨组织知识整合能力

跨组织知识获取能力主要是指组织利用已有的知识储备发现、识别并转移企业外部知识的能力，虽然这一过程的实现会建立在一定的物质设施的基础之上，但整合主体的已有知识和获取意愿发挥着决定性的作用。魏江（2004）认为，组织知识获取能力建构在个体知识获取能力的基础上。许多证据都表明，人力资源管理实践可以提高员工个体的知识获取能力，并增强其意愿。[①] 培训对员工能力培养的作用已经得到学术界和企业界人士的普遍认同。团队导向的人力资源管理实践不但能够通过交叉培训显著提高团队成员的技能和经验，而且还可以有效激发团队成员对工作任务的兴趣和动机。[②] 合理授权能够有效促进员工的积极性，并用于试验和探索新知识。授权可以充分激发员工的创新热情，增强其工作责任感，积极主动承担和解决问题，以更大的热情投入工作，充分发挥其潜力。Thomas 和 Velthosue（1990）更是将授权定义为在一系列认知中表现出来的加强的内在的任务激励。国外也有学者提出了包含团队导向和授权等项目的高绩效人力资源管理实践的概念，认为高绩效人力资源管理实践可以有效激发员工的意愿，并对组织绩效产生影响。Christina 等（2004）通过实证研究发现，组织内员工的有效沟通和相互支持可以表明员工是被信任的，会增强彼此的内部动机，进而对员工产生莫大激励，表现出更高的创新性。Minbaeva（2005）的研究表明，当员工更多知晓和共享组织信息时，员工会感受到激励，进而贡献于组织创新。据此，本研究提出如下假设：

H6：人力资源管理实践对知识获取能力有正向作用。

H6a：多样性培训对知识获取能力有正向作用。

H6b：团队导向对知识获取能力有正向作用。

H6c：合理授权对知识获取能力有正向作用。

H6d：强化沟通对知识获取能力有正向作用。

---

① Wright，P. M.，Dunford，B.B.，Serman，W.S et al.. The Role of Human Resource Practices in Petro-chemical Refinery Performance［J］. International Journal of Human Management，1999（4）：551-571.

② Collins，C.J.. Knowledge Exchange and Combination：The Role of Human Resource Practices in the Performance of High Technology Firms［J］. Academy of Management Journal，2006，49（3）：544-560.

系统化能力是指企业生产作业遵循标准化的程度，以及按照工作程序和作业规则使用信息设备的操作能力，系统化能力外在化为企业的制度化和规范化，凡事有章可循。人力资源管理实践的制度化是企业标准化生产的重要组成部分，同时标准化的人力资源管理实践也可以间接促进其他生产作业的标准化。适宜的培训可以增进组织成员对企业制度的理解和认识，相关设备和生产设施的标准化手册有助于员工更有效地操作相关机器设备，提高信息设备的驾驭能力。由于工作性质的相似性，团队成员往往使用相同的信息设备，彼此之间可以相互交流使用体会和技巧，从而提高各自的信息设备使用能力。合理授权可以激发组织成员在遵循既定规则的前提下对相关信息设备的使用进行探索和改进，从而提高自身对相关设施的操控能力。组织内的定期沟通和经验交流会，为不同部门和团队成员提供了相互交流和学习的机会，这在某种程度上会促使组织成员对自身原有操作知识的再建构。综合上述分析，本研究提出如下假设：

H7：人力资源管理实践对系统化能力有正向作用。

H7a：多样性培训对系统化能力有正向作用。

H7b：团队导向对系统化能力有正向作用。

H7c：合理授权对系统化能力有正向作用。

H7d：强化沟通对系统化能力有正向作用。

合作化能力是指组织内成员与内外部单位、团体和个体通过互动、沟通了解、彼此支持将已有知识整合成新知识的能力。广泛的员工培训既有利于员工知识的积累和能力的提升，又为组织成员间的交往提供了交流平台。同时，借助外部单位开展的培训活动又扩展了组织成员的视野，为组织成员与外部单位和个体的沟通创造了条件。团队对成员的接纳可以使员工感觉到集体的温暖，团队内部彼此信任和依赖的团队氛围有助于成员间沟通心理障碍的消除。另外，由于团队目标的一致性，为了达成团队目标解决团队工作过程中的问题，团队成员的主动性沟通行为发生的概率会大大增大。Abhishek 通过实证研究发现，合理授权对员工的知识共享有正向影响。合理授权可以促使组织成员更加自由和灵活地与组织内和组织外知识主体进行知识沟通和交流。沟通实际上是一种知识交流和共享的过程，组织成员在与其他成员的沟通过程中由于会得到其他人的及时反馈和鼓励，从而增强自身的学习兴趣而积极搜索新知识并努力筛选所得知识。强化沟通的人力资源管理实践可以引导员工开展正式与非正式沟通，不但可以促进组织成员间信息和知识的交流与共享，而且能够实现彼此间感情的通畅，获得心理上的最大满足，而这种感情和心理满足经过正确引导又可以转化为深入学习的兴趣，进而为跨组织知识整合提供强大动力支持。Dana（2005）通过实证研究考察了部分人力资源管理实践对知识共享的影响作用，认为人力资源管理实践对员工的知识转移和共享意愿有显著性影响。也就是说，企业越多地采用能够影响知识接收者吸收能力的人力资源管理实践，其组织内部的知识共享程度就越高。综合上述分析，本研究提出如下假设：

H8：人力资源资源管理实践对合作化能力有正向作用。

H8a：多样性培训对合作化能力有正向作用。

H8b：团队导向对合作化能力有正向作用。

H8c：合理授权对合作化能力有正向作用。

H8d：强化沟通对合作化能力有正向作用。

社会化能力主要是指组织文化支持知识整合的程度。已有理论研究表明，人力资源管理实践与组织文化存在一定的互动关系，企业人力资源管理实践会推动组织文化的建设。跨组织知识整合内在需要有开放式的学习型文化与之相匹配。同时还能够使员工在丰富多样的训练活动中增强对组织愿景、价值观、创新战略的认同感，提高员工间的凝聚力，而组织愿景、价值观等又构成了组织文化的重要组成部分。培训不仅可以促进新的价值观的传递和组织氛围的形成，更为重要的是接受培训表明员工是被重视的，并且通过培训员工可以更好地理解公司知识愿景，以及更好地建立跨部门员工间的沟通关系，从而在很大程度上影响员工的工作意愿。团队内的交叉培训和外来智力资源的引进有助于团队成员形成开放的学习理念，积极获取并吸收外来资源用以解决工作中遇到的问题和障碍；以团队为基础的薪酬奖励制度可以促使员工形成勇于尝试、不怕失败的创新精神；团队内部开展的讨论式问题解决方式会激励员工主动与他人共享自己的经验知识，有助于在团队内部形成一种“整合团队知识资源，提高团队知识创新能力”的工作理念。程金林（2006）认为，对整合主体进行授权的人力资源管理实践有助于企业建立持续的学习文化，使员工意识到在整个职业生涯中获取知识、技能和能力的必要性和价值，并且对这种意识不断进行强化。沟通实际上是沟通双方互通有无的过程，是交互学习的一种形式，强化沟通的人力资源管理实践的持续开展有助于学习型文化的形成。另外，Ferris 认为，广泛培训、授权和团队工作对组织文化的参与性、一致性等均有显著正向影响。① 因而，可以认为有效的人力资源管理实践活动有助于开放式学习型文化的形成。据此，本研究提出如下假设：

H9：人力资源管理实践对社会化能力有正向作用。

H9a：多样性培训对社会化能力有正向作用。

H9b：团队导向对社会化能力有正向作用。

H9c：合理授权对社会化能力有正向作用。

H9d：强化沟通对社会化能力有正向作用。

综合上述分析，可以概括出如下假设：

H10：人力资源管理实践对跨组织知识整合能力具有正向作用。

三、人力资源管理实践与跨组织知识整合运作特性

一个组织若要持续学习与创新，则必须不断地由外界各种不同来源的渠道收集所需的信息和知识，并对这些信息和知识加以理解与吸收。这种能力称之为吸收能力。由认识论的观点来看，一个组织吸收能力根植于组织中个人的学习能力，个人的学习能力又建构在此人过去已有知识、经验上。组织中的个人或技术团队成员的知识经验越丰富、知识类别越多，其认知能力越具有多样性；相对地，能解释的信息也就越多样，也越能解决较困难的问题，知识整合的效果也就越好，而在这一过程中人力资源管理实践发挥着重要作用，有效的人力资源实践能够增加组织成员的知识积累，提高其认知能力。

企业是否成功有效地将外部知识转变成自己的内部知识，受两个因素的影响：一是企业现有的知识基础及能力，即知识的吸收消化能力；二是企业的努力程度，现有的知识基础能够帮助个体及组织吸收可得的外部知识，并在生产和研发过程中，通过各种知识转化过程，创造出新知识。自身的努力程度将决定这种转化的快慢，这需要在人力资本及技术设备上进行自觉的投资。在上述两个影

① Collins，C. J.. Knowledge Exchange and Combination：The Role of Human Resource Practices in the Performance of High Technology Firms［J］. Academy of Management Journal，2006，49（3）：544-560.

响因素中，企业及个体的努力程度更加重要，通过努力可以不断充实自己的知识基础，而现有的知识基础并不一定会促使企业不断地努力学习。[①] 冯进路等（2004）认为，知识整合的实现关键要解决两个问题：一是识别需要整合的知识；二是确定最有效的整合方式。为了解决这些问题，整合主体的作用非常重要，因为在知识整合的过程中整合主体发挥了先导作用，往往是由它来决定需要整合什么样的知识，并决定知识整合的方式，整合主体是连接外部环境与组织的知识整合要素。这说明新刺激需要由知识主体进行感知和解读，确定正确的知识整合方向，并采取合理而有效的知识整合方式。组织的这种认知能力越强，知识整合的效率就越高。Grant（1996）认为，提高知识整合效率的关键在于设计一种机制来减少和避免学习成本，比知识更重要的其实是知识现象所依托的组织情境和组织生态，人力资源管理实践是创设适宜知识整合的组织情境的重要力量。独特的人力资源管理实践是一个组织的内在气质，是一个组织区别于其他组织的特有印记。[②]

跨组织知识整合实际上是一种跨组织学习过程，[③] 虽然学习效果会受到学习情境等客观因素的影响，但个体的学习能力和意愿是决定学习效果的主动因素。学习能力是个体在不断积累知识的过程中建立的，它是个体先前具有的相关知识水平的函数。卢兵等（2006）认为，知识转移主体的能力是跨组织知识转移绩效的主要影响因子。Hamel （1991）认为，在竞争性学习中，合作一方吸收和内化另一方知识和技术的意图是影响学习进程的关键因素，学习意图越强烈的企业越有可能在学习竞赛中获胜。以多样性培训、团队导向、合理授权和强化沟通为特征的人力资源管理实践可以提高组织成员的学习能力，并有效激发其学习意愿，进而贡献于学习效果。

多样性培训和团队导向的人力资源管理实践能使整个组织产生良好的学习氛围，使个体、团队和组织层面的学习以最短的学习时间、更多的学习机会和沟通

① Ferris，Arthur，Berkson and Kaplan. Toward a Social Context Theory of the Human Resource Management-organization Effectiveness Relationship［J］. Human Resource Management Review，1998（8）：234-264.

② 陈明，周健明. 企业文化、知识整合机制对企业间知识转移绩效的影响研究［J］. 科学学研究，2009，27（4）：580-587.

③ 魏江. 知识学习与企业技术能力增长［M］. 北京：科学出版社，2006.

顺畅的团队合作来完成各种知识的学习和整合。当人们在知识交流的过程中体会到在交流中学习会获得比个人学习更好的效果时，就能够促进企业内知识的良性流动和增值，进而促进跨组织知识整合的发生。

合理授权包含有“鼓励学习”和“容忍犯错”的成分，能够更有效地鼓励组织成员学习和尝试（卢兵等，2006）。Schein（1996）认为，如果组织形成了有助于知识共享和整合的特质，则组织成员会理所当然地认为大家相互之间将个人想法与灵感进行交流、分享是再自然不过的事情，而并不需要被“逼迫”才这样去做。这样的组织在整合效率和整合范围上要远远高于那些不具备这种特质的组织，同时也更能适应环境的变化。

强化沟通的人力资源管理实践有助于正式沟通渠道和沟通介质的建立，企业可以指导建立有关正式会议、员工建议系统等正式沟通渠道，并逐步完善数据库系统、IT 信息检索和沟通系统等沟通介质。良好的沟通可以扩展彼此的知识视野，同时使员工正确理解企业创新决策和目标，从而扩充知识整合的范围并保证跨组织知识整合方向与企业创新要求相一致；沟通介质的完善可以增加员工间沟通的多样性并提高员工间沟通的效率，进而贡献于跨组织知识整合的效率。

H11：人力资源管理实践对跨组织知识整合运作特性有正向作用。

H11a：多样性培训对跨组织知识整合运作特性有正向作用。

H11b：团队导向对跨组织知识整合运作特性有正向作用。

H11c：合理授权对跨组织知识整合运作特性有正向作用。

H11d：强化沟通对跨组织知识整合运作特性有正向作用。

综合 H5、H10 和 H11 可以得出如下两个假设：

H12：跨组织知识整合能力是人力资源管理实践与跨组织知识整合绩效间的中介变量。

H13：跨组织知识整合运作特性是人力资源管理实践与跨组织知识整合绩效间的中介变量。

四、人力资源管理实践对跨组织知识整合作用的概念模型

综合上述理论假设，可以得出人力资源管理实践对跨组织知识整合作用的概念模型，如图 6-1 所示。

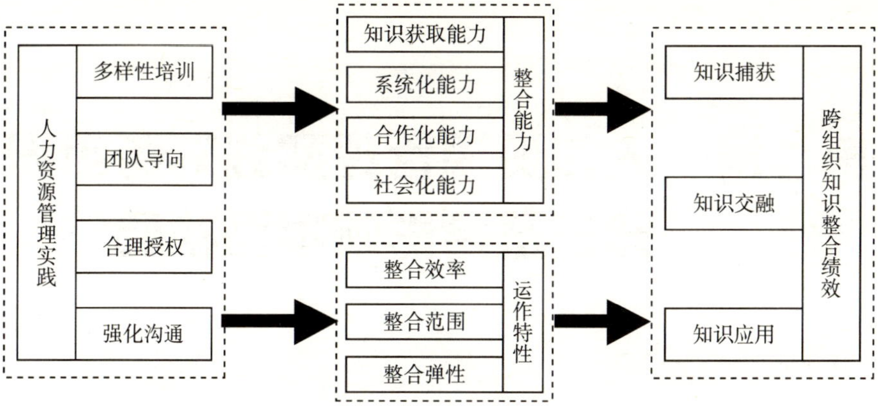

图 6-1 人力资源管理实践对跨组织知识整合的影响模型

本章主要是有关研究假设的推导和模型构建，主要包括人力资源管理实践对跨组织知识整合能力、人力资源管理实践对跨组织知识整合运作特性、人力资源管理实践对跨组织知识整合绩效的影响。如图 6–1 所示，人力资源管理实践对跨组织知识整合绩效的影响存在两条路径：一是通过影响跨组织知识整合能力作用于跨组织知识整合绩效；二是通过对跨组织知识整合过程的控制间接影响跨组织知识整合绩效。本书的第七章将对本章所提的理论框架进行实证检验。

第七章　人力资源管理实践对跨组织知识整合影响模型检验

第一节　研究设计

一、研究对象与方法

本研究采用问卷调查的方法收集相关数据，对收集到的数据运用 SPSS17.0 和 AMOS7.0 统计分析软件，分析数据的有效性，并对所提研究假设进行检验。由于本章实证研究与第四章实证研究所调查的样本相同，上一章已对数据收集过程、样本基本情况，以及所用的数据统计分析方法等作了详细描述，此处不再赘述。

本章的研究假设检验主要分为两部分：一是要素间的直接影响作用，二是要素间的间接影响作用的检验。要素间的直接影响作用采用结构方程中的路径分析。此处主要介绍间接（中介）作用的检验方法。

Baron 和 Kenny（1986）提出检验中介作用的方法，若要检验变量 B 是自变量 A 和因变量 C 之间的中介变量，变量 B 必须同时满意以下三个条件：①自变量 A 对因变量 C 有着显著的解释力；②自变量 A 对中介变量 B 有着显著的解释力；③当自变量 A 和中介变量 B 同时出现在模型中的时候，自变量 A 和因变量 C 之间的影响力不再显著。

在辛自强等（2007）、卢谢峰和韩立敏（2007）的研究中，具体提到了检验方法。在检验中介作用时要考察三个变量之间的关系。首先假定预测变量与因变量之间有显著的相关，预测变量与中介变量也存在着显著的相关，当中介变量加入时，如果预测变量与因变量之间的相关或者回归系数显著降低，就可以认为中介效应较为明显，当回归系数降低为0时，称为完全中介作用。

根据上述学者的研究，本章将采用的检验方法分为三个步骤：第一步：使用AMOS7.0软件，在自变量与因变量两个变量的结构模型中，通过回归系数及P值等指标，检验自变量对因变量的影响作用；若影响显著，进入第二步。第二步：使用AMOS7.0软件，在自变量与中介变量两个变量的结构模型中，通过回归系数及P值等指标，检验自变量对中介变量的影响作用；若影响显著，进入第三步。第三步：使用AMOS7.0软件，在自变量、中介变量、因变量三个变量的结构模型中，通过回归系数、P值等指标，检验中介变量的中介作用；若自变量对因变量的影响不再显著或显著下降，则中介变量的中介作用得到验证。

二、研究变量的测量

第四章的实证研究已经交代了跨组织知识整合能力和运作特性的测量，此处不再重复，仅介绍跨组织知识整合绩效和人力资源管理实践的测量。

（一）跨组织知识整合绩效的测量

如前所述，本研究将跨组织知识整合绩效界定企业跨组织知识整合过程中各种知识整合活动的实现状况，具体是指知识捕获、知识交融和知识应用的实现状况。因此，对跨组织知识整合绩效的测量可以分解为对知识捕获、知识交融和知识应用的测量。

知识捕获是指组织及组织成员在创新战略的指引下，为提出新想法或解决创新中出现的问题，而主动向外界寻求知识帮助的过程，知识捕获的实现状况可以通过获得知识的多少来衡量。本研究在李正卫（2003）、Jantunen（2005）和董小英（2006）研究的基础上，选取了知识捕获的四个测量条款。

KBH1：在创新中我们获取了大量的客户需求信息。

KBH2：在创新中我们掌握了供应商和分销商的需求。

KBH3：在创新中我们吸收了大量同业竞争者的知识。

KBH4：在创新活动中我们获得了科研院所等其他组织的支持。

知识交融是指组织及组织成员将在知识捕获阶段获得外部知识与企业已有知识相互融合以创造新知识的过程，该过程主要表现为组织成员间的知识沟通和共享。本研究在张小兵（2009）、李正卫（2003）、董小英（2006）和 Yeung（1999）研究的基础上选取了知识交融的四个测量条款。

KJR1：员工通过彼此交流而共享知识和经验。

KJR2：我们借助外部知识创造了大量新知识。

KJR3：企业核心知识在部门间转移速度快。

KJR4：员工很容易从其他员工或部门那里得到所需的信息和知识。

知识应用是将新知识应用在创新实践活动中的过程，知识应用可分为个体应用和组织应用两个层次，正如个体知识和组织知识的关系一样，个体应用是组织应用的基础，有效的个体应用有助于个人工作绩效的提升，而有效的组织应用则可以在组织层面对集成创新提供知识支持。本研究主要从组织的整体层面来考虑知识的应用，本研究在张小兵（2009）、李正卫（2003）、董小英（2006）和 Yeung（1999）研究的基础上选取了知识交融的四个测量条款。

KYY1：新知识的使用提高了我们的工作效果。

KYY2：我们能很快根据新技术/知识引入工艺创新。

KYY3：我们很快使用已消化的新知识进行新产品开发。

KYY4：我们经常试验，努力成为行业内的开拓者。

（二）人力资源管理实践的测量

本章所指的多样性培训采用陈国权所提出的学习导向培训的内涵界定，它比传统意义上的工作培训更宽泛，其本质上是一种全面系统培养人的理念，并采用最为有效的传播知识和经验的学习方式。在培训内容的设置方面不仅注重专业技能的培训，而且还注重对员工进行文化和价值观以及管理能力的培训。在培训方式上采用各种有效形式，如案例学习、仿真模拟、自我主导式学习等方式；同时还注重把培训与晋升结合起来。本研究在陈国权（2007）、程金林（2006）和 Collins（2006）等研究的基础上，选取了多样性培训的四个测量条款。

RPX1：我们既强调工作技能，也强调企业文化和价值观的培训。

RPX2：我们在培训时强化员工知识创新主体地位。

RPX3：我们强调根据员工的实际需求和企业创新要求进行培训。

RPX4：我们在培训中强调学员的积极参与和互动交流。

团队为知识的共享提供了平台，当人们在团队中工作时，知识在不同人员之间的转移，有助于改善知识与工作的匹配，提高知识的使用效率。团队导向主要是指公司为了支持和强化团队工作而采取一系列以团队为基础的人力资源实践的程度。本研究在程金林（2006）、Kirkman 和 Rosen（1999）等研究的基础上，选取了团队导向的四个测量条款。

RTD1：公司实行了针对团队整体的奖励计划。

RTD2：工作团队能够对其成员进行绩效评估和奖惩。

RTD3：公司内的工作团队能自主决定新的团队成员人选。

RTD4：公司对工作团队进行广泛培训，以提高团队完成不同工作的能力。

授权是指在一系列认知中表现出来的加强内在的任务激励①，本章从变量测量的角度将授权定义为员工自身和他们所处的团队具有的工作自主权的程度。本文在 Jaw 和 Liu（2003）、Thomas 和 Velthouse（1990）、程金林（2006）研究量表的基础上，选取了合理授权的四个测量条款。

RSQ1：员工能够决定完成工作的方式和手段。

RSQ2：工作团队能够选择不同的方式完成其工作。

RSQ3：工作团队能够决定做哪些工作。

RSQ4：工作团队无须上级批准就能做出自己的工作决定。

强化沟通是指组织内部沟通基础设施和沟通机制的有效性。有效沟通可以使员工感受到自己是受重视的，不但会促使员工使用组织中的知识并最大化地利用这些知识，而且还会激发员工获取新知识的欲望。本文在程金林研究的基础上，选取了强化沟通的四个测量条款。

RGT1：我们及时向员工告知公司的愿景和创新战略目标。

RGT2：我们通常以讨论的方式解决创新活动中的冲突和矛盾。

RGT3：公司在制定创新战略时会充分考虑员工意见。

RGT4：公司鼓励跨部门和员工间的知识交流和沟通。

---

① Harel，G.H.，Tzafrir，S.S.. The Effect of Human Resource Management Practices in the Perceptions of Organization and Market Performance of the Firm [J]. Human Resource Management，1999，38（2）：185-200.

第二节　研究量表的验证

一、跨组织知识整合绩效量表的验证

本研究采用社会科学统计软件包 SPSS17.0 计算系数 Cronbach'α，检验跨组织知识整合绩效量表的内在一致性。跨组织知识整合绩效量表及其分量表的 Cronbach'α 值如表 7-1 所示。

表 7-1　跨组织知识整合绩效量表及分量表信度分析

量表	题项数	标准化前的信度值	标准化后的信度值
知识捕获分量表	4	0.831	0.835
知识交融分量表	4	0.902	0.902
知识应用分量表	4	0.911	0.911
跨组织知识整合总量表	12	0.949	0.949

从跨组织知识整合绩效量表的信度分析来看（见表 7-1），跨组织知识整合绩效总量表的 Cronbach'α 大于 0.9，各分量表的 Cronbach'α 均大于 0.8，其中知识交融和知识应用分量表的 Cronbach'α 大于 0.9，但小于总量表的信度值，根据前面提出的检验标准，说明跨组织知识整合绩效量表的内在一致性程度非常好。

同时，本研究还利用 Item-Total 统计量，进一步分析了跨组织知识整合绩效量表的信度，如表 7-2 所示。

表 7-2　跨组织知识整合绩效量表的 Item-Total Statistics

	Scale Mean if Item Deleted	Corrected Item-Total Correlation	Squared Multiple Correlation	Cronbach's Alpha if Item Deleted	Standardized Cronbach'α
KBH1	36.15	0.635	0.459	0.949	0.949
KBH2	36.79	0.737	0.570	0.945	
KBH3	36.29	0.682	0.547	0.947	
KBH4	36.34	0.701	0.546	0.946	
KJR1	36.48	0.785	0.674	0.943	

续表

	Scale Mean if Item Deleted	Corrected Item-Total Correlation	Squared Multiple Correlation	Cronbach's Alpha if Item Deleted	Standardized Cronbach'α
KJR2	36.49	0.802	0.705	0.943	0.949
KJR3	36.30	0.815	0.704	0.942	
KJR4	36.38	0.791	0.679	0.943	
KYY1	36.34	0.811	0.714	0.943	
KYY2	36.22	0.803	0.720	0.943	
KYY3	36.20	0.787	0.684	0.943	
KYY4	36.11	0.760	0.645	0.944	

从表 7-2 中可以看出，跨组织知识整合绩效量表的每个题项被删除后，其余题项所计算出的 Cronbach'α 均不大于总量表标准化后的 Cronbach'α 值 0.949。因此，所有题项都应保留，量表具有较高的信度。

本研究利用 AMOS7.0 检验了跨组织知识整合绩效量表的效度，结果如图 7-1 和表 7-3 所示。由验证性因子分析结果可知，整体模型拟合较好，卡方自由度比小于 3，GFI、NFI、IFI 和 CFI 均大于 0.9，AGFI 大于 0.8 接近 0.9，RMSEA 等于 0.08，适配度指标均达到或超过了建议值，各个回归指标都已通过显著性检验，各个条款的因子载荷都在 0.6 以上，因此，跨组织知识整合绩效量表的效度可以接受。

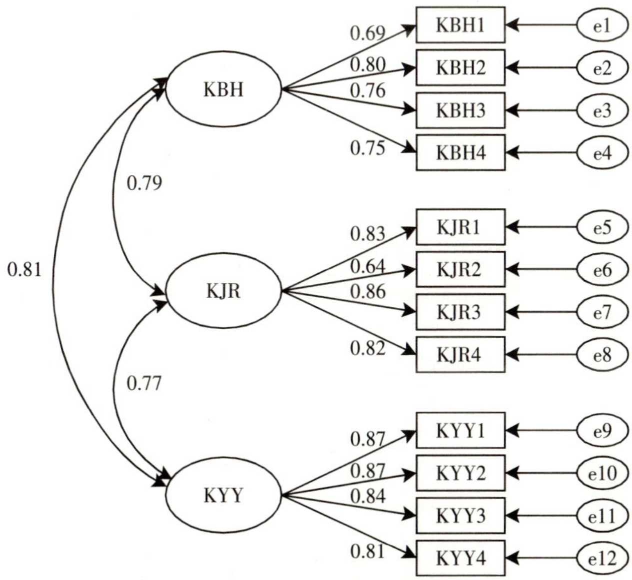

图 7-1　跨组织知识整合绩效量表验证性分析结构模型

表 7-3 跨组织知识整合绩效结构模型拟合度指标

检验参数	χ^2/df	GFI	AGFI	NFI	IFI	CFI	RMSEA
分析结果	2.447	0.915	0.870	0.942	0.965	0.965	0.080

二、人力资源管理实践量表的验证

本研究采用社会科学统计软件包 SPSS17.0 计算系数 Cronbach'α，检验人力资源管理实践量表的内在一致性。人力资源管理实践量表及其分量表的 Cronbach'α 值如表 7-4 所示。

表 7-4 人力资源管理实践量表及分量表信度分析

量表	题项数	标准化前的信度值	标准化后的信度值
多样性培训	4	0.826	0.827
团队导向	4	0.827	0.828
合理授权	4	0.793	0.793
强化沟通	4	0.787	0.789
人力资源管理实践总量表	16	0.912	0.913

从人力资源管理实践量表的信度分析来看（见表 7-4），人力资源管理实践总量表的 Cronbach'α 大于 0.9，各分量表的 Cronbach'α 均大于 0.7，其中多样性培训和团队导向分量表的 Cronbach'α 大于 0.8，且各分量表的信度值均小于总量表的整体信度值，根据前面提出的检验标准，说明人力资源管理实践量表的内在一致性程度非常好。

同时，本研究还利用 Item-Total 统计量，进一步分析了人力资源管理实践量表的信度，如表 7-5 所示。

表 7-5 人力资源管理实践量表的 Item-Total 统计量

	Scale Mean if Item Deleted	Corrected Item-Total Correlation	Squared Multiple Correlation	Cronbach's Alpha if Item Deleted	Standardized Cronbach'α
RPX1	54.20	0.611	0.494	0.907	0.913
RPX2	54.48	0.549	0.450	0.909	
RPX3	54.63	0.572	0.485	0.908	
RPX4	54.14	0.650	0.508	0.905	
RTD1	54.25	0.606	0.430	0.907	
RTD2	54.19	0.576	0.547	0.908	
RTD3	54.04	0.568	0.490	0.908	

续表

	Scale Mean if Item Deleted	Corrected Item-Total Correlation	Squared Multiple Correlation	Cronbach's Alpha if Item Deleted	Standardized Cronbach'α
RTD4	54.29	0.579	0.531	0.908	0.913
RSQ1	54.37	0.569	0.398	0.908	
RSQ2	54.28	0.715	0.601	0.903	
RSQ3	54.77	0.651	0.506	0.905	
RSQ4	54.31	0.532	0.352	0.909	
RGT1	54.44	0.600	0.418	0.907	
RGT2	54.13	0.528	0.351	0.909	
RGT3	54.40	0.700	0.631	0.904	
RGT4	54.69	0.605	0.536	0.907	

从表 7-5 中可以看出，人力资源管理实践量表的每个题项被删除后，其余题项所计算出的 Cronbach'α 均不大于总量表标准化后的 Cronbach'α 值 0.913。因此，所有题项都应保留，量表具有较高的信度。

本研究利用 AMOS7.0 进行模型的验证性分析，结果如图 7-2 和表 7-6 所示。

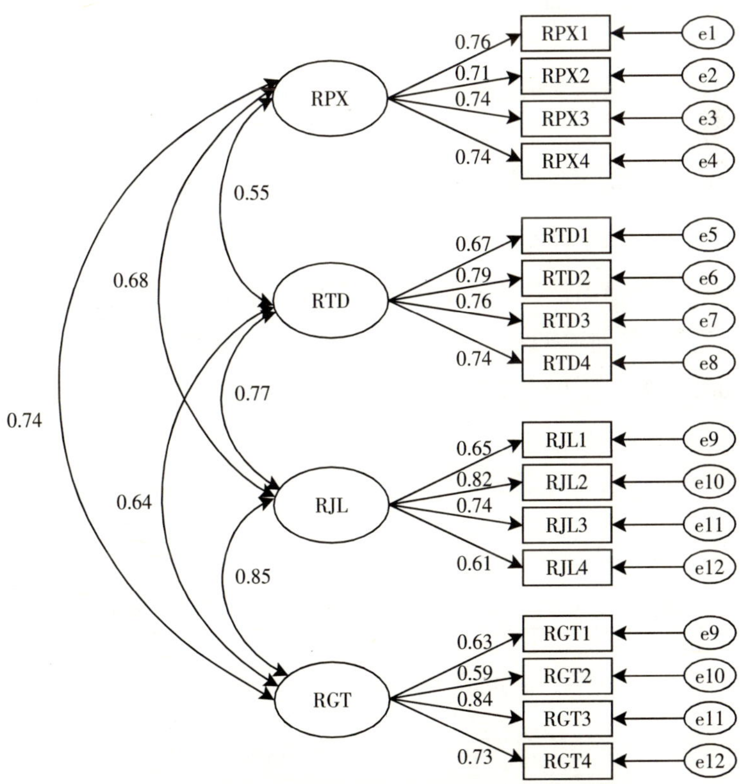

图 7-2 人力资源管理实践量表验证性分析结构模型

表 7-6 人力资源管理实践量表结构模型拟合度指标

检验参数	χ^2/df	GFI	AGFI	NFI	IFI	CFI	RMSEA
分析结果	1.581	0.918	0.886	0.910	0.965	0.965	0.050

由验证性因子分析结果可知，整体模型拟合较好，卡方自由度比小于 3，GFI、NFI、IFI 和 CFI 均大于 0.9，AGFI 接近 0.9，RMSEA 小于 0.08，适配度指标均达到或超过了建议值，各个回归指标都已通过显著性检验，各个条款的因子载荷都在 0.5 以上，因此，人力资源管理实践量表的效度可以接受。

第三节　研究结果分析

一、人力资源管理实践与跨组织知识整合绩效的关系检验

根据前面提出的两变量之间影响作用的检验方法，人力资源管理实践对跨组织知识整合绩效的影响作用检验如下。

（一）人力资源管理实践与跨组织知识整合绩效相关性检验

为检验人力资源管理实践与跨组织知识整合绩效的相关性，首先将人力资源管理实践和跨组织知识整合绩效各测量条款加总得到因子分，分别记为多样性培训（RPX）、团队导向（RTD）、合理授权（RSQ）、强化沟通（RGT）、知识捕获（KBH）、知识交融（KJR）、知识应用（KYY），RPX、RTD、RSQ 和 RGT 的因子得分总和构成人力资源管理实践总分，KBH、KJR、KYY 的因子得分总和构成跨组织知识整合绩效总分，使用 SPSS17.0 软件计算各因子间的相关系数，结果如表 7-7 所示。

表 7-7 人力资源管理实践与跨组织知识整合绩效的相关系数

	HRM	RPX	RTD	RSQ	RGT	KBH	KJR	KYY
HRM	1	0.812**	0.784**	0.856**	0.854**	0.500**	0.488**	0.487**
RPX		1	0.471**	0.539**	0.611**	0.409**	0.381**	0.391**
PTD			1	0.647**	0.536**	0.345**	0.343**	0.321**

续表

	HRM	RPX	RTD	RSQ	RGT	KBH	KJR	KYY
RSQ				1	0.674**	0.424**	0.419**	0.414**
RGT					1	0.472**	0.470**	0.479**
KBH						1	0.796**	0.735**
KJR							1	0.846**
KYY								1

注：** 表示 P 值在 0.01 水平上显著。

由表 7-7 可知，人力资源管理实践各因子与跨组织知识整合绩效各因子，在 0.01 的显著水平上，均呈现出显著相关性，可以进行影响程度检验。

（二）人力资源管理实践各因子对跨组织知识整合绩效作用程度检验

运用 AMOS7.0 软件构建了人力资源管理实践对跨组织知识整合绩效的作用关系结构模型并计算，结果如图 7-3 和表 7-8 所示。

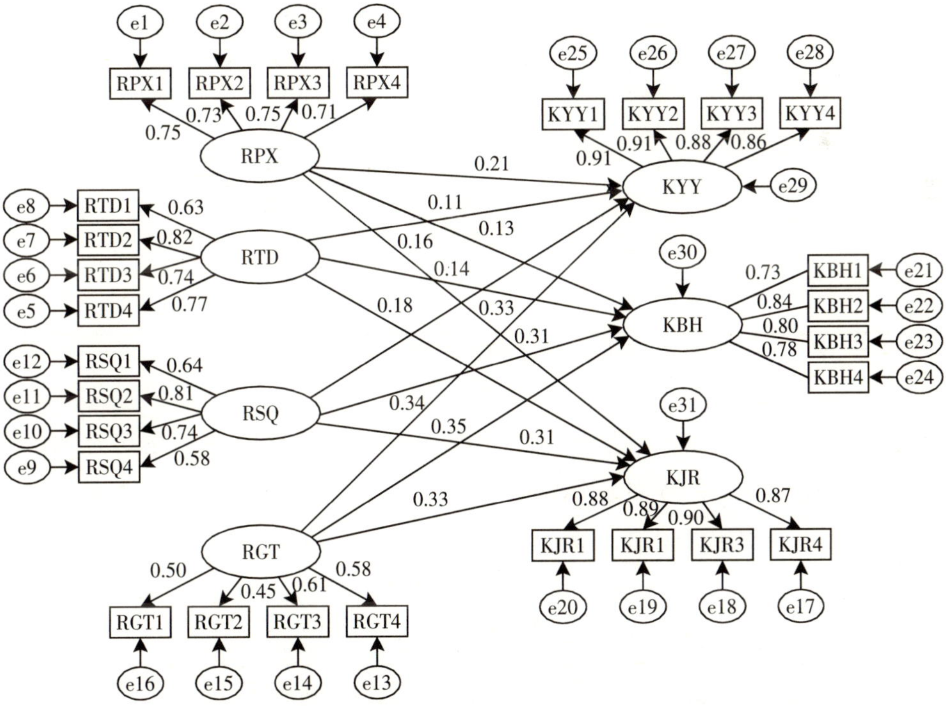

图 7-3 人力资源管理实践对跨组织知识整合绩效作用路径模型

表 7–8 人力资源管理实践对跨组织知识整合绩效影响作用结构模型拟合度指标

检验参数	χ^2/df	GFI	AGFI	NFI	IFI	CFI	RMSEA
分析结果	2.054	0.838	0.804	0.835	0.908	0.907	0.068

由图 7–3 和表 7–8 可知，GFI、AGFI、NFI、IFI、CFI 均大于 0.8，RMSEA 小于 0.08，各因子载荷也都在 0.5 以上，所有拟合指标均达到或超过了建议值，说明模型拟合情况良好。

运用路径分析的测量模型，分析人力资源管理实践对跨组织知识整合绩效影响作用结构模型的测量效果，结果如表 7–9 所示。

表 7–9 HRMP 各因子对跨组织知识整合绩效作用结构模型分析

			Estimate	Standardized estimate	S.E.	C.R.	P
KBH	<--	RPX	0.123	0.127	0.056	2.196	*
KJR	<--	RPX	0.193	0.160	0.085	2.268	*
KYY	<--	RPX	0.162	0.214	0.065	2.487	**
KBH	<--	RTD	0.190	0.137	0.091	2.088	*
KJR	<--	RTD	0.142	0.175	0.057	2.490	**
KYY	<--	RTD	0.180	0.107	0.080	2.246	*
KBH	<--	RSQ	0.434	0.306	0.072	6.012	***
KJR	<--	RSQ	0.457	0.312	0.089	5.123	***
KYY	<--	RSQ	0.521	0.332	0.102	5.106	***
KBH	<--	RGT	0.667	0.352	0.163	4.087	***
KJR	<--	RGT	0.576	0.334	0.171	3.357	***
KYY	<--	RGT	0.650	0.340	0.156	4.157	***

注：*、**、*** 分别表示 P 值在 0.05、0.01、0.001 水平上显著。

从表 7–9 可以看出，RPX→KBH、RPX→KJR 的作用路径系数达到了 0.05 的显著性水平，RPX→KYY 的作用路径系数达到了 0.01 的显著性水平，所以 H1：多样性培训对跨组织知识整合绩效具有正向作用；H1a：多样性培训对知识捕获有正向作用；H1b：多样性培训对知识交融有正向作用；H1c：多样性培训对知识应用有正向作用，均得到了验证。RTD→KJR 的作用路径系数达到了 0.01 的显著性水平，RTD→KBH、RTD→KYY 的作用路径系数达到了 0.05 的显著性水平，所以 H2：团队导向的人力资源管理实践对跨组织知识整合绩效具有正向作用；H2a：团队导向的人力资源管理实践对知识捕获有正向作用；H2b：团队导向的人力资源管理实践对知识交融有正向作用；H2c：团队导向的人力资源管理实践与知识应用有正向作用，均得到了验证。合理授权对知识捕获、知识交融和知识应用的作用路径系数均达到了 0.001 的显著性水平，所以 H3：合理授权对跨组织知识整合绩效具有正向作用；H3a：合理授权对知识捕获具有正向作用；H3b：合理授权对知识交融具有正向作用；H3c：合理授权对知识应用具有正向作用，均得到了验证。强化沟通对知识捕获、知识交融和知识应用的作用路径系数均达到了 0.001 的显著性水平，所以 H4：强化沟通对跨组织知识整合具有正向作用；H4a：强化沟通对知识捕获具有正向作用；H4b：强化沟通对知识交融具有正向作用；H4c：强化沟通对知识应用具有正向作用，均得到了验证。

（三）人力资源管理实践系统对跨组织知识整合绩效作用程度检验

Huselid（1995）认为，人力资源管理实践对组织绩效作用的理解，更加需要从一个系统的视角出发，同时来考察这些具体人力资源管理实践不同部分之间的互补或整合效应等对组织绩效的影响。因此，本研究对人力资源管理实践对跨组织知识整合绩效的整体影响作用做进一步检验。运用 AMOS7.0 软件构建了人力资源管理实践与跨组织知识整合整体作用的关系结构模型并计算，结果如图 7-4 和表 7-10 所示。

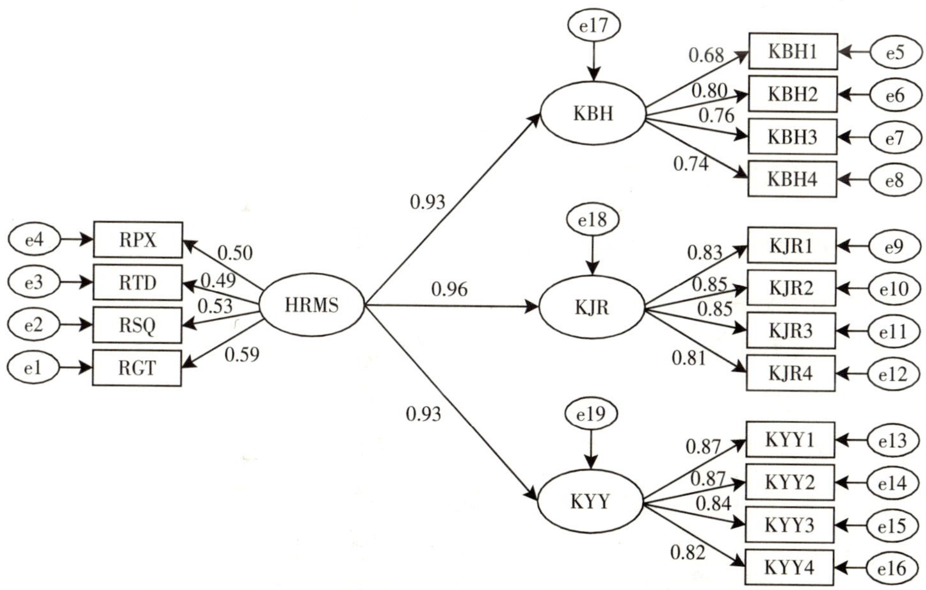

图 7-4　HRMP 系统对跨组织知识整合绩效整体作用路径模型

表 7-10 HRMP 系统对跨组织知识整合绩效整体影响作用结构模型拟合度指标

检验参数	χ^2/df	GFI	AGFI	NFI	IFI	CFI	RMSEA
分析结果	2.297	0.892	0.847	0.918	0.952	0.951	0.075

由图 7-4（图中 HRMS 表示人力资源管理实践系统，如无特殊说明下文中 HRMS 均代表人力资源管理实践系统）和表 7-10 可知，GFI、AGFI、NFI、IFI、CFI 均大于 0.8，RMSEA 小于 0.08，各因子载荷基本都在 0.5 以上，所有拟合指标均达到或超过了建议值，说明模型拟合情况可以接受。

运用路径分析的测量模型，分析人力资源管理实践系统对跨组织知识整合绩效的整体作用，结果如表 7-11 所示。

表 7-11 HRMP 系统对跨组织知识整合绩效整体作用结构模型分析

			Estimate	Standardized estimate	S.E.	C.R.	P
KBH	<--	HRM	0.408	0.929	0.059	6.887	***
KJR	<--	HRM	0.439	0.960	0.058	7.600	***
KYY	<--	HRM	0.450	0.927	0.059	7.662	***

注：*** 代表 P 值在 0.001 水平上显著。

由表 7-11 可知，人力资源管理实践系统对知识捕获、知识交融和知识应用的作用路径系数显著，且为正值，各个因子载荷也都达到了显著水平。可以说明，人力资源管理实践系统对跨组织知识整合绩效有显著正向作用，所以，H5：人力资源管理实践对跨组织知识整合绩效具有正向作用，得到验证。

二、人力资源管理实践与跨组织知识整合能力的关系检验

根据前面提出的两变量之间影响作用的检验方法，对于人力资源管理实践对跨组织知识整合能力的影响作用检验如下。

（一）人力资源管理实践与跨组织知识整合能力的相关性检验

根据前文人力资源管理实践和跨组织知识整合能力的各因子得分，使用 SPSS17.0 软件计算各因子间的相关系数，结果如表 7-12 所示。

由表 7-12 可知，人力资源管理实践与跨组织知识整合能力各因子，在 0.01 的显著水平上，均呈现出显著相关性，可以进行影响程度检验。

表 7-12　人力资源管理实践与跨组织知识整合能力的相关系数

	HRM	RPX	RTD	RSQ	RGT	KHQ	KXT	KHZ	KSH
HRM	1	0.812**	0.784**	0.856**	0.854**	0.554**	0.550**	0.573**	0.629**
RPX		1	0.471**	0.539**	0.611**	0.403**	0.370**	0.440**	0.457**
RTD			1	0.647**	0.536**	0.433**	0.444**	0.420**	0.466**
RSQ				1	0.674**	0.496**	0.461**	0.439**	0.600**
RGT					1	0.507**	0.557**	0.595**	0.564**
KHQ						1	0.501**	0.382**	0.475**
KXT							1	0.532**	0.570**
KHZ								1	0.538**
KSH									1

注：** 代表 P 值在 0.01 水平上显著。

（二）人力资源管理实践各因子对跨组织知识整合能力的影响程度检验

运用 AMOS7.0 软件构建了人力资源管理实践对跨组织知识整合能力的作用关系结构模型并计算，结果如图 7-5 和表 7-13 所示。

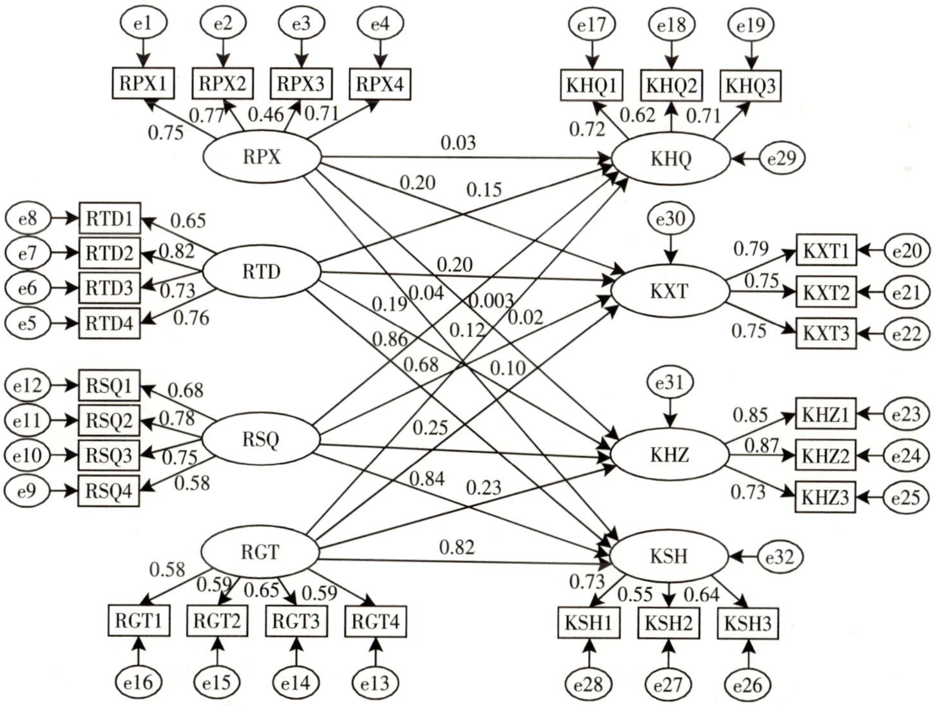

图 7-5　人力资源管理实践对跨组织知识整合能力作用结构模型

表 7-13 人力资源管理实践对跨组织知识整合能力作用结构模型拟合度指标

检验参数	χ^2/df	GFI	AGFI	NFI	IFI	CFI	RMSEA
分析结果	1.730	0.853	0.819	0.836	0.924	0.922	0.057

由图 7-5 和表 7-13 可以看出，该模型拟合效果可以接受，GFI、AGFI、NFI、IFI、CFI 均大于 0.8，RMSEA 小于 0.08，所有拟合指标均接近或达到了建议值，各因子载荷也基本都在 0.5 以上，说明模型拟合情况可以接受。

运用路径分析的测量模型，分析人力资源管理实践对跨组织知识整合能力影响作用结构模型的测量效果如表 7-14 所示。

表 7-14 人力资源管理实践对跨组织知识整合能力作用结构模型分析

			Estimate	Standardized estimate	S.E.	C.R.	P
KHQ	<---	RPX	0.019	0.027	0.052	0.368	0.713
KXT	<---	RPX	0.135	0.153	0.049	2.778	0.005
KHZ	<---	RPX	0.026	0.026	0.052	0.509	0.611
KSH	<---	RPX	0.016	0.022	0.051	0.313	0.754
KHQ	<---	RTD	0.173	0.199	0.065	2.668	0.008
KXT	<---	RTD	0.216	0.201	0.060	3.621	***
KHZ	<---	RTD	0.152	0.120	0.064	2.385	0.017
KSH	<---	RTD	0.091	0.101	0.063	1.453	0.146
KHQ	<---	RSQ	0.046	0.041	0.084	0.552	0.581
KXT	<---	RSQ	0.267	0.190	0.082	3.270	0.001
KHZ	<---	RSQ	0.420	0.254	0.095	4.419	***
KSH	<---	RSQ	0.270	0.229	0.090	3.011	0.003
KHQ	<---	RGT	0.213	0.864	0.021	10.335	***
KXT	<---	RGT	0.607	0.678	0.091	6.697	***
KHZ	<---	RGT	0.235	0.842	0.022	10.643	***
KSH	<---	RGT	0.759	0.818	0.108	7.058	***

注：*** 代表 P 值在 0.001 水平上显著。

由表 7-14 可知，RPX→KHQ 的作用路径系数 P 值未达到显著性要求，RTD→KHQ 的作用路径系数在 0.01 的显著水平下显著，RSQ→KHQ 的作用路径系数 P 值未达到显著性要求，RGT→KHQ 的作用路径系数达到了显著性要求，且路径系数都为正值，因而 H6a：多样性培训对知识获取能力有正向作用；H6c：合理授权对知识获取能力有正向作用，没有通过检验。H6b：团队导向对知识获取能力有正向作用；H6d：强化沟通对知识获取能力有正向作用，通过了检验。

RPX→KXT 的作用路径系数 P 值达到了 0.01 的显著性水平，RTD→KXT 的作用路径系数达到了 0.001 的显著性要求，RSQ→KXT 的作用路径系数 P 值在 0.01 的水平上显著，RGT→KXT 的作用路径系数达到了 0.001 显著性要求，且路径系数均为正值，因而 H7a：多样性培训对系统化能力有正向作用；H7b：团队导向对系统化能力有正向作用；H7c：合理授权对系统化能力有正向作用；H7d：强化沟通对系统化能力有正向作用，得到了验证。

RPX→KHZ 的作用路径系数 P 值未达到 0.05 的最低显著性要求，RTD→KHZ 的作用路径系数 P 值达到了 0.05 的显著性要求，RSQ→KHZ 和 RGT→KHZ 的作用路径系数均达到 0.001 的显著性水平，且作用路径系数均为正值，因而 H8a：多样性培训对合作化能力有正向作用，没有通过检验。H8b：团队导向对合作化能力有正向作用；H8c：合理授权对合作化能力有正向作用；H8d：强化沟通对合作化能力有正向作用，通过了检验。

RPX→KSH 的作用路径系数 P 值未达到 0.05 的最低显著性要求，RTD→KSH 的作用路径系数 P 值未达到 0.05 的最低显著性要求，RSQ→KSH 的作用路径系数 P 值达到了 0.01 的显著性水平，RGT→KSH 的作用路径系数达到了 0.001 的显著性水平，且作用路径系数均为正值，因而 H9a：多样性培训对社会化能力有正向作用；H9b：团队导向对社会化能力有正向作用，没有通过检验。H9c：合理授权对社会化能力有正向作用；H9d：强化沟通对社会化能力有正向作用，通过了检验。

以上检验结果表明，不同人力资源管理实践对跨组织知识整合能力的影响作用不同，同一人力资源管理实践对跨组织知识整合能力不同维度的影响也不尽相同。此结果在一定程度上可以说明人力资源管理实践与跨组织知识整合能力的关系，但并不能因此得出人力资源管理实践对跨组织知识整合能力有正向作用的研究结论。因而，接下来将继续对人力资源管理实践系统对跨组织知识整合能力的作用进行检验。

（三）人力资源管理实践系统对跨组织知识整合能力作用程度检验

前文的相关性检验结果表明，人力资源管理实践系统与跨组织知识整合能力显著相关，可以进行作用程度检验。运用 AMOS7.0 软件构建人力资源管理实践系统对跨组织知识整合能力的作用结构模型并计算，结果如图 7-6 和表 7-15 所示。

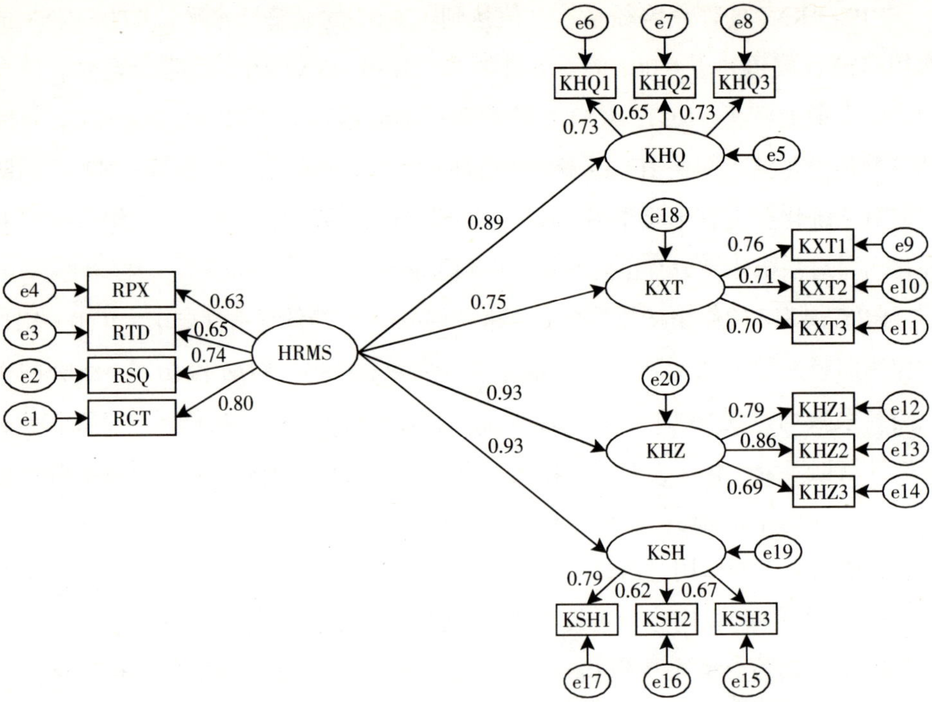

图 7–6　人力资源管理实践系统对跨组织知识整合能力作用路径模型

表 7–15　人力资源管理实践系统对跨组织知识整合能力作用结构模型拟合度指标

检验参数	χ^2/df	GFI	AGFI	NFI	IFI	CFI	RMSEA
分析结果	3.113	0.849	0.795	0.836	0.882	0.881	0.096

由图 7–6 和表 7–15 可知，GFI、NFI、IFI、CFI 均大于 0.8，AGFI 接近 0.8，RMSEA 大于 0.08 但小于 0.10，各因子载荷都在 0.5 以上，所有拟合指标均达到或接近标准值，说明模型拟合情况可以接受。

运用路径分析的测量模型，分析人力资源管理实践系统对跨组织知识整合能力影响作用结构模型的测量效果如表 7–16 所示。

表 7–16　人力资源管理实践系统对跨组织知识整合能力作用结构模型分析

			Estimate	Standardized estimate	S.E.	C.R.	P
KHQ	<---	HRMS	0.230	0.889	0.025	9.361	***
KXT	<---	HRMS	0.175	0.747	0.020	8.543	***
KHZ	<---	HRMS	1.027	0.927	0.114	8.978	***
KSH	<---	HRMS	1.212	0.933	0.130	9.324	***

由表 7-16 可知，人力资源管理实践系统对跨组织知识整合能力各因子的作用路径系数均达到了显著性水平，且均为正值，说明人力资源管理实践系统对跨组织知识整合能力有显著正向影响，所以 H6：人力资源管理实践对知识获取能力有正向作用；H7：人力资源管理实践对系统化能力有正向作用；H8：人力资源管理实践对合作化能力有正向作用；H9：人力资源管理实践对社会化能力有正向作用，均通过了检验。由于人力资源管理实践系统对跨组织知识整合能力各因子均具有显著正向作用，因此可以认为，人力资源管理实践系统对跨组织知识整合能力具有正向作用，所以 H10：人力资源管理实践对跨组织知识整合能力具有正向作用，得到了验证。

三、人力资源管理实践与跨组织知识整合运作特性的关系检验

根据前面提出的两变量之间影响作用的检验方法，对于人力资源管理实践对跨组织知识整合运作特性的影响作用检验如下。

（一）人力资源管理实践与跨组织知识整合运作特性相关性检验

根据前面计算出的人力资源管理实践和跨组织知识整合运作特性各因子得分结果，使用 SPSS17.0 软件计算各因子间的相关系数，结果如表 7-17 所示。

表 7-17 人力资源管理实践与跨组织知识整合运作特性的相关系数

	HRM	RPX	RTD	RSQ	RGT	KXL	KFW	KTX
HRM	1	0.812**	0.784**	0.856**	0.854**	0.558**	0.587**	0.576**
RPX		1	0.471**	0.539**	0.611**	0.402**	0.416**	0.420**
RTD			1	0.647**	0.536**	0.413**	0.442**	0.425**
RSQ				1	0.674**	0.521**	0.578**	0.540**
RGT					1	0.515**	0.515**	0.526**
KXL						1	0.622**	0.553**
KFW							1	0.622**
KTX								1

由表 7-17 可知，人力资源管理实践各因子与跨组织知识整合运作特性各因子，在 0.01 的显著水平上呈现出显著相关性，可以进行影响程度检验。

（二）人力资源管理实践各因子对跨组织知识整合运作特性的影响程度检验

运用 AMOS7.0 软件构建了人力资源管理实践与跨组织知识整合运作特性的

关系结构模型并计算，结果如图 7-7 和表 7-18 所示。

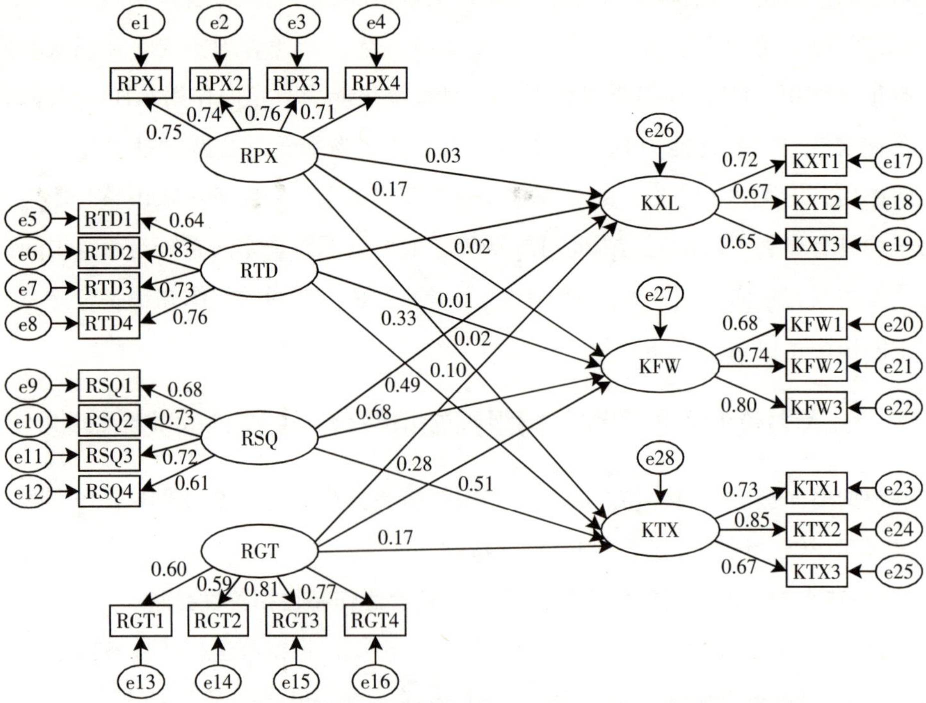

图 7-7 人力资源管理实践对跨组织知识整合运作特性作用结构模型

表 7-18 人力资源管理实践对跨组织知识整合运作特性作用结构模型拟合度指标

检验参数	χ^2/df	GFI	AGFI	NFI	IFI	CFI	RMSEA
分析结果	1.685	0.894	0.861	0.883	0.949	0.952	0.055

由图 7-7 和表 7-18 可以看出，GFI、AGFI、NFI、IFI、CFI 均大于 0.8，其中 IFI、CFI 大于 0.9，RMSEA 小于 0.08，所有拟合指标均达到或超过了建议值，各因子载荷也都在 0.5 以上，说明模型拟合情况良好。

运用路径分析的测量模型，分析人力资源管理实践对跨组织知识整合运作特性影响用结构模型的测量效果如表 7-19 所示。

表 7-19 人力资源管理实践对跨组织知识整合运作特性作用结构模型分析

			Estimate	Standardized estimate	S.E.	C.R.	P
KXL	<---	RPX	0.018	0.025	0.052	0.338	0.736
KFW	<---	RPX	0.014	0.019	0.047	0.290	0.772
KTX	<---	RPX	0.012	0.015	0.056	0.208	0.835

续表

			Estimate	Standardized estimate	S.E.	C.R.	P
KXL	<---	RTD	0.144	0.171	0.064	2.246	0.025
KFW	<---	RTD	0.010	0.012	0.057	0.183	0.855
KTX	<---	RTD	0.099	0.105	0.069	1.452	0.147
KXL	<---	RSQ	0.341	0.328	0.088	3.875	***
KFW	<---	RSQ	0.724	0.681	0.112	6.438	***
KTX	<---	RSQ	0.602	0.513	0.111	5.444	***
KTX	<---	RGT	0.125	0.166	0.056	2.246	0.025
KFW	<---	RGT	0.190	0.279	0.049	3.891	***
KXL	<---	RGT	0.328	0.492	0.059	5.609	***

注：*** 表示 P 值在 0.001 水平上显著。

由表 7-19 可知，RPX→KXL、RPX→KFW、RPX→KTX 的作用路径系数为正值，但未达到 0.05 的最低显著性水平要求，说明多样性培训对跨组织知识整合运作特性的直接正向作用不显著，因而 H11a：多样性培训对跨组织知识整合运作特性有正向作用，没有通过检验。RTD→KXL 的作用路径系数为正值，且达到了 0.05 的显著性水平，RTD→KFW、RTD→KTX 作用路径系数为正值，但未达到 0.05 的最低显著性水平，说明团队导向的人力资源管理实践对跨组织知识整合运作特性有部分正向作用，因而 H11b：团队导向对跨组织知识整合运作特性有正向作用，得到部分验证。RSQ→KXL、RSQ→KFW、RSQ→KTX 的作用路径系数为正值，且均达到了 0.05 的最低显著性水平，说明合理授权对跨组织知识整合运作特性有正向作用，因而 H11c：合理授权对跨组织知识整合运作特性有正向作用，得到了验证。RGT→KTX、RGT→KFW、RGT→KXI 的作用路径系数为正值，且均达到了 0.05 的最低显著性水平，说明强化沟通的人力资源管理实践对跨组织知识整合运作特性有正向作用，因而 H11d：强化沟通对跨组织知识整合运作特性有正向作用，得到了验证。

以上检验结果说明不同人力资源管理实践对跨组织知识整合运作特性的影响程度存在显著差异，接下来将继续对人力资源管理实践系统对跨组织知识整合运作特性的整体作用进行检验。

（三）人力资源管理实践系统对跨组织知识整合运作特性的整体作用关系检验

由上文检验结果可知，人力资源管理实践系统与跨组织知识整合运作特性之间呈显著相关，因此，此处直接应用 AMOS7.0 软件构建人力资源管理实践系统对跨组织知识整合运作特性的作用结构模型并计算。结果如图 7-8 和表 7-20 所示。

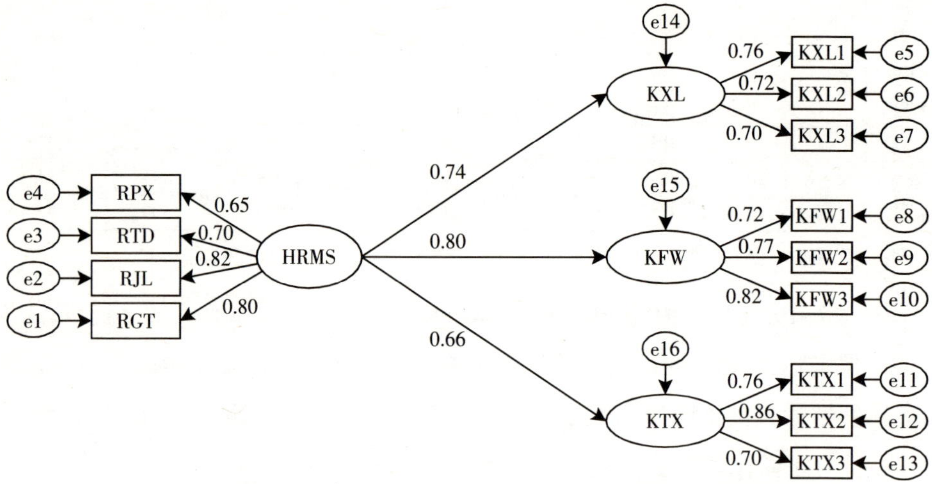

图 7-8 HRMP 系统对跨组织知识整合运作特性整体作用路径模型

表 7-20 HRMP 系统对跨组织知识整合运作特性整体作用结构模型拟合度指标

检验参数	χ^2/df	GFI	AGFI	NFI	IFI	CFI	RMSEA
分析结果	2.407	0.921	0.877	0.918	0.950	0.950	0.079

如图 7-8 和表 7-20 所示，GFI、NFI、IFI 和 CFI 均大于 0.9，AGFI 大于 0.8，RMSEA 小于 0.08，因子载荷都在 0.5 以上，所有拟合指标均超过了建议值，说明模型拟合情况良好。

运用路径分析的测量模型，分析人力资源管理实践系统对跨组织知识整合运作特性作用结构模型的测量效果如表 7-21 所示。

表 7-21 人力资源管理实践系统对跨组织知识整合运作特性作用结构模型分析

			Estimate	Standardized estimate	S.E.	C.R.	P
KXT	<---	HRMS	0.184	0.745	0.021	8.848	***
KFW	<---	HRMS	0.198	0.798	0.022	9.185	***
KTX	<---	HRMS	0.176	0.661	0.022	8.046	***

由表 7-21 可知，人力资源管理实践系统对跨组织知识整合运作特性的三因

子的作用路径系数均达到了显著性水平，且为正值，说明人力资源管理实践系统对跨组织知识整合运作特性有显著正向作用。因此，H11：人力资源管理实践对跨组织知识整合运作特性有正向作用，得到了验证。

四、跨组织知识整合能力的中介作用检验

前文的实证检验结果表明，人力资源管理实践系统对跨组织知识整合绩效和跨组织知识整合能力均有显著解释力，中介作用检验直接进入第三步。本研究应用 AMOS7.0 软件构建了三者之间的作用路径模型并测量，结果如图 7-9 和表 7-22 所示。

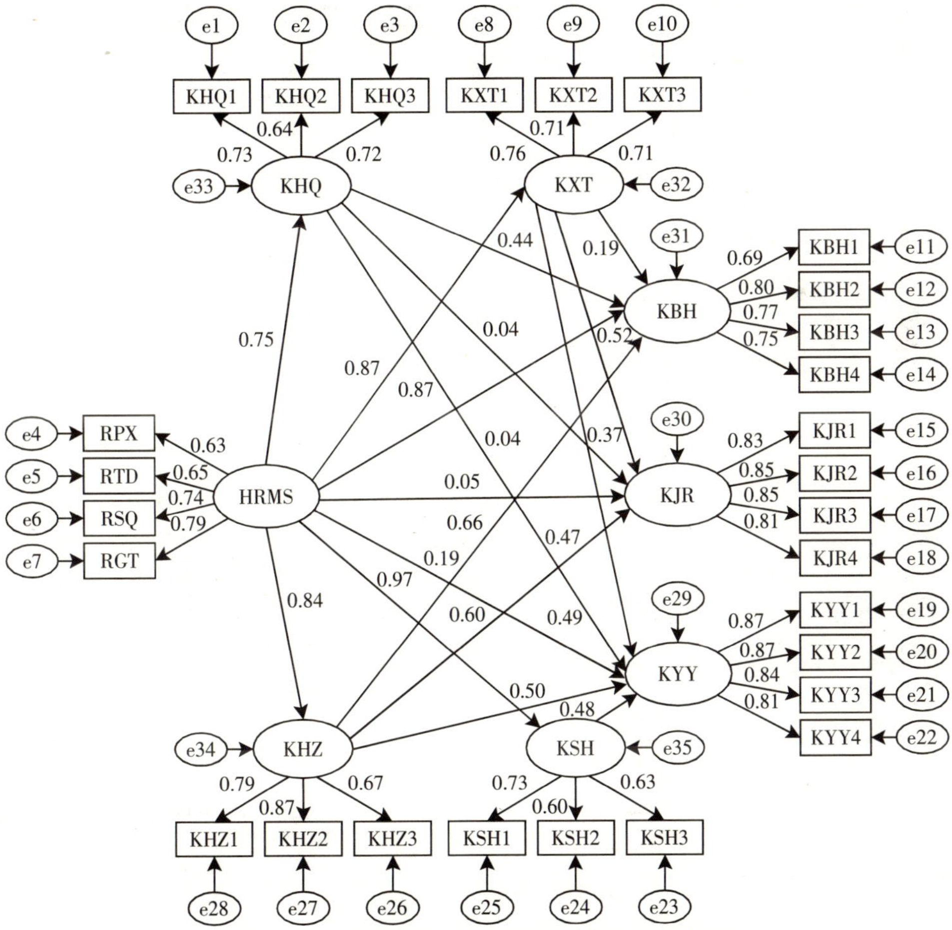

图 7-9 跨组织知识整合能力的中介作用结构模型

表 7-22　跨组织知识整合能力的中介作用模型拟合度指标

检验参数	χ^2/df	GFI	AGFI	NFI	IFI	CFI	RMSEA
分析结果	2.192	0.871	0.831	0.892	0.938	0.938	0.072

由图 7-9 和表 7-22 可知，模型拟合度指标 GFI、AGFI、NFI、IFI、CFI 均大于 0.8，RMSEA 小于 0.08，各拟合度指标均达到或超过了建议值，说明模型拟合程度较好。

运用路径分析的测量模型，分析人力资源管理实践、跨组织知识整合能力与跨组织知识整合绩效三者作用模型效果，结果如表 7-23 所示。

表 7-23　跨组织知识整合能力中介作用路径模型效果分析

			Estimate	Standardized estimate	S.E.	C.R.	P
KHQ	<---	HRMS	0.179	0.748	8.626	***	***
KXT	<---	HRMS	0.216	0.865	0.021	10.361	***
KHZ	<---	HRMS	0.196	0.839	0.021	9.216	***
KSH	<---	HRMS	0.236	0.973	0.025	9.544	***
KBH	<---	KHQ	0.843	0.442	0.246	3.420	***
KJR	<---	KHQ	0.059	0.044	0.143	0.412	0.680
KYY	<---	KHQ	0.061	0.042	0.161	0.379	0.705
KBH	<---	KXT	0.241	0.187	0.216	1.116	0.264
KJR	<---	KXT	0.902	0.517	0.244	3.691	***
KYY	<---	KXT	0.583	0.373	0.187	3.112	0.002
KBH	<---	KSH	0.782	0.470	0.227	3.445	***
KJR	<---	KSH	0.855	0.493	0.243	3.526	***
KYY	<---	KHZ	0.735	0.498	0.218	3.366	***
KJR	<---	KHZ	0.828	0.600	0.205	4.050	***
KBH	<---	KHZ	0.876	0.657	0.207	4.227	***
KYY	<---	KSH	0.956	0.486	0.271	3.521	***
KYY	<---	HRMS	0.245	0.188	0.147	1.667	0.096
KJR	<---	HRMS	0.061	0.049	0.210	0.291	0.771
KBH	<---	HRMS	0.044	0.032	0.240	0.185	0.854

注：*** 表示 P 值在 0.001 水平上显著。

由表 7-23 可知，在加入中介变量后人力资源管理实践对跨组织知识整合绩效的影响作用不再显著，但人力资源管理对跨组织知识整合能力的作用依然显著。KHQ→KBH 的作用路径系数达到了显著水平，KHQ→KJR、KHQ→KYY 的作用路径系数未达到显著性水平，说明知识获取能力在人力资源管理实践与跨组织知识整合绩效间具有部分中介作用，存在一条中介作用路径：HRMS→KHQ→KBH。KXT→KBH 的作用不显著，KXT→KJR、KXT→KYY 的作用路径系数达到了 0.01 的显著性水平，说明系统化能力在人力资源管理实践与跨组织知识整合绩效间具有部分中介作用，存在 HRMS→KXT→KJR 和 HRMS→KXT→KYY 两条中介作用路径。合作化能力和社会化能力对跨组织知识整合绩效的作用显著，说明合作化能力和社会化能力在人力资源管理实践与跨组织知识整合绩效间具有中介作用。综合上述分析可知，跨组织知识整合能力在人力资源管理实践与跨组织知识整合绩效间发挥着部分中介作用。因而，H12：跨组织知识整合能力是人力资源管理实践与跨组织知识整合绩效间的中介变量，得到部分验证。

五、跨组织知识整合运作特性的中介作用检验

前文的实证检验结果表明，人力资源管理实践系统对跨组织知识整合绩效和跨组织知识整合运作特性均有显著解释力，中介作用检验直接进入第三步。本研究应用 AMOS7.0 软件构建了三者之间的作用路径模型并测量，结果如图 7-10 和表 7-24 所示。

由图 7-10 和表 7-24 可知，GFI、NFI、IFI、CFI 均大于 0.8，AGFI 接近 0.8，RMSEA 小于 0.08，各因子载荷也都在 0.5 以上，拟合指标均达到或接近建议值，说明模型拟合情况可以接受。

运用路径分析的测量模型，分析跨组织知识整合运作特性的中介作用模型效果，结果如表 7-25 所示。

由表 7-25 可知，在加入中介变量后人力资源管理实践对跨组织知识整合运作特性的影响显著，整合范围和整合效率对整合绩效的影响显著，整合弹性对整合绩效的影响不显著，人力资源管理实践对整合绩效的影响依然显著，但作用路径系数相对于未加中介变量前有了大幅降低。Allen （2003） 等认为，在加入中介变量后自变量的回归系数明显减小，但仍然达到显著性水平时，中介变量只起到部分中介作用，即自变量不仅通过中介变量间接影响因变量，同时也对因变量产生直接影响。由此可知，跨组织知识整合运作特性在人力资源管理实践与跨组织知识整合绩效间起着部分中介作用。综合上述分析可知，H13：跨组织知识整

合运作特性是人力资源管理实践与跨组织知识整合绩效间的中介变量，得到了部分验证。

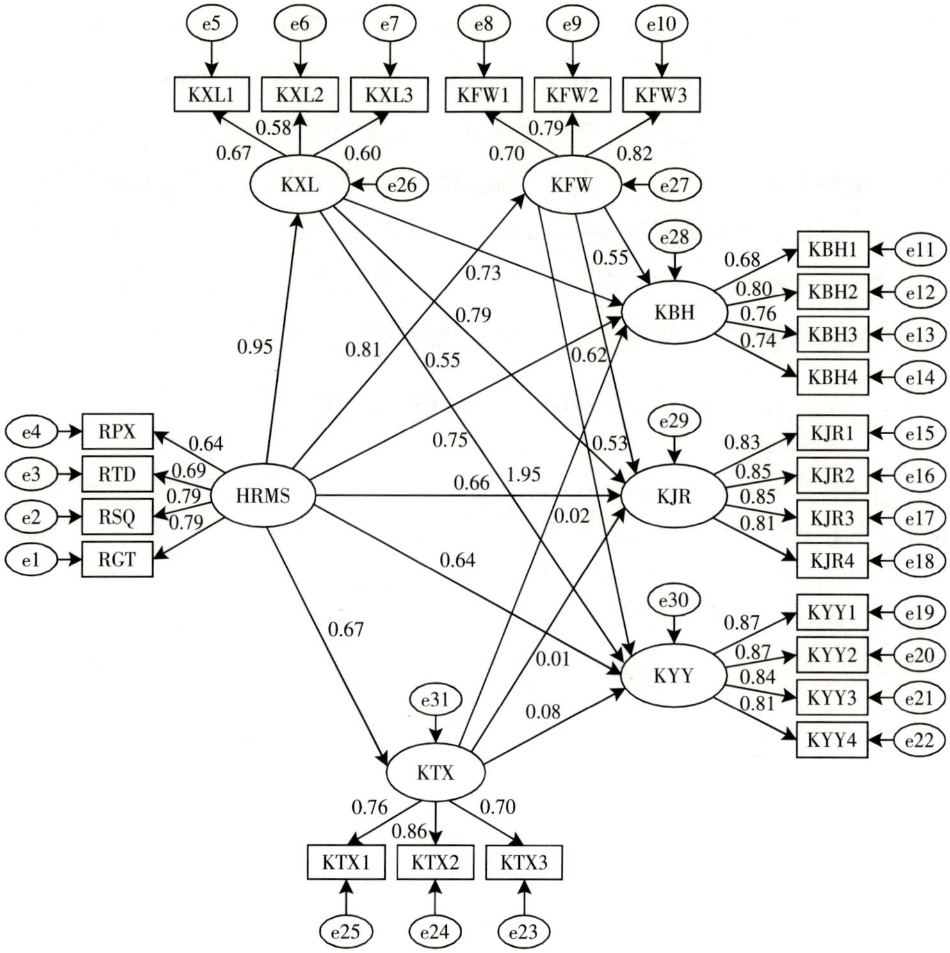

图 7-10　跨组织知识整合运作特性的中介作用结构模型

表 7-24　跨组织知识整合运作特性的中介作用模型拟合度指标

检验参数	χ^2/df	GFI	AGFI	NFI	IFI	CFI	RMSEA
分析结果	3.144	0.806	0.760	0.808	0.861	0.859	0.078

表 7-25　跨组织知识整合运作特性的中介作用模型结果分析

			Estimate	Standardized estimate	S.E.	C.R.	P
KXL	<---	HRMS	0.208	0.946	0.021	9.980	***
KFW	<---	HRMS	0.198	0.815	0.022	9.186	***
KTX	<---	HRMS	0.180	0.669	0.023	7.771	***
KYY	<---	HRMS	0.590	0.643	0.137	4.301	***
KJR	<---	HRMS	0.629	0.662	0.144	4.384	***
KBH	<---	HRMS	0.444	0.548	0.117	3.806	***
KBH	<---	KFW	0.692	0.548	0.183	3.784	***
KJR	<---	KFW	0.817	0.619	0.186	4.399	***
KYY	<---	KFW	0.736	0.528	0.194	3.787	***
KYY	<---	KXL	0.805	0.754	0.151	5.330	***
KJR	<---	KXL	0.887	0.788	0.159	5.556	***
KBH	<---	KXL	0.817	0.735	0.153	5.532	***
KYY	<---	KTX	0.105	0.083	0.109	0.964	0.335
KJR	<---	KTX	0.007	0.006	0.098	0.070	0.944
KBH	<---	KTX	0.024	0.021	0.100	0.240	0.810

注：*** 表示 P 值在 0.001 水平上显著。

第四节　实证研究结果讨论

本章在前文研究的基础上，通过实证研究分析了人力资源管理实践对跨组织知识整合的影响机理。结合前面的假设检验过程，对研究假设的检验结果分析与解释如下：

（1）人力资源管理实践对跨组织知识整合绩效具有显著正向作用，不同特质的人力资源管理实践对跨组织知识整合绩效的作用程度不同，人力资源管理实践作为一个系统大于单项人力资源管理实践活动对跨组织知识整合的影响。

从前文的相关性检验和影响程度检验结果可以看出，人力资源管理实践与跨组织知识整合绩效三因子的相关系数为 0.500、0.488、0.487，达到了显著相关。从要素间作用关系检验结果来看，人力资源管理实践对知识捕获、知识交融和知识应用三因子的标准化作用路径系数分别为 0.929、0.960、0.927，其 P 值在

0.001的水平上也达到了显著，说明人力资源管理实践对知识捕获、知识交融和知识应用具有显著正向作用，高效的人力资源管理实践系统能够正向作用于跨组织知识整合绩效。

从人力资源管理实践各因子与跨组织知识整合的相关性检验结果来看，多样性培训（RPX）与知识捕获（KBH）、知识交融（KJR）、知识应用（KYY）的相关系数分别为0.409、0.381、0.391，均达到了显著相关；标准化作用路径系数分别为0.127、0.160、0.214，其中RPX→KBH、RPX→KJR的作用路径系数在0.05的水平上显著，RPX→JYY的作用路径系数在0.01的水平上显著，说明多样性培训对知识应用的作用大于对知识捕获和知识交融的影响作用。RTD（团队导向）与KBH、KJR、KYY的相关系数分别为0.345、0.343、0.321，均达到了显著相关，标准化作用路径系数分别为0.137、0.175、0.107，其P值在0.05的水平上也达到了显著，说明团队导向对跨组织知识整合绩效有正向作用。合理授权（RSQ）与KBH、KJR、KYY的相关系数分别为0.424、0.419、0.414，标准化作用路径系数分别为0.306、0.312、0.332，其P值在0.001的水平上显著，说明合理授权对跨组织知识整合绩效有显著正向作用。强化沟通（RGT）与KBH、KJR、KYY的相关系数分别为0.472、0.470、0.479，标准化作用路径系数分别为0.352、0.334、0.30，其P值在0.001的水平上显著，说明强化沟通对跨组织知识整合绩效有显著正向作用。由上述分析可知，不同的人力资源管理实践对跨组织知识整合的影响程度存在显著差别，合理授权与强化沟通对跨组织知识整合的影响大于多样性培训和团队导向对跨组织知识整合的影响。

另外，通过人力资源管理实践对跨组织知识整合绩效的整体作用与人力资源管理单项实践活动对跨组织知识整合绩效的作用关系检验结果的比较分析，可以发现，人力资源管理实践系统对知识捕获、知识交融和知识应用的作用路径系数（0.929、0.960、0.927）远大于多样性培训、团队导向、合理授权和强化沟通对知识捕获、知识交融、知识应用的作用路径系数。这说明，人力资源管理实践作为一个系统对跨组织知识整合的影响程度大于单项人力资源管理实践活动对跨组织知识整合的影响。这一研究结果支持了战略人力资源管理理论强调的人力资源管理实践作为一个系统对企业竞争战略施加影响的观点。Ichniowski等研究发现，不同人力资源管理实践之间的有机整合效果，将高于这些具体人力资源管理实践单独部分简单相加起来的功效。Laursen 和 Foss（2003）认为，一些人力资源管理实践如果单独在组织管理过程中执行，由于忽视了人力资源管理具体实践之间的互补性（Complementarities）效果，而可能并不能对组织创新绩效产生积极的影响。正如 Huselid（1995）所言，关于人力资源管理实践对组织绩效作用的理解，更加需要从一个系统的视角出发，同时来考察这些具体人力资源管理实践不同部分之间的互补或整合效应等对组织竞争战略的影响。因此，企业在构建人力资源管理体系时，应综合考虑各实践活动的互补和整合效应，尽量将各项人力资源管理实践活动整合成一个强有力的系统。

（2）人力资源管理实践作为一个系统对跨组织知识整合能力具有显著正向影响；不同特征的人力资源管理实践对跨组织知识整合能力的影响存在显著差异。

由前文的实证研究结果可知，人力资源管理实践作为一个系统对跨组织知识整合能力的知识获取能力、系统化能力、合作化能力和社会化能力的作用路径系数分别为 0.89、0.75、0.93、0.93，均达到了显著性水平。从作用路径系数来看，人力资源管理实践对系统化能力的影响最弱，对合作化能力和社会化能力的影响较强，对知识获取能力的影响处于中等水平。

虽然人力资源管理实践作为一个整体对跨组织知识整合能力具有显著正向作用，但并不能表示所有的人力资源管理实践活动对跨组织知识整合能力有着同等重要的影响，本章的实证研究结果也支持了这一观点。实证研究结果表明，多样性培训对知识获取能力、合作化能力和社会化能力的影响不显著，仅对系统化能力有显著影响，这可能与培训本身的特质和跨组织知识整合能力的划分标准有关。一般认为，培训的目标越明确、内容越具体，培训的效果越好，系统化能力是指根据标准对信息设备的操作能力，对于此类内容的培训较易获得明显效果，而知识获取能力、合作化能力和社会化能力更多的是指一种综合能力，需要较长时期的积累，培训的效果也较难在短时期内得到体现。同时，这也表明当前的企业培训还主要停留在知识的灌输层面。

团队导向的人力资源管理实践对知识获取能力、系统化能力和合作化能力影响显著，而对社会化能力的影响不显著。长期的团队工作可能会形成独特的团队文化，当组织内存有多种工作团队时就可能会出现多种具有不同特质的团队文化，这些团队文化有些可以相互补充和容纳，有些可能会相互冲突和排斥，这样就不利于组织统一文化的形成。这可能是造成团队导向的人力资源管理实践对社会化能力影响不显著的原因之一。

合理授权对系统化能力、合作化能力和社会化能力的影响显著，而对知识获取能力的影响不显著。面向集成创新的跨组织知识整合以外部知识获取为基础，这必然会发生企业与外部组织、团体和个人的接触。这种接触实际上是由代表组织的员工进行的，他们代表本组织的利益，处理对方传递的信息，并将组织机构联系起来。由于在组织中所处的位置比较特殊，因此，他们需要对组织内外两类主体同时负责。Allen（1997）认为，看门人就是那些在企业中与外界联系较多，沟通广泛，高绩效的个体，并认为企业中的这些个体将影响整个组织与外界的知识沟通。魏江（2006）也认为，在对外学习的过程中，组织内技术守门人在该阶段将发挥非常关键的作用，通过对外界知识有选择地引入，并在组织内传播，将一次输入变为两次输入，知识传播和扩散的效率大为提高。因此，看门人个体的特性在很大程度上影响着组织的知识获取能力。Conger 和 Kanungo（1988）指出，授权的管理实践并不一定能够带来员工绩效的提高，而且往往由于授权过程中操作方式不当或控制不好可能会使得权力失控，最终导致绩效下降，授权的关键在于提高员工对于授权的感知及积极态度，并由此形成员工的积极工作态度和行为。本研究中关于授权的测量是从管理实践的角度进行的，而非员工的心理感知，可能造成测量的结果与员工的感知相背离。这可能是合理授权对知识获取能力影响不显著的原因。

强化沟通的人力资源管理实践对知识获取能力、系统化能力、合作化能力和社会化能力均有显著影响。这说明强化沟通相对于培训、团队工作和授权对跨组织知识整合能力的影响更加显著。诸多学者都认为，组织成员间的有效沟通是传递和转移知识的必要条件，有助于增加成员的知识积累。同时，沟通也是一种情感交流的过程，有效的沟通可以消除彼此间的隔阂，从而增加合作的机会。另外，不同部门和成员的沟通可以加速对组织创新目标、组织政策、组织愿景和组织价值观等的理解和认同，有助于组织文化的建设。本章的实证研究从跨组织知识整合的角度支持了这一学术观点。

（3）人力资源管理实践作为一个整体对跨组织知识整合运作特性具有显著正向作用；人力资源管理实践作为一个系统大于单项人力资源管理实践活动对跨组

织知识整合运作特性的影响；多样性培训对跨组织知识整合运作特性的影响不显著；团队导向可以提高跨组织知识整合的效率；合理授权和强化沟通对跨组织知识整合运作特性均有显著影响。

由前面的实证检验结果可知，人力资源管理实践与跨组织知识整合运作特性呈显著相关。从影响程度来看，人力资源管理实践与整合效率、整合范围和整合弹性的作用路径系数分别为 0.745、0.798、0.661，对整合范围的影响大于对整合效率和弹性的影响，对整合弹性的影响最弱。

从影响程度检验结果来看，多样性培训对整合效率、整合范围和整合弹性作用路径系数虽然为正值，但未达到显著性水平。这说明培训对跨组织知识整合运作特性的影响不明显。虽然越来越多的学者认为，培训不但可以提高员工的能力，还可以促进新的价值观的传递和组织氛围的形成，但培训的该项功能还仅停留在学术探讨层面，还缺少相关的实证研究，企业界的培训还主要停留在能力的培养层面。这可能是造成多样培训对跨组织知识整合运作特性影响不显著的原因之一。

团队导向对知识整合效率有显著正向影响，但对整合范围和整合弹性的影响不显著。团队工作往往有明确的目标和职能分工，同时团队内的交流也会加速知识的流动和对新知识的理解，从而贡献于知识整合效率。另外，团队工作往往会促使团队成员形成狭隘的团队价值观念，在主观上排斥外部支援，这会在某种程度上将知识整合限制在团队内部，不利于整合范围的扩展。有些团队为了维护所谓的自身威严，往往抵制新的变革，这会在无形中削弱对环境的适应能力和自我调整能力。这可能是团队导向对整合效率有正向作用，而对整合范围和弹性的影响不显著的原因。当然，上述团队工作的缺陷是可以通过相应的管理措施加以修正的。

实证研究结果表明，合理授权和强化沟通对整合效率、整合范围和整合弹性均有显著正向作用。授权可以改变员工的心理认知，而认知的改变又可以引起员工工作行为的调整，这种调整往往发生在实际工作中。与行为的改变类似，组织内的沟通也发生在工作过程中，强化沟通的人力资源管理实践强调的是在工作中的充分有效交流，这种沟通发生在知识整合的全过程。所以，合理授权和强化沟通会对跨组织知识整合的过程产生影响，本章的实证研究也支持了这一观点。因而，企业可以借助有效的人力资源管理实践活动加强对跨组织知识整合的过程控制，以促使知识整合向着组织期望的方向发展。

（4）人力资源管理实践与跨组织知识整合绩效存在着以跨组织知识整合能力为中介变量的间接作用，同时也存在着以跨组织知识整合运作特性为中介变量的间接作用；不同类型的人力资源管理实践对跨组织知识整合绩效的影响路径存在显著差异。

由前文的实证检验结果可知，在加入跨组织知识整合能力中介变量后，人力资源管理实践对跨组织知识整合绩效的影响作用不再显著，但人力资源管理实践对跨组织知识整合能力的作用依然显著。同时，知识获取能力对知识捕获的作用也达到了显著性水平，KHQ→KJR、KHQ→KYY 的作用路径系数未达到显著性水平，说明知识获取能力在人力资源管理实践与跨组织知识整合绩效间具有部分中介作用，存在一条中介作用路径：HRMS→KHQ→KBH。在加入中介变量后，KXT→KJR、KXT→KYY 的作用路径系数达到了 0.01 的显著性水平，KXT→KBH 的作用不显著，说明系统化能力在人力资源管理实践与跨组织知识整合绩效间具有部分中介作用，存在 HRMS→KXT→KJR 和 HRMS→KXT→KYY 两条中介作用路径。在加入中介变量后，合作化能力和社会化能力对跨组织知识整合绩效的作用显著，说明合作化能力和社会化能力在人力资源管理实践与跨组织知识整合绩效间具有中介作用。综合上述分析可知，跨组织知识整合能力在人力资源管理实践与跨组织知识整合绩效间发挥着部分中介作用。

实证研究结果表明，在加入跨组织知识整合运作特性中介变量后人力资源管理实践对跨组织知识整合绩效的影响依然显著，但作用路径系数相对于未加中介变量前有了显著降低。Allen 等认为，在加入中介变量后自变量的回归系数明显减小，但仍然达到显著性水平时，中介变量只起到部分中介作用，即自变量不仅通过中介变量间接影响因变量，同时也对因变量产生直接影响。由此可知，跨组织知识整合运作特性在人力资源管理实践与跨组织知识整合绩效间起着部分中介作用。进一步分析发现，在加入中介变量后，整合范围和整合效率对整合绩效的影响显著，整合弹性对整合绩效的影响不显著，这说明跨组织知识整合运作特性的中介作用主要通过整合效率和范围来实现。

综合上述分析可知，人力资源管理实践正向作用于跨组织知识整合绩效，不同人力资源管理实践对跨组织知识整合绩效的作用程度存在显著差异，人力资源管理实践作为一个系统对跨组织知识整合绩效的影响大于单项人力资源管理实践对跨组织知识整合绩效的影响。不同人力资源管理实践对跨组织知识整合的作用程度和方式呈现出一定的差异性。

根据本章的实证检验结果，对人力资源管理实践对跨组织知识整合的影响模型进行修正，同时也将实证检验结果明示化，如图 7–11 所示。

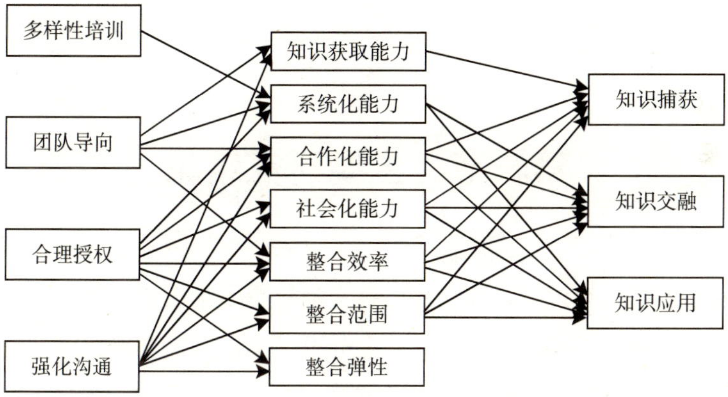

图 7–11　人力资源管理实践对跨组织知识整合作用的修正模型

如图 7–11 所示（图中带方向直线表示正向作用），多样性培训对仅对系统化能力有正向作用；团队导向的人力资源管理实践不仅影响知识获取能力、系统化能力和合作化能力，还能贡献于跨组织知识整合的效率；合理授权跨组织知识整合的系统化能力、合作化能力和社会化能力均有显著正向作用，而对知识获取的正向作用不显著，同时，合理授权还能够影响跨组织知识整合过程；强化沟通不但能影响跨组织知识整合能力，而且还能对跨组织知识整合过程实施某种程度上的控制，进而对跨组织知识整合效率、范围和弹性产生影响。知识获取能力正向作用于知识捕获，系统化能力正向作用于知识交融和知识应用，合作化能力和社会化能力对知识捕获、知识交融和知识应用均有正向作用。跨组织知识整合运作特性也对知识整合绩效产生积极影响，整合效率和整合范围对知识捕获、知识交融和知识应用的实现情况均有显著影响，而整合弹性对跨组织知识整合绩效的正向作用不显著。

第八章　结论与讨论

第一节　主要研究结论

本研究首先基于知识整合理论和已有文献分析了集成创新与跨组织知识整合的内涵、特性与要素结构，并在此基础上分析了集成创新与跨组织知识整合之间的关系，构建了集成创新与跨组织知识整合的互动作用模型，探讨了面向集成创新的跨组织知识整合流程、内容和模式；接着对跨组织知识整合对组织创新绩效的驱动作用进行了理论分析和实证检验；更进一步地构建了人力资源管理实践对跨组织知识整合的影响作用模型，并通过调查收集数据对所构建模型进行了实证检验。具体研究结论如下：

（1）跨组织知识整合能力对组织创新绩效具有显著正向作用，跨组织知识整合能力的不同维度对组织创新绩效的作用存在显著差异。

实证检验结果表明，跨组织知识整合能力各维度与组织创新绩效均显著正相关；从要素作用路径系数来看，系统化能力对组织创新绩效的影响大于获取能力和社会化能力对组织创新绩效的影响；合作化能力对组织创新绩效的影响不显著。这可能与本书关于合作化能力的界定有关，本书中所指的合作化能力主要是指组织内部的知识传递和共享。关于知识共享的理论研究指出，虽然充分的知识共享有利于企业创新绩效的提升，但知识主体会因为多种原因而对知识进行"私有化"，同时又迫于某种压力不得不参与知识共享，这样就会形成"虚假"的知识共享。这可能也是当前理论研究把知识共享当作知识创新的关键环节的原因之一。因而，就短期来看，企业可以通过提高系统化能力快速提升组织创新绩效，但系统化能力对组织创新绩效的支持容易达到饱和，同时也由于容易被模仿而对组织持续竞争优势的贡献不大。为增强企业的核心竞争力和长期竞争优势，企业应努力培养知识获取能力、社会化能力，尤其是合作化能力。

（2）跨组织知识整合运作特性对组织创新绩效具有显著正向作用，运作特性的不同维度对组织创新绩效的作用存在差异。

实证检验结果表明，跨组织知识整合效率、整合范围和整合弹性与组织创新绩效的相关系数分别为 0.617、0.556、0.593，均达到了显著相关，从相关系数来看，跨组织知识整合效率与组织创新绩效的相关度最高；从作用程度检验结果可知，虽然整合效率、整合范围和整合弹性对组织创新绩效的作用路径系数均达到了可接受的程度，但显著性水平不同。整合效率、整合范围、整合弹性对组织创新绩效的标准化作用路径系数分别为 0.494、0.206、0.455，其中整合效率对组织创新绩效和整合弹性对组织创新绩效的作用路径系数达到了 0.001 的显著水平，整合范围对组织创新绩效的作用路径系数检验 P 值为 0.003，达到了 0.01 的显著水平。这说明，整合效率和整合弹性对组织创新绩效的作用比整合范围对组织创新绩效的作用显著。这一结果的产生可能与企业的实际运作过程有关，理论上一般认为，信息知识收集得越充分、越完整，所做决策的正确性就越高，但这往往会以降低效率为代价，而且在实践中也很难把握整合范围的“程度”，几乎不能明确界定什么样的范围是合理的。对企业来说，较为可行的现实路径选择是确保知识整合方向与创新战略要求相一致，在保证效率的前提下尽可能扩大整合范围。

（3）跨组织知识整合能力与运作特性的交互作用对组织创新绩效具有显著正向作用。

林文宝等认为，知识整合能力与运作特性的交互作用对组织核心能力有显著影响。本文在此基础上提出了跨组织知识整合能力与运作特性的交互效应对组织创新绩效具有显著正向作用的理论假设，并通过实证研究对所提假设进行了检验。结果表明，知识获取能力与整合范围的交互效应对组织创新绩效存在显著正向作用、系统化能力与整合效率的交互效应对组织创新绩效存在显著正向作用、合作化能力与整合弹性的交互效应对组织创新绩效存在显著正向作用、社会化能力与整合效率的交互效应对组织创新绩效具有显著正向作用。这说明，跨组织知识整合能力与运作特性间存在交互效应，且交互效应对组织创新绩效具有显著正向影响。虽然跨组织知识整合能力与运作特性均能显著影响组织创新绩效（合作化能力除外），但能力不一定带来与之相匹配的结果，其结果还受制于能力的发挥过程。本书的实证研究结果表明，虽然合作化能力对组织创新绩效的影响不显著，但合作化能力与整合弹性的交互作用对组织创新绩效具有显著正向作用；同时知识获取能力与整合范围的交互作用对组织创新绩效的影响程度远大于知识获取能力对组织创新绩效的影响（从作用路径系数来看）。因而，为了更好地发挥跨组织知识整合对组织创新绩效的作用，企业应在努力提高跨组织知识整合能力的同时，加强对跨组织知识整合的过程控制。

（4）人力资源管理实践作为一个系统对跨组织知识整合的作用程度大于单项人力资源管理实践对跨组织知识整合的影响；不同特质的人力资源管理实践对跨组织知识整合的作用存在显著差异。

实证研究结果表明，人力资源管理实践对跨组织知识整合绩效、跨组织知识整合能力和运作特性均有显著正向作用，但不同特质的人力资源管理实践对它们的影响呈现出显著差异。下面仅从人力资源管理实践对跨组织知识整合绩效的影响来阐释这一结论。

由前文的相关性检验结果可知，人力资源管理实践系统与跨组织知识整合绩效显著相关。从要素间作用关系检验结果来看，人力资源管理实践对知识捕获、知识交融和知识应用三因子的标准化作用路径系数分别为 0.929、0.960、0.927，其 P 值在 0.001 的水平上也达到了显著，说明人力资源管理实践系统对知识捕获、知识交融和知识应用具有显著正向作用，高效的人力资源管理实践系统能够正向作用于跨组织知识整合。

从人力资源管理实践各因子与跨组织知识整合绩效的实证检验结果来看，多样性培训（RPX）、团队导向（RTD）、合理授权（RSQ）、强化沟通（RGT）与知识捕获（KBH）、知识交融（KJR）、知识应用（KYY）均显著正相关，从标准化作用路径系数来看，不同类型的人力资源管理实践对跨组织知识整合的作用显著程度不同。其中，RPX→KBH、RPX→KJR 的作用路径系数在 0.05 的水平上显著，RPX→JYY 的作用路径系数在 0.01 的水平上显著；RTD→KBH、RPX→KYY 作用路径系数在 0.05 的水平上显著，RTD→KJR 在 0.01 的水平上显著；合理授权对知识捕获、知识交融和知识应用的作用路径系数均达到了 0.001 的显著水平；强化沟通对知识捕获、知识交融和知识应用的作用路径系数也达到了 0.001 的显著水平。由上述分析可知，不同类型的人力资源管理实践对跨组织知识整合的影响程度存在显著差异，合理授权与强化沟通对跨组织知识整合的影响大于多样性培训和团队导向对跨组织知识整合的影响。

通过进一步比较人力资源管理实践对跨组织知识整合绩效的整体作用与人力资源管理单个实践活动对跨组织知识整合绩效的作用关系检验结果，可以发现，人力资源管理实践系统对知识捕获、知识交融和知识应用的作用路径系数（0.929、0.960、0.927）远大于多样性培训、团队导向、合理授权和强化沟通对知识捕获、知识交融、知识应用的作用路径系数。这说明，人力资源管理实践作为一个系统对跨组织知识整合的影响程度大于单项人力资源管理实践活动对跨组织知识整合的影响。这一研究结果支持了战略人力资源管理理论强调的人力资源管理实践作为一个系统对企业竞争战略施加影响的观点。正如 Huselid（1995）所言，关于人力资源管理实践对组织绩效作用的理解，更加需要从一个系统的视角出发，同时来考察这些具体人力资源管理实践不同部分之间的互补或整合效应等对组织竞争战略的影响。因此，企业在构建人力资源管理体系时，应综合考虑各实践活动的互补和整合效应，尽量将各项人力资源管理实践活动整合成一个强有力的系统。

（5）人力资源管理实践可以通过培养跨组织知识整合能力和控制跨组织知识整合过程间接作用于跨组织知识整合绩效。

在理论分析的基础上，本书提出了跨组织知识整合能力和运作特性是人力资源管理实践与跨组织知识整合绩效间的中介变量的研究假设。为检验跨组织知识整合能力和运作特性的中介作用，本书首先检验了人力资源管理实践对跨组织知识整合能力和运作特性的影响。

实证检验结果表明，人力资源管理实践与跨组织知识整合能力与运作特性均呈显著正相关关系。由影响程度检验结果可知，虽然不同特质的人力资源管理实践对跨组织知识整合能力和运作特性的影响存在显著差异，但作为一个整体人力资源管理实践对跨组织知识整合能力和运作特性的影响均显著。人力资源管理实践对知识获取能力、系统化能力、合作化能力、社会化能力的作用路径系数分别为 0.889、0.747、0.927、0.933，均达到了显著性水平。从作用路径系数来看，人力资源管理实践对合作化能力、社会化能力和知识获取能力的影响程度大于对系统化能力的影响。人力资源管理实践对跨组织知识整合效率、整合范围、整合弹性的作用路径系数分别为 0.745、0.798、0.661，均达到了显著性水平，从作用路径系数来看，人力资源管理实践对整合效率和范围的影响程度大于对整合弹性的影响，这说明人力资源管理实践对整合过程的控制主要表现在提高整合效率和扩展整合范围方面，而对跨组织知识整合灵活性的控制能力较弱。

在验证了人力资源管理实践对跨组织知识整合绩效、跨组织知识整合能力和运作特性的正向作用的基础上，本书继续对跨组织知识整合能力和运作特性的中介作用进行了实证检验。由前文的实证检验结果可知，在加入跨组织知识整合能力这一中介变量后人力资源管理实践对跨组织知识整合绩效的影响作用不再显著，但人力资源管理实践对跨组织知识整合能力的作用依然显著。说明跨组织知识整合能力在人力资源管理实践与跨组织知识整合绩效间发挥着中介作用，人力资源管理实践可以通过提升跨组织知识整合能力作用于整合绩效。经过深入分析发现，跨组织知识整合能力的不同维度在人力资源管理实践与整合绩效间的中介作用程度不同。在加入中介变量后，知识获取能力对知识捕获的作用达到了显著性水平，而对知识交融和知识应用的作用未达显著性水平，这说明人力资源管理实践主要通过知识获取能力的中介作用影响知识捕获；系统化能力对知识交融和知识应用的作用显著，而对知识捕获的作用不显著，这说明人力资源管理主要通过系统化能力的中介作用影响知识交融和知识应用的实现状况；合作化能力和社会化能力对知识捕获、知识交融和知识应用的影响均显著，这说明人力资源管理实践可以通过合作化能力和社会化能力的中介作用全面影响跨组织知识整合绩效。

在加入跨组织知识整合运作特性这一中介变量后，人力资源管理实践对跨组织知识整合绩效的影响依然显著，但作用路径系数相对于未加中介变量前有了显著降低。Allen（2003）认为，在加入中介变量后自变量的回归系数明显减小，但仍然达到显著性水平时，中介变量只起到部分中介作用，即自变量不仅通过中介变量间接影响因变量，同时也对因变量产生直接影响。由此可知，跨组织知识整合运作特性在人力资源管理实践与跨组织知识整合绩效间起着部分中介作用。进一步分析发现，运作特性的不同特征在人力资源管理实践与跨组织知识整合绩效间的中介作用程度也不同。在加入中介变量后，整合范围和整合效率对整合绩效的影响显著，而整合弹性对整合绩效的影响不显著，这说明跨组织知识整合运作特性的中介作用主要通过整合效率和范围来实现。

综合上述分析结果可知，人力资源管理实践对跨组织知识整合绩效既存在直接作用，也存在以跨组织知识整合能力与运作特性为中间变量的间接作用。人力资源管理实践对跨组织知识整合的影响是全方位的，既能影响跨组织知识整合结果，又能作用于跨组织知识整合能力，还能对跨组织知识整合运作过程施加一定程度的控制。

第二节　研究创新点

本书从集成创新的视角研究了人力资源管理实践对跨组织知识整合的影响。综观整篇研究，可能的创新点主要有以下几个方面：

（1）提出了跨组织知识整合能力的四要素。当前国内关于知识整合的研究大都停留在组织内部层面，局限于知识整合的内部讨论，对知识整合能力的衡量也主要集中在内部知识整合的视角，通常以系统化能力、合作化能力和社会化能力三要素来度量。本书通过对跨组织知识整合内涵、过程和特征等的分析，认为外部知识获取能力应该成为跨组织知识整合能力的重要组成，继而提出了知识获取能力、系统化能力、合作化能力和社会化能力的跨组织知识整合能力的四要素，并通过实证检验了其合理性。

（2）提出并验证了跨组织知识整合的内部结构及其对组织创新绩效的作用关系。当前相关文献以研究知识整合能力与组织创新绩效、知识整合运作特性与组织创新绩效两两关系的居多，较少涉及知识整合能力与运作特性对组织创新绩效的交互效应，而且大都将知识整合作为一个整体产出，并未从知识整合的内部结构分析哪些因素影响了组织创新绩效。本书通过理论和实证研究，提出并验证了跨组织知识整合的内部结构及其对组织创新绩效的作用关系，从而全面揭示了跨组织知识整合对组织创新绩效的作用机理。

(3) 提出并检验了人力资源管理实践对跨组织知识整合的影响路径。以往的相关研究在理论及实证方面大多是针对某一特定人力资源管理实践对知识整合的直接影响进行研究，其中实证分析相对于理论研究又明显不足。本书通过问卷调查收集数据，不仅验证了人力资源管理实践对跨组织知识整合绩效的直接影响，而且在此基础上还探索性地检验了人力资源管理实践对跨组织知识整合的两条间接作用路径，较为全面地揭示了人力资源管理实践对跨组织知识整合的作用路径。

第三节　研究局限与展望

随着中国建设创新型国家战略的实施和知识在企业创新发展中重要性的日益突出，如何有效利用企业外部和内部两种来源的知识为企业创新战略服务将成为理论研究和实践发展所关注的重点。正是在这种背景下，本书对人力资源管理实践与面向集成创新的跨组织知识整合的关系进行了初步研究，然而由于当前关于跨组织知识整合的相关研究仍处于探索阶段，跨组织知识整合的一些相关概念和核心要素还相对模糊，作为在一个较新的研究领域中所开展的完善知识整合理论的一种尝试，本书的研究成果只是解释和回答了其中的一小部分问题，同时由于方法和理论局限，对一些问题的认识还存在些许不足，希望在后续研究中能够进一步完善和弥补。

(1) 跨组织知识整合受制于多种影响因素，人力资源管理实践只是其中较为重要的一个方面。学者普遍认为，人力资源管理实践对组织创新既有自身的影响又有通过其他组织机能的间接作用。本书虽然探讨了人力资源管理实践对跨组织知识整合绩效的直接和间接作用，但这依然局限在人力资源管理实践对跨组织知识整合的直接影响，并未考虑人力资源管理实践可能通过其他组织机能对跨组织知识整合的间接作用，这可能会割裂不同要素间的协同关系。

(2) 在验证人力资源管理实践对跨组织知识整合绩效的间接作用路径时，本书仅从系统的角度考察了跨组织知识整合能力与运作特性在人力资源管理实践整体与跨组织知识整合绩效间的中介作用，并未考察人力资源管理实践各因子的独特作用，而实际上人力资源管理实践的不同因子对跨组织知识整合的作用存在显著差异，这可能为研究结论的实际应用带来困难。

（3）跨组织知识整合能力与运作特性之间存在一定的交互作用，本书仅是从跨组织知识整合能力和运作特性的部分要素之间的交互作用对组织创新绩效具有正向作用，便推断出二者的交互效应对组织创新绩效具有显著正向作用，而更为严谨的做法是研究跨组织知识整合能力与运作特性所有可能出现的要素配对之间是否存在交互作用，以及对组织创新绩效的影响，有待今后继续研究深化。

（4）本书在研究跨组织知识整合对组织创新绩效的驱动作用，以及人力资源管理实践对跨组织知识整合的影响机理的过程中，把跨组织知识整合能力与跨组织知识整合运作特性看作了两个并行的变量，并未考虑二者之间的相互关系，实际上跨组织知识整合能力与运作特性存在着显著的相关性，二者之间可能存在着某种程度上的因果关系。因而，跨组织知识整合能力对组织创新绩效的驱动作用可能存在着以跨组织知识整合运作特性为中间变量的间接影响，同时人力资源管理实践对跨组织知识整合绩效的影响也可能存在着其他路径（比如，人力资源管理实践影响跨组织知识整合能力，跨组织知识整合能力继而影响跨组织知识整合运作特性，跨组织知识整合运作特性最终影响跨组织知识整合绩效），本书研究并未考虑上述情况，该方面的研究还有待进一步深入。

附录：调查问卷

尊敬的先生/女士：

您好！非常感谢您抽出宝贵的时间填答问卷！本人正在进行一项有关企业技术创新的研究，您所提供的信息对本研究具有重要意义。本问卷为一份学术性研究问卷，问卷采用匿名方式填写。所有回收的问卷，仅用作学术研究，绝不会将您的信息泄露给任何其他单位和个人。回答没有对错之分，请您按照您的真实想法作答。您的支持是本研究成功的关键，衷心感谢您的积极参与！

2014 年 1 月 23 日

一、以下是有关知识整合的描述，请根据您的感受，选择您认为合适的数字。

1. 知识捕获的测量：

题项	不同意 ⟷ 同意
KBH1：在创新中我们获取了大量的客户需求信息	1 2 3 4 5
KBH2：在创新中我们掌握了供应商和分销商的需求	1 2 3 4 5
KBH3：在创新中我们吸收了大量同业竞争者的知识	1 2 3 4 5
KBH4：在创新中我们获得了科研院所等其他组织的支持	1 2 3 4 5

2. 知识交融的测量：

题项	不同意 ⟷ 同意
KJR1：员工通过彼此交流而共享知识和经验	1 2 3 4 5
KJR2：我们借助外部知识创造了大量新知识	1 2 3 4 5
KJR3：企业核心知识在部门间转移速度快	1 2 3 4 5
KJR4：员工很容易从其他员工或部门那里得到所需的信息	1 2 3 4 5

3. 知识应用的测量：

题项	不同意 ⟷ 同意
KYY1：新知识的使用提高了我们的工作效果	1　2　3　4　5
KYY2：我们能很快根据新技术/知识引入工艺创新	1　2　3　4　5
KYY3：我们能很快使用已消化的新知识进行新产品开发	1　2　3　4　5
KYY4：我们经常试验，努力成为行业内的开拓者	1　2　3　4　5

二、以下是关于企业人力资源管理的描述，请根据您的感受，选择您认为合适的数字。

1. 多样性培训的测量：

题项	不同意 ⟷ 同意
RPX1：我们既强调工作技能，也强调企业文化和价值观的培训	1　2　3　4　5
RPX2：我们在培训时强化员工创新主体地位	1　2　3　4　5
RPX3：我们强调根据员工的实际需求和企业创新要求进行培训	1　2　3　4　5
RPX4：我们在培训中强调学员的积极参与和互动交流	1　2　3　4　5

2. 团队导向的测量：

题项	不同意 ⟷ 同意
RTD1：公司实行了针对团队整体的奖励计划	1　2　3　4　5
RTD2：工作团队能够对其成员进行绩效评估和奖惩	1　2　3　4　5
RTD3：公司内的工作团队能自主决定新的团队成员人选	1　2　3　4　5
RTD4：公司对工作团队进行广泛培训，以提高团队完成不同工作的能力	1　2　3　4　5

3. 合理授权的测量：

题项	不同意 ⟷ 同意
RSQ1：员工能够决定完成工作的方式和手段	1　2　3　4　5
RSQ2：工作团队能够选择不同的方式完成其工作	1　2　3　4　5
RSQ3：工作团队能够决定做哪些工作	1　2　3　4　5
RSQ4：工作团队无须上级批准就能做出自己的工作决定	1　2　3　4　5

4. 强化沟通的测量：

题项	不同意 ⟷ 同意
RGT1：我们及时向员工告知公司的愿景和创新战略目标	1　2　3　4　5
RGT2：我们通常以讨论的方式解决创新活动中的冲突和矛盾	1　2　3　4　5
RGT3：公司在制定创新战略时会充分考虑员工意见	1　2　3　4　5
RGT4：公司鼓励跨部门和员工间的知识交流和沟通	1　2　3　4　5

三、以下是关于跨组织知识整合能力的描述，请根据您的感受，选择您认为合适的数字。

1. 外部知识获取能力的测量：

题项	不同意 ⟷ 同意
KHQ1：员工拥有较强的开放创新能力和意识	1 2 3 4 5
KHQ2：员工拥有较多的社会关系网络	1 2 3 4 5
KHQ3：公司与相关组织建设有正常的沟通渠道	1 2 3 4 5

2. 系统化能力的测量：

题项	不同意 ⟷ 同意
KXT1：员工工作内容与程序要求的标准化程度较高	1 2 3 4 5
KXT2：在公司内部专业知识的传递通过既定的程序来进行	1 2 3 4 5
KXT3：公司强调以书面规则和程序来整合知识	1 2 3 4 5

3. 合作化能力的测量：

题项	不同意 ⟷ 同意
KHZ1：工作任务的完成必须通过各相关人员的通力合作	1 2 3 4 5
KHZ2：公司内部各部门间的协调程度高	1 2 3 4 5
KHZ3：员工轮调至新部门能在较短时间内适应	1 2 3 4 5

4. 社会化能力的测量：

题项	不同意 ⟷ 同意
KSH1：我们努力建设一套使员工认同的共同分享的制度与理念	1 2 3 4 5
KSH2：员工对于物质与金钱价值的要求程度较低	1 2 3 4 5
KSH3：员工普遍认同公司的创新战略和文化	1 2 3 4 5

四、以下是关于跨组织知识整合运作特性的描述，请根据您的感受，选择您认为合适的数字。

1. 整合效率的测量：

题项	不同意 ⟷ 同意
KXL1：企业创新过程中获取了较多的外部知识	1 2 3 4 5
KXL2：企业创新过程中产生了较多的新知识	1 2 3 4 5
KXL3：企业创新过程中应用了较多的新知识	1 2 3 4 5

2. 整合范围的测量：

题项	不同意 ⟷ 同意
KFW1：企业创新过程中广泛收集顾客、供应商和竞争者的信息	1 2 3 4 5
KFW2：企业创新过程中广泛收集科研院所、行业组织等机构的信息	1 2 3 4 5
KFW3：企业创新工作通过多个部门和人员的共同努力完成	1 2 3 4 5

3. 整合弹性的测量：

题项	不同意 ⟷ 同意
KTX1：企业根据创新的动态调整不断学习新知识	1 2 3 4 5
KTX2：企业能够根据创新过程的变化进行知识的再整合	1 2 3 4 5
KTX3：企业能够根据外部环境的变化对知识整合的方向和内容进行调整	1 2 3 4 5

五、以下是关于企业创新绩效的描述，请根据您的感受，选择您认为合适的数字。

题项	不同意 ⟷ 同意
KJX1：近三年来，我公司新产品数量明显增多	1 2 3 4 5
KJX2：近三年来，我公司新申请专利数量明显增多	1 2 3 4 5
KJX3：近三年来，我公司技术水平明显提升	1 2 3 4 5
KJX4：近三年来，我公司产品开发速度明显增快	1 2 3 4 5
KJX5：近三年来，我公司产品开发成功率明显提升	1 2 3 4 5

六、我们的研究需要得到您公司的一些基本信息，以便进行比较研究，您的回答与否将直接决定本研究的真实性，希望您继续配合。

1. 贵公司名称：________________

2. 贵公司所在地：________________

3. 贵公司属于：（　　）

A. 国有企业　　B. 民营企业　　C. 三资企业

4. 贵公司所属行业：（　　）

A.电子通信及电子设备制造业　　B. 医药制造业　　C. 新材料

D. 化工、纺织、机械制造业　　E. 软件业　　F. 其他

5. 贵公司规模与同行业规模最大竞争者相比：（　　）

A. 远远小于　　B. 小于　　C. 差不多　　D. 大于　　E. 远远大于

6. 贵公司市场份额与同行业最大竞争者相比：（　　）

A. 远远小于　　B. 小于　　C. 差不多　　D. 大于　　E. 远远大于

7. 贵公司成立时间：（　　）

A. 4 年及以下　　B. 5~8 年　　C. 9~11 年　　D. 12 年及以上

问卷到此结束，再次感谢您的配合！

如果您对该课题研究成果感兴趣，请把您或联系人的联系方式惠赐如下，届时我们会把相关研究成果奉上。

E-mail：______________________

联系电话：______________________

通信地址：______________________

参考文献

[1] Albino, V., Garavelli, A.C., Schiuma, G.. Knowledge Transfer and Inter-Firm Relationships in Industrial Districts: The Role of the Leader Firm [J]. Technovation, 1999, 19 (1): 53-63.

[2] Allen, N.J., Shore, L.M., Griffeth, R.W.. The Role of Perceived Organizational Support and Supportive Human Resource Practices in the Turnover Process [J]. Journal of Management, 2003, 29 (1): 99-118.

[3] Andreu, R., Sieber, S.. Knowledge Integration across Organizations: How Different Types of Knowledge Suggest Different "Integration Trajectories" [J]. Knowledge and Process Management, 2005, 12 (3): 153-160.

[4] Arrow, K. J.. The Economic Implications of Learning by Doin [J]. Reviews Of Economic Studies, 1962 (29): 55-173.

[5] Bagozzi, R.P., Yi, Y., Phillips, L.W.. Assessing Construct Validity in Organizational Research [J]. Administrative Science Quarterly, 1991 (36): 421-458.

[6] Barney, J. Firm Resource and Sustained Competitive Advantage [J]. Journal of Management, 1991, 17 (1): 99-120.

[7] Baron, R.M. & Kenny. D.A.. The Moderator-Mediator Variable Distinction in Social Psychological Research: Conceptual, Strategic, and Statistical Considerations[J]. Journal of Personality and Social Psychology, 1986, 51 (6): 1173-1182.

[8] Barton, D.L.. Wellsprings of Knowledge: Building and Sustaining the Sources of Innovation [M]. Boston: Harvard Business School Press, 1998.

[9] Bassi, L. J.. Harnessing the Power of Intellectual Capital [J]. Training and

Development, 1997, 51 (12): 25-30.

[10] Becker, B., Germart, B.. The Impact of Human Resource Management on Organizational Performance: Progress and Prospects [J]. Academy of Management Journal, 1996, 39 (4): 779-801.

[11] Berger, E.L., Luckmann, P.. The Social Construction of Reality [M]. Doubleday, Garden City, New York, 1966.

[12] Best, Michael, H.. The New Competitive Advantage: The Renewal of American Industry [M]. Oxford: Oxford University Press, 2001

[13] Boer, D.M., Frans, A.J. Etal.. Management Organizational Knowledge Integration in the Emerging Multimedia Complex [J]. Journal of Management Studies, 1999, 36 (3): 379-398.

[14] Brown, J.S., Duguid, P.. Organizing Knowledge [J]. California Management Review, 1998, 40 (3): 90-111.

[15] Bullinger, H. J. Einfuhrung in Das Technology Management [M]. Stuttgart: Teubner, 1994.

[16] Campbell, D.T. & Fiske, D.W.. Convergent and Discriminant Validation by the Multitrait-Multimethod Matrix [J]. Psychological Bulletin, 1959 (56): 81-105.

[17] Cassiman, B., Veugelers, R.. In Search of Complementarities in Innovation Strategy: Internal R&D and External Knowledge Acquisition [J]. Management Science, 2006, 52 (1): 68-83.

[18] Cegarra, J.G. Linking Exploration with Exploitation Through Relationship Memory [J]. Journal of Small BusinessManagement, 2007, 45 (3): 333-353.

[19] Chen, C.. The Determinants of Knowledge Transfer through Strategic Alliances [J]. Academy of Management Best Conference Paper, 2004.

[20] Christina, E.Shalley, Zhou, J.and Greg, R. Oldham. The Effects of Personal and Contextual Characteristics on Creativity: Where Should We Go from Here? [J]. Journal of Management, 2004, 30 (6): 937-939.

[21] Clark, K.B., Fujimoto, T.. Product Development Performance: Strategy,

Organization, and Management in the World Auto Industry [M]. Boston: Harvard Business School Press, 1991.

[22] Cohen, W.M., Nelson, R.R., Walsh, J.P.. Links and Impacts: The Influence of Public Research on Industrial R&D [J]. Management Science, 1990, 48 (1): 1–23.

[23] Collins, C., Smith, K.. Knowledge Exchange and Combination [J]. Academy of Management Journal, 2006, 49 (3): 544–560.

[24] Collins, C.J.. Knowledge Exchange and Combination: The Role of Human Resource Practices in the Performance of High Technology Firms [J]. Academy of Management Journal, 2006, 49 (3): 544–560.

[25] Conger, J.A., Kanungo, R.N.. The Empowerment Process: Integrating Theory and Practice [J]. Academy of Management Review, 1988, 13 (3): 81–105.

[26] Delery, J, E., Doty, D.H.. Model of Theorizing in Strategic Human Resource Management: Tests of Universalistic, Conatingency, and Configurational Performance Predictions [J]. Academy of Management Journal, 1996, 39 (4): 802–835.

[27] Demsetz, H.. The Nature of the Firm [M]. London: Oxford University Press, 1991.

[28] Donald, Gerwin, Nicholas. J., Barrowman. An Evaluation of Research on Integrated Product Development [J]. Management Science, 2002, 48 (7): 938–953.

[29] Donoghue, L.P., Harris, J.G., Weitzman, B.E.. Knowledge Management Strategies: That Creates Value [J]. Outlook Magazine Andersen Consulting, 1999 (1): 48–53.

[30] Dougherty, D.. Re–Imagining the Differentiation and Integration of Work for Sustained Productinnovation [J]. Organization Science, 2001, 12 (5): 6221–6231.

[31] Drucker, P.. Post–Capitalist Society [M]. New York: Butterworth–Heineman, 1993.

[32] Dufta, S., Weiss, A. M.. The Relationship Betweena Firm's Level of

Technological Innovativeness and Its Pattern of Partnership Agreements [J]. Management Science, 1997, 43 (3): 343-356.

[33] Durand, R.. Firm Selection: An Integrative Perspective [J]. Organization Studies, 2001 (22): 393-417.

[34] Dyer, J.H., Singh, H.. The Relational View: Cooperative Strategy and Sources of Interorganizational Competitive Advantage[J]. The Academy of Management Review, 1998, 23 (4): 660-679.

[35] Dyer, L., Reeves, T.. Human Resource Strategics and Firm Performance: What Do We Know and Where Do We Need to Go [J]. The International Journal Management Review, 1998, 8 (3): 656-670.

[36] Edward, U.B., Mark, B.H., Tang, Y.H..Establishing a High-Technology Knowledge Transfer Network the Practical and Symbolic Roles of Identification [J]. Industrial Marketing Management, 2008, 37 (6): 641-652.

[37] Elias Sadie, Ray Edwards. Knowledge Is Power for Government and Business Alike [J]. Government Issues Whitepaper, 1998 (10).

[38] Edgar H. Schein. Kurt Lewin's Change Theory in the Field and in the Classroom: Notes Toward a Model of Managed Learning [J]. Systems Practoce, 1996 (2): 27-47.

[39] Farrell, J., Flood, P., Curtain, S.. CEO Leadership, Top Team Trust and Combination and Exchange of Information [J]. Irish Journal Of Management, 2005, 26 (1): 22-40.

[40] Ferris, Arthur, Berkson and Kaplan. Toward a Social Context Theory of the Human Resource Management-Organization Effectiveness Relationship [J]. Human Resource Management Review, 1998 (8): 234-264.

[41] Frans, A. J., Vanden, B., Bosch, H.W., Etal.. Co-Evolution of Firm Absorptive Capability and Knowledge Environment: Organizational Forms and Combinative Capability [J]. Organization Science, 1999, 10 (5): 551-568.

[42] Fujimoto, Iansiti, Clark. External Integration in Product Development [M]. New York: Oxford University Press, 1996.

[43] Fujinoto, T.M., Iansiti, Clark, K.B.. External Integration in Product Development in Nishiguchit, Managing Product Development [M]. New York: Oxford University Press, 1996.

[44] Fowler. Survey Research Methods [M]. SAGE Publications, Inc; Third Edition, 2001.

[45] Frank Gendriks. The Post-industrialising City: Political Perspectives and Cultural Biases [J]. Geo Journal, 1999 (3): 425-432.

[46] Garcia-Morales, V.J., Llorens-Montes, F.J.. Antecedents and Consequences of Organizational Innovation and Organizational Learning in Entrepreneurship [J]. Industrial Management & Data Systems, 2006, 106 (1): 21-42.

[47] Garvin, D. Building a Learning Organization [J]. Harvard Business Review, 1993 (7-8): 78-91.

[48] Gloet, M., Terziovski, M.. Exploring the Relationship between Knowledge Management and Innovation Performance[J]. Journal of Manufacturing Technology Management, 2004, 15 (5): 402-409.

[49] Grant, R.. Knowledge and the Firm: Overview [J]. Strategic Management Journal, 1996, 17 (4): 1-9.

[50] Grant, R.M. Prospering in Dynamically Competitive Environments Organization Capability As Knowledge Integration [J]. Organization Science, 2004, 7 (4): 371-385.

[51] Grossman, G.M., Helpman, E.. Endogenous Innovation in the Theory of Growth [J]. Journal Of Economic Perspectives, Winter 1994: 23-44.

[52] Gupa, A., Govindarajan, V.. Knowledge Management's Social Dimension: Lessons from Nucor Steel [J]. Sloan Management Review, 2000 (1): 71-80.

[53] Hamel, G., Prahalad, C.K.. Competing for the Future [M]. Harvard Business School Press, 1994.

[54] Hardaker. An Integrated Approach towards Product Innovation in International Manufacturing Organizations [J]. European Journal of Innovation Management, 1998 (10): 67-73.

[55] Harel, G.H., Tzafrir, S.S.. The Effect of Human Resource Management Practices in the Perceptions of Organization and Market Performance of the Firm [J]. Human Resource Management, 1999, 38 (2): 185–200.

[56] Horton, F. W.. Information Resources Management: Concept and Cases [M]. Ohio: Association for Systems Management Press, 1979.

[57] Huang, J.C., Newell, S.. Knowledge Integration Process and Dynamics within the Context of Cross–Functional Projects [J]. International Journal of Project Management, 2003 (21): 167–176.

[58] Huselid, M.A.. The Impact of Human Resource Management Practices on Turnover, Productivity, and Corporate Financial Performance [J]. Academy of Management Journal, 1995, 38 (3): 635–672.

[59] Iansiti, M., Clark, K.B.. Integration and Dynamic Capability: Evidence from Development in Automobiles and Mainframe Computers [J]. Industrial And Change, 1994 (3): 557–605.

[60] Iansiti, M., West, J.. Technology Integration: Turning Great Research into Great Products [J]. Harvard Business Review, 1997, 75 (3): 69–79.

[61] Inkpen, C.. Creating Knowledge through Collaboration [J]. California Management Review, 1996, 39 (1): 123–140.

[62] Jantunen. Knowledge–Processing Capabilities and Innovative Performance: An Empirical Study [J]. European Journal of Innovation Management, 2005, 8 (3): 336–349.

[63] Jaw, B.S., Liu, W. N.. Promoting Organizational Learning and Self–Renewal in Taiwanese Companies: The Role of HRM [J]. Human Resource Management, 2003, 42 (3): 223–241.

[64] Jie Yang. Knowledge Integration and Innovation: Securing New Product Advantage in High Technology Industry [J]. Journal of High Technology Management Research, 2005 (16): 121–135.

[65] Jones, E. Creating a Partnership–Oriented, Knowledge Creation Culture in Strategic Sales Alliances: A Conceptual Framework [J]. Journal of Business & Indus–

trial Marketing, 2003, 18 (4/5): 336-352.

[66] Jason C. Cole, et al.. Use of the Cambridge Structural Database to Study Non-covalent Interactions: Towards a Knowledge Base of Intermolecular Interactions [J]. Structure-Based Drug Design, 1998 (352): 113-124.

[67] Kerlinger, Fred, N.. Foundations of Behavioral Research [M]. CBS International Editions, 1973.

[68] Kessler H., Bierly E., GopalakrishnanS.. Internal vs. External Learning in New Product Development: Effects on Speed, Costs and Competitive Advantage [J]. R&D Management, 2000 (3).

[69] Kirkman, B.L., Rosen, B.. Beyond Self-Management: Antecedents and Consequences of Team Empowerment [J]. Academy of Management Journal, 1999, 42 (1): 56-76.

[70] Knudsen, M.P.. The Relative Importance of Interfirm Relationships and Knowledge Transfer for New Product Development Success [J]. The Journal of Product Innovation Management, 2007, 24 (2): 117-129.

[71] Kogut, B., Zander, A.. Knowledege of the Firm, Combinative Capabilities, and The Replication of Technology[J]. Organization Science, 1992 (3): 383-397.

[72] Lane, P.J., Salk, J.E., Lyles, M.A.. Absorptive, Learning, and Performance in International Joint Ventures [J]. Strategic Management Journal, 2001, 22 (12): 11-23.

[73] Laursen, K., Foss, N.J.. New Human Resource Management Practices, Complementarities and the Impact on Innovation Performance [J]. Cambridge Journal of Economics, 2003, 27 (2): 243-263.

[74] Lee, C.C., Yang, J.. Knowledge Value Chain [J]. Journal of Management Development, 2001, 18 (9/10): 783-794.

[75] Leonard, D., Sensiper, S.. The Role of Tacit Knowledge in Group Innovation [J]. California Management Review, 1998, 40 (3): 112-121.

[76] Lester, C.. The Future of Capitalism [M]. London: Nicolas Brealey Pub-

lishing, 1997.

[77] Lester, M..Innovation and Knowledge Management: The Long View [J]. Innovation and Knowledge Management, 2001, 10 (3): 165-176.

[78] Lin, Dwver. New Product Development in the Information Age: Pharmaceutical Industry [J]. The Journal of Business & Industrial Marketing, 1995 (10): 6-17.

[79] Lynn, G.S., Reilly, R.R., Akgun, A.E.. Knowledege Management in New Product Teams: Practices and Outcomes [J]. IEEE Transactions on Engineering and Management, 2000, 47 (2): 221-231.

[80] Lall S.. Technological Capabilities and Industrialization [J]. World Development, 1992, 20 (2): 165-186.

[81] Marco Iansiti. Technology Integration: Making Critical Choices in a Dynamic World [M]. Harvard Business School Press, 1998.

[82] Mariano, Nietoa, Pilar, Quevedob. Absorptive Capacity, Technological Opportunity, Knowledge Spilovers, and Innovative Effort [J]. Technovation, 2005 (9): 1141-1157.

[83] Marsh, H.W. & Balla, J. R.. Goodness-Of-Fit Indices in Confirmatory Factor Analysis: The Effect of Sample Size and Model Complexity [J]. Quality & Quantity, 1994 (28): 185-217.

[84] Mcadam, R..Knowledge Management As a Catalyst for Innovation within Organizations: A Qualitative Study[J]. Knowledge and Process Management, 2000, 7 (4): 233-241.

[85] Mcdonald, R.P. & Marsh, H.W.. Choosing a Multivariate Model: Noncentrality and Goodness of Fit [J]. Psychological Bulletin, 1990 (107): 247-255.

[86] Mcelroy, M.W.. Using Knowledge Management to Sustain Innovation [J]. Knowledge Management Review, 2000, 3 (4): 34-37.

[87] Minbaeva, D., Pedersen, T., Etal.. MNC Knowledge Transfer, Subsidiary Absorptive Capacity and HRM [J]. Journal of International Business Studies, 2003 (34): 586-599.

[88] Minbaeva, D.B.. HRM Practices and MNC Knowledge Transfer [J]. Personnel Review, 2005, 34 (1): 125–144.

[89] Mark L. Lengnick–hall, Steve Moritz. The Impact of e–HR on the Human Resource Management Function [J]. Journal of Labour Research, 2003 (9): 365–379.

[90] Mitsuru Kodama. The Strategic Community–based Firm [M]. Palgrave Macmillan UK, 2007.

[91] Monica Smith, Dana J. Lawrence. Management of Chest Pain: Exploring the Views and Experiences of Chiropractors and Medical Practitioners in a Focus Group interview [J]. Chiropractic & Osteopathy, 2005 (12): 13–18.

[92] Nahapiet, J., Ghoshal, S..Social Capital, Intellectual Capital and the Organization Advantage [J]. Academy of Management Review, 1998, 23 (2): 242–266.

[93] Nonaka, Takeuchi, H.. The Knowledge–Creating Company [M]. New York: Oxford University Press, 1995.

[94] Nunnally, J.C..Psychometric Theory (3rd Edition) [M]. New York: McGraw–Hill, 1994.

[95] Osterman, P.. How Common Is Workplace Transformation and Who Adopt It [J]. Industrial and Labor Relations Review, 1994 (47): 173–188.

[96] Ounjian, M. L., Carne, E.B.. A Study of the Factors Which Affect Technology Transfer in a Multilocation Multibusiness Unit Corporation [J]. IEEE Transactions on Engineering Management, 1987 (34): 194–201.

[97] Parthasarthy, R., Hammond, J.. Product Innovation Input and Outcome Moderating Effects of the Innovation Process [J]. Journal of Engineering and Technology Management, 2002 (19): 75–91.

[98] Penrose, E.T.. The Theory of the Growth of the Firm [M]. Oxford: Basil Blackwell, 1980.

[99] Peter, M.A..The Cornerstones of Competitive Advantage: A Resource–Based View [J]. Strategic Management Journal, 1993, 14 (3): 179–191.

[100] Petroni. The Analysis of Dynamic Capabilities in a Competence-Oriented Organization [J]. Technovation, 1998 (18): 179-189.

[101] Pfeffer, J.. Seven Practices of Successful Organizations [J]. California Management Review, 1998, 40 (2): 96-124.

[102] Pfeffer, J.. The Human Equation Building Profits by Putting People First [M]. Boston: Harvard Business School Press, 1998.

[103] Pisano, G.. Knowledge Integration and the Locus of Learning: An Empirical Analysis of Process Development [J]. Strategic Management Journal, 1994 (15): 71-79.

[104] Polanyi, M..The Logic of Tacit Inference, Knowing and Being [M]. London: Routledge And Kegan Paul, 1969, 114-115.

[105] Praharad, C.K., Hamel, G.. The Core Competence of The Corporation [J]. Harvard Business Review, 1990, 68 (3): 79-91.

[106] Prusak, L., Davenport, T.H..Working Knowledge: How Organizations Manage What They Know [M]. Harvard Business School Press, 1998.

[107] Peter Writht, Karin Hamel. Strategic Profiles and Performance: An Empirical Test of Select Key Propositions [J]. Journal of the Academy of Marketing Science, 1991 (7): 245-254.

[108] Quinn, J.B., Anderson, P., Finkelstein, S.. Managing Professional Intellect: Makingthe Most of the Best [J]. Harvard Business Review, 1996 (2): 71-80.

[109] Robvander Spek, Josef Hofer-Alfeis, Etal..The Knowledge Strategy Process: The Handbook on Knowledge Management [M]. Herdelberg: Springer-Verlag, 2002.

[110] Rubenstein-Montano, B., Leibowit. Z.J., Buchwalter.J, Etal..A Systems Thinking Framework for Knowledge Management [J]. Decision Support Systems, 2001, 31 (1): 5-16.

[111] Schuler, R.S., Macmillan, I.. Creating Competitive Advantage through Human Resource Management Practices [J]. Human Resource Management, 1984

(23): 241-255.

[112] Seely, B. J., Duguid, P.. Balancing Act: How to Capture Knowledge without Killing It [J]. Harvard Business Review, 2000, 78 (5-7): 73-80.

[113] Shipton, H., Fay, D., West, W., Etal.. Managing People to Promote Innovation [J]. Creativity and Innovation Management, 2005, 14 (2): 118-128.

[114] Simonin, B.L.. Ambiguity and the Process of Knowledge Transfer in Strategic Alliances [J]. Strategic Management Journal, 1999 (20): 595-623.

[115] Spreitzer, G.M. Psychological Empowerment in the Work Place: Dimensions, Measurement and Validation [J]. Academy of Management Journal, 1995, 38 (5): 1442-1465.

[116] Steiger, J.H.. Structure Model Evaluation and Modification: An Interval Estimation Approach [J]. Multivariate Behavioral Research, 1990 (25): 173-180.

[117] Straub, D.W. Validating Instruments in MIS Research [J]. MIS Quarterly. 1989, 13 (2): 147-166.

[118] Szulanski, G..Exploring Internal Stickiness: Impediments to the Transfer of Best Practice within the Firm [J]. Strategic Management Journal, 1996 (17): 27-43.

[119] Sharon Marsh, et al.. Distribution of ITPA P32T Alleles in Multiple World Populations [J]. Journal of Human Genetics, 2004 (10): 579-581.

[120] Teece, D.J., Pisano, G., Shuen, A.. Dynamic Capabilities and Strategic Management [J]. Strategic Management Journal, 1997, 18 (7): 509-533.

[121] Therin, F.. Organizational Learning and Innovation in High-Tech Small Firms [R]. Proceedings of the 36th Hawaii International Conference on System Sciences, 2003.

[122] Thomas, K.W., Velthouse, B.A.. Cognitive Elements of Empowerment [J]. Academy of Management Review, 1990 (15): 666-681.

[123] Thomas R. Haggard. Union security and Right to Work: A Comprehensive Bibliography [J]. Journal of Labour Research, 1990 (3): 81-106

[124] Thomas, H., Davenport, Laurence Prusak. 营运组织——工商企业的

知识管理 [M]. 王者译. 南昌：江西教育出版社，1997.

[125] Tiwana, A..An Empirical Study of Effect of Knowledge Integration on Software Development Performance [J]. Formation and Software Technology, 2004 (46): 899-906.

[126] Tiwana, A..The Influence of Knowledge Integration on Project Success [M]. Atlanta: Georgia State University, 2001.

[127] Tranfield, D., Young, M., Partingtond, D.. Knowledge Management Routines for Innovation Projects: Developing a Hierarchical Process Model [J]. International Journal of Innovation Management, 2003, 7 (1): 27-49.

[128] Tsai, W., Ghoshal, S..Social Capital and Value Creation: The Role of Interfirm Networks [J]. Academy of Management Journal, 1998, 41 (2): 464-476.

[129] Tsai, W. Knowledge Transfer in Intra-Organization Networks: Effects of Network Position and Absorptive Capacity on Business Unit Innovation and Performance [J]. Academy of Management Journal, 2001, 44 (5): 996-1004.

[130] Turban, E..Expert Systems and Applied Artificial Intelligence [M]. Macmillan Pub Company, 1992.

[131] Verona, G.A.. Resource-Based Vies of Product Development [J]. The Academy of Management Review, 1999 (24): 132-142.

[132] Volberda, H.W. Etal.. Demichiel Managing Organizational Knowledge Integration in the Emerging Multimedia Complex [J]. Journal of Management Studies, 1999, 36 (3): 379-398.

[133] Von Hippel, E..The Source of Innovation [M]. London: Oxford University Press, 1998.

[134] West, M.A., Farr, J.L.. Innovation and Creativity at Work: Psychological and Organizational Strategies [M]. Chichester: Wiley, 1990.

[135] Wiig, Karl, M.. Knowledge Management: Where Did It Come from and Where Will It Go? [J]. Expert Systems with Applications, 1997, 13 (1): 1-14.

[136] Wijk, K.E., Jansen, J.J.P., & Lyles, M.A.. Inter-and Intra-Organizational Knowledge Transfer: A Meta-Analytic Review and Assessment of Its An-

tecedents and Consequences [J]. Journal of Management Studies，2008，45 (4)：830-885.

[137] Wright，P.M.，Dunford，B.B.，Serman，W. SEtal.. The Role of Human Resource Practices in Petro-Chemical Refinery Performance [J]. International Journal of Human Management，1999 (4)：551-571.

[138] Yeung，A.K. Organizational Learning Capability [M]. Oxford：Oxford University Press，1999.

[139] Zack，M.H.. Developing a Knowledge Strategy [J]. California Management Review，1999，41 (3)：125-145.

[140] Zahra，S.，Ireland，D.，Hitt，M.. International Expansion by New Venture Firms [J]. Academy of Management Journal，2000，43 (5)：925-950.

[141] 安智宇，程金林. 人力资源管理对企业绩效影响的实证研究 [J]. 管理工程学报，2009 (3)：135-141.

[142] 曹利军，王荣花，张震丽，杜世勋.传统产业高技术改造的路径分析：集成创新的概念、模式和体系 [J]. 科技进步与对策，2005，22 (5)：51-53.

[143] 曹兴，郭然. 知识转移影响因素研究及其展望 [J]. 中南大学学报，2008 (4)：230-236.

[144] 常荔，邹珊刚，李顺才. 基于知识链的知识扩散的影响因素研究 [J]. 科研管理，2001 (5)：122-127.

[145] 陈福添. 知识整合研究：一种基于资源与能力的动态分析框架 [J]. 财贸研究，2006 (4)：90-95.

[146] 陈国权. 学习型组织的学习能力系统、学习导向人力资源管理系统及其相互关系研究 [J]. 管理学报，2007，4 (6)：719-728+747.

[147] 陈建勋，潘昌才，吴隆增. 外部社会资本对企业核心能力的影响 [J]. 科学学研究，2009，27 (2)：244-249.

[148] 陈劲. 从技术引进到自主创新的学习模式 [J]. 科研管理，1994，15 (2)：32-34.

[149] 陈劲. 集成创新的理论模式 [J].中国软科学，2002 (12)：23-25.

[150] 陈力，鲁若愚. 企业知识整合研究 [J]. 科研管理，2003，24 (3)：32-

38.

[151] 陈力，宣国良. 顾客知识整合对新产品开发绩效的影响 [J]. 科学学研究，2007 (2)：147-151.

[152] 陈力，宣国良. 后发企业的知识整合能力提升研究 [J]. 情报科学，2005，23 (12)：1893-1898.

[153] 陈明，周健明. 企业文化、知识整合机制对企业间知识转移绩效的影响研究 [J]. 科学学研究，2009，27 (4)：580-587.

[154] 陈铁军. 基于知识整合能力的自主新产品创新模式研究 [J]. 科技管理研究，2007 (7)：20-23.

[155] 陈文春，袁庆宏. 关系原型对组织知识整合能力形成的作用机制：就组织学习的视角 [J]. 科学管理研究，2009，27 (6)：61-64.

[156] 陈衍泰. 企业利用外部知识能力与企业绩效的关系研究：基于知识平台与知识资产经营的视角 [D]. 上海：复旦大学博士学位论文，2007.

[157] 程金林. 战略人力资源管理和企业绩效的中介机制研究——组织学习视角的分析 [D]. 上海：上海交通大学博士学位论文，2006.

[158] 戴德余. 增强自主创新能力，企业主体地位是关键 [J]. 科技管理研究，2009 (11)：16-18.

[159] 单伟，张庆普. 企业自主创新中知识整合机理与模式研究 [J]. 预测，2008，27 (1)：23-28.

[160] 邓慧鹏，顾琴轩. 人力资源管理实践对知识共享影响研究述评 [J]. 情报杂志，2008 (3)：63-65.

[161] 董小英，蒋贵凰、刘倩倩. 知识管理提升企业创新能力的实证研究 [J]. 清华大学学报 (自然科学版)，2006，46 (S1)：956-963.

[162] 范秀成，英格玛·比约克曼. 外商投资企业人力资源管理与绩效关系研究 [J]. 管理科学学报，2003 (2)：54-60.

[163] 风笑天. 社会研究方法 [M]. 北京：高等教育出版社，2006.

[164] 冯进路，冯丽婷，闫化海. 知识整合的效率：市场、组织和企业家的作用 [J]. 科学学与科学技术管理，2004 (8)：43-47.

[165] 冯新舟，何自力. 组织知识创新及其管理 [J]. 中国科技论坛，2010

(2)：28-31.

［166］傅家骥. 技术创新学［M］. 北京：清华大学出版社，1998.

［167］傅利平，柳飞红. 基于过程模型的企业技术创新能力指标体系研究［J］. 科技进步与对策，2009，26（17）：137-140.

［168］高广文. 创新网络的力量［J］. 华东科技，2007（1）：48-49.

［169］高建，汪剑飞，魏平. 企业技术创新绩效指标：现状、问题和新概念模型［J］. 科研管理，2004，25（z1）：14-22.

［170］高巍，田也壮，姜振寰. 企业知识整合研究现状与分析［J］. 研究与发展管理，2004，16（5）：33-38.

［171］高巍，王恒山，王楠. 基于知识整合的企业产品创新研究［J］. 哈尔滨工业大学学报（社会科学版），2007，7（5）：137-140.

［172］耿新. 知识创造的 IDE-SECI 模型［J］. 南开管理评论，2003（5）：11-15.

［173］顾琴轩，傅一士，贺爱民. 知识共享与组织绩效：知识驱动的人力资源管理实践驱动作用研究［J］. 南开管理评论，2009，12（2）：59-66.

［174］桂萍. 企业集成创新的实现机制研究［J］. 价值工程，2008（7）：60-62.

［175］郭海，李垣. 治理机制、管理创新能力与自主创新关系研究［J］. 科学学研究，2006，24（6）：962-966.

［176］何会涛，彭纪生. 知识整合与创新导向的人力资源管理实践［J］. 中国人力资源开发，2009（1）：64-67.

［177］［美］亨利·切萨布鲁夫. 开放式创新——进行技术创新并从中赢利的新规则［M］. 金马译. 北京：清华大学出版社，2005.

［178］洪蔚. 自主创新是寻求本土化发展路径［J］. 科技信息，2005（7）：27-28.

［179］侯吉刚，刘益，张宸璐. 基于知识整合的新产品开发研究［J］. 科技进步与对策，2009，26（12）：105-108.

［180］侯杰泰，温忠麟，成子娟. 结构方程模型及其应用［M］. 北京：教育科学出版社，2004.

［181］惠青，邹艳. 产学研合作创新网络、知识整合和技术创新的关系研究

[J]. 软科学，2010（3）：4-9.

［182］季成，朱晓明，任荣明. 基于知识整合价值链的企业并购知识整合研究［J］. 研究与发展管理，2007，19（6）：78-84.

［183］江辉，陈劲. 集成创新：一类新的创新模式［J］. 科研管理，2000，21（9）：31-39.

［184］蒋翠清，杨善林，梁昌勇. 基于知识螺旋开放模型的多维知识管理策略研究［J］. 中国科技论坛，2005（5）：60-64.

［185］金麟洙. 从模仿到创新［M］. 北京：新华出版社，1998.

［186］柯江林，孙健敏，石金涛，顾琴轩. 企业 R&D 团队之社会资本与团队效能关系的实证研究——以知识分享与知识整合为中介变量［J］. 管理世界，2007（3）：89-101.

［187］孔凡柱，罗瑾琏. 企业自主创新跨组织知识整合模型及实现机制［J］. 中国流通经济，2012（6）：76-81.

［188］雷巧玲，赵更申，段兴民. 对知识型员工授权赋能的动因探析［J］. 科学学与科学技术管理，2006（6）：148-153.

［189］李宝山等. 集成管理——高科技时代的管理创新［M］. 北京：中国人民大学出版社，1998.

［190］李纲，田鑫. 企业文化与企业内部隐性知识转移的关系研究［J］. 情报杂志，2007（2）：4-6.

［191］李浩. 技术创新中的知识整合规律研究［J］. 科技进步与对策，2008，25（4）：157-160.

［192］李江，和金生. 基于知识管理的技术创新决策研究［J］. 科技进步与对策，2008，25（7）：160-163.

［193］李久平. 基于 SECI 的企业内部知识流动过程及螺旋模型［J］. 情报杂志，2006（9）：51-57.

［194］李明斐，贝文海. 人力资源管理实践与企业知识共享的实现——基于沈阳万科的案例研究［J］. 中国人力资源开发，2015（4）：75-83.

［195］李默妮，吴秋明. 基于知识集成提升企业集成创新能力初探［J］. 现代管理科学，2007（2）：16-18.

[196] 李文博，郑文哲. 现代企业的集成创新及其综合评价研究 [J]. 科技进步与对策，2005，22 (4)：66–68.

[197] 李文博. 企业集成创新系统的深层耦合机理及其复杂性涌现 [J]. 科技进步与对策，2009，26 (5)：73–76.

[198] 李文举，沈治宏. 知识共享中的沟通障碍分析 [J]. 图书馆学研究，2008 (11)：74–77.

[199] 李晓红，侯铁姗. 知识整合能力对自主创新绩效的影响：基于软件产业的实证研究 [J]. 大连理工大学学报 (社会科学版)，2013 (2)：19–23.

[200] 李燕萍，刘宗华. 高承诺人力资源管理实践对知识分享的影响机制 [J]. 南京大学学报 (哲学·人文科学·社会科学)，2015 (4)：140–149.

[201] 李勇. 跨边界知识整合机理分析 [J]. 图书情报工作，2009 (1)：108–110.

[202] 李正锋，叶金福. 产业集群内知识创新能力影响因素及对策研究 [J]. 情报科学，2006，24 (9)：1301–1305.

[203] 李正卫. 动态环境条件下的组织学习与企业绩效 [D]. 杭州：浙江大学博士学位论文，2003.

[204] 李乾文. 公司创业活动与绩效关系测度体系评介 [J]. 外国经济与管理，2005 (2)：2–9.

[205] 林文宝，吴万益. 以组织学习观点探讨知识整合及运作特性对核心能力影响之研究 [J]. 台大管理论丛，2005，15 (2)：165–197.

[206] 林向义，张庆普，罗洪云. 集成创新中的知识整合机理研究 [J]. 哈尔滨工业大学学报 (社会科学版)，2009，11 (6)：121–126.

[207] 林向义. 企业集成技术创新中的知识整合研究 [D]. 哈尔滨：哈尔滨工业大学博士学位论文，2010.

[208] 林震岩. 多变量分析：SPSS 的操作与应用 [M]. 北京：北京大学出版社，2007.

[209] 刘邦成，唐宁玉，姜红玲等. 基于知识管理的战略性人力资源管理实践与组织创新机制 [J]. 科技进步与对策，2009 (3)：146–149.

[210] 刘得格，时勘，王永丽. 人力资源管理实践与企业绩效关系研究述评

[J]. 首都经济贸易大学学报，2009（3）：23-30.

[211] 刘浩然，陈力，宣国良. 供应商知识整合的新产品开发绩效实证 [J]. 工业工程与管理，2007（2）：29-34.

[212] 刘锟发，李菁楠. 国内外组织内部知识共享影响因素研究综述 [J]. 图书馆学研究，2010（8）：8-12.

[213] 刘兰剑. 组织与跨组织、开拓与开发：四类学习间关系的分析 [J]. 软科学，2009，23（10）：27-37.

[214] 刘娜，薛耀文，耿丽萍. 不同层次创新主体自主创新策略研究 [J]. 科学学研究，2007，25（6）：1203-1208.

[215] 刘志迎. 产业链视角的中国自主创新道路研究 [J]. 华东经济管理，2015（12）：7-14.

[216] 卢兵，岳亮，廖貅武. 联盟中知识转移效果的研究 [J]. 科学学与科学技术管理，2006（8）：84-88.

[217] 卢锐. 知识整合理论研究 [J]. 情报杂志，2005（11）：85-87.

[218] 卢显文，王毅达. 产品开发集成创新的过程与机制研究 [J]. 科研管理，2006，27（5）：10-16.

[219] 卢谢峰，韩立敏. 中介变量、调节变量与协变量 [J]. 心理科学，2007，30（4）：934-936.

[220] 鲁若愚，陈力. 企业知识管理中的分享与整合 [J]. 研究与发展管理，2003，15（1）：16-20.

[221] 孟庆伟，刘铁忠. 自主创新与知识整合案例分析 [J]. 科学学与科学技术管理，2004（2）：78-82.

[222] 慕玲，路风. 集成创新的要素 [J]. 中国软科学，2003（11）：105-111.

[223] 潘杰义，王少华，曹建东. 企业外部隐性知识转移影响因素实证研究 [J]. 情报杂志，2010（4）：111-115.

[224] 齐建国. 关于知识经济的几个问题的探讨 [J]. 数量经济技术经济研究，1998，15（9）：3-8.

[225] 乔坤，周悦诚. 人力资源管理实践对组织绩效影响的元分析 [J]. 中国管理科学，2008（10）：544-550.

[226] [日] 桥本寿朗. 全球化时代的日本经济 [M]. 朴松爱，何为译. 大连：东北财经大学出版社，2003.

[227] 秦世亮，万威武. 个体知识和企业知识创造 [J]. 研究与发展管理，2004，16（1）：55-60.

[228] 秦伟平，赵曙明，周路路，张子源. 企业人力资源管理实践对跨功能团队创造力的跨层影响 [J]. 管理学报，2015（1）：88-95.

[229] 任皓，邓三鸿. 知识管理的重要步骤——知识整合 [J]. 情报科学，2002，20（6）：650-653.

[230] 芮明杰，邓少军. 产业网络环境下企业跨组织知识整合的内在机理 [J]. 当代财经，2009（1）：69-75.

[231] [日] 山崎正胜. 日本科学技术政策的特征 [J]. 科学学研究，2002，20（4）：402-405.

[232] 尚建翠，吉久明，房宝金. 知识集成理论发展及其应用研究 [J]. 高校图书情报论坛，2007，6（3）：53-57.

[233] 沈静，蔡建峰，曾令炜. 企业合作创新过程中知识转移影响因素及机制研究 [J]. 科技进步与对策，2009（8）：137-141.

[234] 沈群红，封凯栋. 组织能力、制度环境与知识整合模式选择 [J]. 中国软科学，2002（12）：81-87.

[235] 盛小平，何立阳. 知识管理系统研究综述 [J]. 图书馆，2003（1）：36-39.

[236] 史江涛，宝贡敏. 组织内知识整合理论研究现状分析 [J]. 图书情报工作，2008（8）：69-72.

[237] 史宪睿，金丽，孔伟. 企业集成创新能力的概念及其基本模型 [J]. 科技管理研究，2006，26（7）：103-104.

[238] 史宪睿，刘则渊，于冬. 企业集成创新及其系统模型 [J]. 科技管理研究，2007（4）：10-11+44.

[239] [美] 司托克斯. 基础科学与技术创新 [M]. 周春彦，谷春立译. 北京：科学出版社，1999.

[240] 宋晓梅，刘富铀，弓宝平. 合作创新还是自主创新？[J]. 科学管理研

究，2005，23（5）：17–19.

［241］孙金梅，黄清. 企业集成创新要素及评价指标体系［J］. 东北林业大学学报，2006，34（5）：97–99.

［242］谭文柱，王缉慈. 论外部知识联系对发展中国家产业集群的重要性［J］. 地域研究与开发，2006，25（3）：6–9.

［243］唐锦铨. 产业集群知识联盟中知识转移影响因素的关系结构分析［J］. 生产力研究，2009（1）：131–133.

［244］提高自主创新能力的理论与对策研究（06XL007）成果介绍［Z］. 管理评论，2009（12）.

［245］汪晓媛，宋典. 战略人力资源管理对知识整合的作用机制研究［J］. 学习与探索，2010（4）：161–163.

［246］王方华，王虹. 知识经理即将登场［J］. 上海经济，1999（1）：33–34.

［247］王娟茹，杨瑾. 复杂产品研发团队知识集成影响因素实证研究［J］. 科学学与科学技术管理，2011，32（4）：152–158.

［248］王娟茹，赵嵩正，杨瑾. 知识集成模式研究［J］. 工业工程，2004，7（6）：26–29.

［249］王亚洲，林健. 人力资源管理实践、知识管理导向与企业绩效［J］. 科研管理，2014（2）：136–144.

［250］王燕梅. 高技术产业化中的融资问题研究［J］. 中国工业经济，2000（9）：67–71.

［251］王勇. 人力资源管理实践与知识分享关系的元分析［J］. 科技管理研究，2014（19）：82–87.

［252］王众托. 系统集成创新与知识的集成和生成［J］. 管理学报，2007，4（5）：542–548.

［253］王重鸣. 心理学研究方法［M］. 北京：人民教育出版社，1989.

［254］魏江，刘锦，杜静. 自主性技术创新的知识整合过程机理研究［J］. 科研管理，2005，26（4）：15–21.

［255］魏江，王铜安，喻子达. 知识整合的实现途径研究——以海尔为例［J］. 科研管理，2008，29（3）：23–27.

[256] 魏江，王铜安. 个体、群组、组织间知识转移影响因素的实证研究［J］. 科学学研究，2006，24（1）：91–97.

[257] 魏江，王铜安. 知识整合的分析框架：评价、途径与要素［J］. 西安电子科技大学学报（社会科学版），2008（2）：8–14.

[258] 魏江. 知识学习与企业技术能力增长［M］. 北京：科学出版社，2006.

[259] 魏江，王艳. 企业内部知识共享模式研究［J］. 技术经济与管理研究，2004（1）：68–69.

[260] 吴丰华，刘瑞明. 产业升级与自主创新能力构建［J］. 中国工业经济，2013（5）：57–69.

[261] 吴明隆. SPSS 统计应用实务：问卷分析与应用统计［M］. 北京：科学出版社，2003.

[262] 吴治国，石金涛，杨帆. 组织知识创新中人力资源管理的作用机制［J］. 中国人力资源开发，2008（1）：6–10.

[263] 武军定. 在华跨国公司内部知识整合机制研究［D］. 天津：天津大学博士学位论文，2008.

[264] 西宝，杨廷双. 企业集成创新：概念、方法和流程［J］. 中国软科学，2003（6）：72–76.

[265] 肖小勇，文亚青. 组织间知识转移的主要影响因素［J］. 情报理论与实践，2005（4）：355–35.

[266] 谢洪明，刘常勇. 技术创新类型与知识管理方法的关系研究［J］. 科学学研究，2003，21（5）：539–540.

[267] 谢洪明，吴隆增. 技术知识特性、知识整合能力和效果的关系：一个新的理论框架［J］. 科学管理研究，2006（2）：55–59.

[268] 谢洪明，吴溯，王现彪. 知识整合能力、效果与技术创新［J］. 科学学与科学技术管理，2008（8）：88–93.

[269] 谢晖. 组织隐性知识整合及扩散机制研究［D］. 长沙：中南大学博士学位论文，2005.

[270] 谢科范，董芹芹，陈云. 基于资源集成的自主创新模式辨析［J］. 科学学研究，2006（s1）：110–113.

[271] 辛自强，郭素然，池丽萍. 青少年自尊与攻击的关系：中介变量和调节变量的作用 [J]. 心理学报，2007，39（5）：845-851.

[272] 徐冠华. 加强集成创新能力建设 [J]. 中国软科学，2002（12）：2-5.

[273] 徐锐. 知识型企业的知识管理特征[J]. 图书情报工作，2000（1）：46-48.

[274] 杨德林，陈宝春. 模仿创新、自主创新与高技术企业成长 [J]. 中国软科学，1997（8）：107-112.

[275] 杨德林，史海锋. R&D 项目组知识创造影响因素的实证研究 [J]. 科学学与科学技术管理，2005（7）：92-96.

[276] 杨浩，刘佳伟. 最佳人力资源管理实践与企业绩效的关系研究 [J]. 科研管理，2015（1）：265-271.

[277] 杨瑞龙，刘刚. 企业的异质性假设和企业竞争优势的内生性分析 [J]. 中国工业经济，2001（1）：88-95.

[278] [日] 野中郁次郎，竹内弘高. 创造知识的企业——日美企业持续创新的动力 [M]. 李萌，高飞译. 北京：知识产权出版社，2006.

[279] 叶飞，周蓉，张红. 产学研合作过程中知识转移绩效的关键影响因素研究 [J]. 工业技术经济，2009，28（6）：116-120.

[280] 游达明. 嵌入性视角下的企业集成创新模式与动态决策模型研究 [J]. 统计与决策，2008（7）：33-35.

[281] 于晓宇，谢富纪，彭鹏.知识管理与高技术企业技术创新模式的耦合性机理研究 [J]. 情报科学，2007，25（2）：302-305.

[282] 余利明. 企业知识管理能力问题的研究 [D]. 上海：复旦大学博士学位论文，2003.

[283] 宇红. 企业技术创新过程中的知识整合 [J]. 大连民族学院学报，2007（6）：47-49.

[284] 原长弘，张帆，姚缘谊. 我国企业自主创新策略选择：一个理论分析 [J]. 系统管理学报，2009，18（12）：620-624.

[285] 袁方，王汉生. 社会研究方法教程 [M]. 北京：北京大学出版社，2004.

[286] [美] 约瑟夫·熊彼特. 经济发展理论 [M]. 何畏，易家详译. 北京：商务印书馆，1990.

[287] 詹颂生. 自主创新概念和路径新探 [J]. 岭南学刊，2009 (2)：14–18.

[288] 詹勇飞，和金生. 基于知识整合的知识网络研究 [J]. 研究与发展管理，2009，21 (3)：28–32.

[289] 张方华. 企业集成创新的过程模式与运用研究 [J]. 中国软科学，2008 (10)：118–124.

[290] 张广科. 人力资本的扩张与企业自主创新能力建设 [J]. 中国人力资源开发，2009 (7)：14–17.

[291] 张弘，赵曙明. 人力资源管理实践与企业绩效 [J]. 预测，2006，25 (4)：21–25.

[292] 张红兵，贾来喜，李潞. SPSS 宝典 [M]. 北京：电子工业出版社，2007.

[293] 张华胜，薛澜. 技术创新管理新范式：集成创新 [J]. 中国软科学，2002 (12)：6–22.

[294] 张庆普，单伟. 企业知识转化过程中的知识整合 [J]. 经济理论与经济管理，2004 (6)：47–51.

[295] 张炜，杨选良. 自主创新概念的讨论与界定 [J]. 科学学研究，2006，24 (6)：956–961.

[296] 张武装. 人力资源管理实践对组织绩效的影响研究 [J]. 统计与决策，2015 (12)：109–112.

[297] 张喜征. 组织内不同群体间的知识整合研究 [J]. 情报方法，2004，(9)：16–18.

[298] 张小兵. 人力资源管理系统与组织绩效——基于组织学习视角的研究 [M]. 西安：陕西人民出版社，2009.

[299] 张正堂. 战略人力资源管理的理论模式 [J]. 南开管理评论，2005，8 (5)：48–54.

[300] 张子刚，周永红，刘开军. 知识管理对企业技术创新过程的能动效应及其机理分析 [J]. 科学学与科学技术管理，2003 (3)：45–49.

[301] 赵曙明，沈群红. 知识企业与知识管理 [M]. 南京：南京大学出版社，2000.

[302] 赵修卫. 组织学习与知识整合 [J]. 科研管理，2003，27（3）：52–57.

[303] 赵黎明，潘康宇. 高科技行业知识创新人力资本激励因素实证分析 [J]. 科技管理研究，2006（5）：156–158.

[304] 郑景华，汤宗益. 知识特质与知识整合机制对跨公司合作的创新绩效之影响 [J]. 咨询管理展望，2005（1）：17–36.

[305] 周琬. 以自主创新促进经济发展方式转变 [J]. 理论前沿，2009（24）：70.

[306] 朱雅帅，李朝明. 知识创新与企业创新系统发展的关系研究 [J]. 科技进步与对策，2011，28（1）：68–72.

[307] 朱祖平. 刍议知识管理及其框架体系 [J]. 科研管理，2000，21（1）：19–25.

[308] 邹艳，王晓新，叶金福. 共建模式下企业合作创新知识转移影响因素的实证研究 [J]. 科学学研究，2009，27（4）：616–621.